解读《存在与时间》

An Exposition of *Sein und Zeit*

王 路 著

图书在版编目(CIP)数据

解读《存在与时间》/王路著. —北京:北京大学出版社,2012.8
ISBN 978-7-301-20954-7

Ⅰ.①解… Ⅱ.①王… Ⅲ.①海德格尔,M.(1889~1976)-存在主义-哲学思想-研究 Ⅳ.①B086②B516.54

中国版本图书馆 CIP 数据核字(2012)第 154643 号

书　　　名:	解读《存在与时间》
著作责任者:	王　路　著
责 任 编 辑:	田　炜
标 准 书 号:	ISBN 978-7-301-20954-7/B·1051
出 版 发 行:	北京大学出版社
地　　　址:	北京市海淀区成府路 205 号　100871
网　　　址:	http://www.pup.cn　电子邮箱:pkuwsz@yahoo.com.cn
电　　　话:	邮购部 62752015　发行部 62750672　出版部 62754962
	编辑部 62767315
印 刷 者:	北京宏伟双华印刷有限公司
经 销 者:	新华书店
	787mm×1092mm　16 开本　16.5 印张　283 千字
	2012 年 8 月第 1 版　2015 年 2 月第 2 次印刷
定　　　价:	38.00 元

未经许可,不得以任何方式复制或抄袭本书之部分或全部内容。
版权所有,侵权必究
举报电话:010-62752024;电子邮箱:fd@pup.pku.edu.cn

国家社科基金后期资助项目
出版说明

后期资助项目是国家社科基金设立的一类重要项目,旨在鼓励广大社科研究者潜心治学,支持基础研究多出优秀成果。它是经过严格评审,从接近完成的科研成果中遴选立项的。为扩大后期资助项目的影响,更好地推动学术发展,促进成果转化,全国哲学社会科学规划办公室按照"统一设计、统一标识、统一版式、形成系列"的总体要求,组织出版国家社科基金后期资助项目成果。

全国哲学社会科学规划办公室

目 录

序 …………………………………………………………………… 1

第一章 读不懂的《存在与时间》 …………………………… 1
  1. 关于"存在"的意义 ………………………………………… 2
  2. 关于"存在"的结构 ………………………………………… 12
  3. 关于"此在"的说明 ………………………………………… 26
  4. 关于"在世界之中存在" …………………………………… 37
  5. 基于"在之中"的解释 ……………………………………… 46

第二章 解读《是与时》 …………………………………… 59
  1. 关于"是"的意义 …………………………………………… 60
  2. 关于发问的结构 …………………………………………… 72
  3. 关于"是"的发问的结构 …………………………………… 77
  4. "此是"——一种特定的是者 ……………………………… 89
  5. "此是"的两种特征 ………………………………………… 94
  6. 关于"在—世界—之中—是" ……………………………… 113
  7. 基于"在—之中—是"的解释 ……………………………… 124

第三章 为什么是"是",而不是"存在"？ ……………… 147
  1. 讨论问题的出发点 ………………………………………… 147
  2. 关于语言的考虑 …………………………………………… 158
  3. 从结构的观点看 …………………………………………… 167
  4. "是"的独特性 ……………………………………………… 182
  5. 系词的理解 ………………………………………………… 193

第四章 翻译的问题,还是理解的问题？ ………………… 201
  1. 译者的理解 ………………………………………………… 201
  2. 难以理解的问题 …………………………………………… 214
  3. 语词与语词所表达的意义 ………………………………… 223

第五章 "一'是'到底"论的意义 …………………………… 229
1. 举例与一"是"到底论 …………………………………… 229
2. 系词含义的必要性 ……………………………………… 232
3. 存在含义的必要性 ……………………………………… 237
4. 两种必要性 ……………………………………………… 241
5. 必要性比重要性更重要 ………………………………… 246

主要参考文献 ……………………………………………… 251
附录：Sein 及其相关概念德文—中文对译表 ……………… 253

序

2003年，我发表了专著《是与真——形而上学的基石》。在这本书中，我明确提出，在研究西方哲学的过程中，应该把being翻译为"是"，而不是翻译为"存在"，应该在"是"的意义上理解being，并且把这种理解贯彻始终。此外，我还指出，把being翻译为"是"还是翻译为"存在"，这不是翻译的问题，而是理解的问题，即是如何理解西方哲学的问题。

2007年，我发表了专著《逻辑与哲学》。在这本书中，我从学科的角度进一步探讨了being的问题。我明确指出，西方哲学与逻辑是相通的；传统逻辑的基本句式是"S是P"，其核心概念"是"与哲学中的核心概念，即亚里士多德所说的"being as being"，即"是本身"乃是相通的。"是"与"存在"的最大区别在于，"是"乃是系词，而"存在"不是系词。把being翻译为"存在"，则从字面上割裂了逻辑与哲学的联系。

我的观点引起一些反响，被称为"一'是'到底论"。当然，这种观点也受到不少批评。主要批评如下：应该在不同语境下采用不同的翻译，而不应该、也不能一"是"到底；being的主要或最终含义是"存在"，而不是"是"；系词的理解乃是一种逻辑的理解；仅从逻辑的角度出发来理解being乃是错误的。

在《逻辑与哲学》简短的序中我说，有了这两本书，"自己关于being的研究也许可以暂告一个段落"。我以为，being的系词含义是显然的，因此，在系词的意义上理解being应该是自然的。从语言和学科这样两个层面指出了其中的问题，不仅有助于拓展有关问题研究的眼界，而且有助于丰富具体研究的路数。因此我才觉得这个问题可以放一放了。面对上述批评，我发现问题原来不是那样简单。在我看来是如此显然和自然的问题，也可能本来并不是显然和自然的问题。这就迫使我不得不回答这些批评，其中最主要的问题之一是：系词的理解主要是一种逻辑的理解还是语言的理解？围绕这个问题，我做了两个工作，一个是从哲学史的角度来说明这个问题，另一个是从海德格尔的著作本身来说明这个问题。

前一个工作选择柏拉图、亚里士多德、胡塞尔、海德格尔的著作为对象。选这四个人是有考虑的。亚里士多德是必须要选的,因为哲学史上是他第一次明确提出了要研究 being as being 的问题。他是逻辑学家,也是哲学家。他关于 being 的考虑,尤其是在《形而上学》中的相关考虑,大概不能简单地说成是逻辑的思考。而柏拉图、胡塞尔和海德格尔都不是逻辑学家,而是哲学家,因此他们关于 being 的讨论肯定不能简单地说成是逻辑的思考。特别是柏拉图,在他的时代,逻辑还没有产生,因此人们很难说他关于 being 的考虑是从逻辑出发的。对于胡塞尔和海德格尔,我们当然不能否认他们有逻辑的思考,因此,我们应该特别认真地考虑,在他们的讨论中什么是逻辑的思考,逻辑的作用是什么,比如说逻辑的思考是不是必要的,是不是片面的等等。这样的考虑并不是为了说明什么是逻辑的思考,而是为了更好地说明哲学家们是如何进行哲学思考的,他们关于 being 的论述究竟说的是什么。这样一个工作的目的之一是可以说明如何把"是"的理解贯彻始终。就是说,它可以使人们看到,关于 being 的讨论,如何从古希腊开始,并且如何一直延续下来。把 being 翻译为"存在",如何给我们理解这些人的著作带来问题,而把"存在"修正为"是"之后,如何可以消除这些问题,从而可以如何更好地理解这些人的著作。

后一个工作则只以海德格尔的《存在与时间》为对象。从中选择四节,逐段讨论。这样做同样是为了说明如何把"是"的理解贯彻始终。它可以使人看到,海德格尔自始至终所讨论的 Sein 乃是"是",而不是"存在"。"存在"这一翻译如何给我们理解带来问题,而把"存在"修正为"是"之后,如何可以消除这些问题,从而可以如何更好地理解海德格尔的著作。

这两个工作都是从文本出发,后一个工作则是只针对一本书中的几节逐段乃至逐行讨论,为的是避免断章取义。有人说我这样的方法是归纳法,是靠不住的。在我看来,重要的不在于我选择了多少译文,哪些译文,而在于我说的是不是有道理。就批评者来说,我更希望能够多找一些译文,具体讨论并指出,其中的 being 乃是"存在",而不是"是",或者,只能是"存在",而不能是"是"。

大约在 2010 年,这两个工作都完成了。前一个工作形成专著《读不懂的西方哲学》,交给北京大学出版社并于 2011 年初出版。同年 3 月,经赵敦华教授提议,尚新建教授组织,北京大学外国哲学研究所专门开了一个学术研讨会,题目是"Being 问题研讨会——王路教授新书《读不懂的西方哲学》争鸣"。许多专家学者,特别是老朋友参加了这个会,对这本书和我的观点,主要是对一'是'到底论"提出了许多批评。会议讨论内容后来形成文字,在《外国哲学》上刊出。这里,我对北大诸位专家和朋友,尤其是赵敦华、尚新建教授表示衷心的感谢!

后一个工作形成了眼前这本书。我把这本书的初稿寄给兰州大学陈春文教授,并于2010年秋应邀去他那里与他讨论多次。陈春文教授留学德国多年,对海德格尔和亚里士多德情有独钟,不仅对海德格尔深有研究,而且做了大量翻译。关于being,他和我的理解有共同之处,也有不同,他的许多看法,包括不同意见,给我深刻的启示,使我受益匪浅。

在与众多学者讨论being的交往中,有两位年轻学者值得一提。一位是四川大学的熊林教授。他独立重新翻译了海德格尔的 *Sein und Zeit*,书名为《是与时》。2011年秋我应邀去他那里与他讨论了几次,感受到年轻学者的勤奋、进取、激情与锐利。我对他的学术追求感到钦佩:翻译海德格尔,尤其是重新翻译,绝不是一件容易的事情!

另一位是湖南师范大学的舒远招教授。这些年来我们交流比较多。2011年秋我应邀去他那里进行了多次讨论,尤其是他拎着一大包德文书到我的住所,我们一起讨论亚里士多德、康德、黑格尔和海德格尔,讨论being、to on、Sein、Dasein,各抒己见,不亦乐乎。

我感谢这几位学者,不仅是因为从与他们的讨论中获益,还因为他们追求学术的精神感动我。他们远离北京、上海等大城市,远离学术中心,却一直坚持学术研究,坚守着自己的一片精神家园。在他们身上,我看到我国西方哲学研究事业发展的希望,也看到了我国学术事业发展的前景。

感谢复旦大学张庆熊教授!2011年秋他邀请我到复旦大学访问,期间做了几个关于being的讲座,与复旦大学哲学系的一些老师和同学进行了深入的讨论。在这些讨论中,大家的意见,尤其是批评意见,对我启发很大,它们使我看到一种完全不同的思路,而且这样一种思路是如何运作的。

以前讲学一般只讲逻辑和语言哲学。最近几年,则会讲到being及其相关问题。屈指算来,关于being的问题,大概在十几所高校讲过。我认为,这个问题非常重要,因为它涉及对西方哲学的实质的理解。我感到高兴的是,人们对这个问题现在越来越重视,对这个问题的理解和认识也在不断进步。这里,我对所有邀请过我的朋友、老师和学校表示衷心的感谢!

中译本《存在与时间》影响很大。本书围绕其核心概念 Sein 提出了一些非常不同的看法和理解。我希望,我的工作能够引起学界同人的重视,能够给人以启发,能够引起人们更多和更深入的思考。

感谢书中所引译者的工作!我尊重他们的翻译工作,也尊重所有西方哲学著作译者所做的翻译工作。这里我对他们的工作表示钦佩和敬意!

感谢国家社科基金后期资助项目的支持！也感谢评审专家对我的工作的肯定和支持！按照他们的意见，我以序的方式交代了一些相关背景，并且增写了第五章，这样可以从一个更大的背景来考虑本书的意义。

感谢清华大学人文社科振兴基金的资助！

衷心感谢北京书生研究中心！多年来它一直资助我的学术研究，没有任何要求，不求任何回报。

衷心感谢北京大学出版社的田炜同志！她对本书的出版做了大量工作。感谢北京大学出版社所有为本书出版付出辛劳的同志！

王　路

2012年2月于清华

第一章 读不懂的《存在与时间》

海德格尔的 *Sein und Zeit* 是一部非常出名的著作，也是一部非常难读的著作。它的中译本名称是《存在与时间》①。我们阅读这部著作，确实有许多无法理解的问题。造成这些问题的原因很多，包括不同语言、思想、文化的差异，以及海德格尔本人的论述方式。但是我认为，从中文理解的角度说，至少有两个层面的问题。一个层面是中文翻译给我们的理解带来的问题，另一个层面是海德格尔的思想本身给我们造成的理解问题。首先我想指出的是，前一个层面直接与语言相关，直接与语言的表达相关，因此是我们进入海德格尔这部著作的媒介。这个层面若是出了问题，理解海德格尔的思想也一定是会有问题的。因此搞清楚这个层面的问题是非常重要的。我的意思并不是说搞清楚这个层面的问题就一定能够理解海德格尔的思想。但是我要强调这一点，因为在我看来，若是搞不清楚这个层面的问题，理解海德格尔的思想肯定是不可能的。

Sein und Zeit 这部著作的核心概念是 Sein。海德格尔的主要论述和思想都与这个概念相关。我认为，《存》将它翻译为"存在"，乃是有问题的，而且问题非常严重，它使我们在字面上就无法读懂海德格尔的论述，因此无法理解海德格尔的相关思想。基于以上两个层面的区别，我们可以指出，围绕"存在"而产生的许多理解问题，并不是海德格尔的著作本身造成的，而是由中文翻译造成的。确切地说，由于把其核心概念"Sein"翻译为"存在"或主要翻译为"存在"，因而造成了理解的问题。当然，由于这些问题的存在，理解海德格尔本人的思想也会是有问题的。

本书将通过对《存》的具体分析而说明，"Sein"这个词不应该翻译为"存在"，而应该翻译为"是"。稍微具体一些说，本书首先要指出，把"Sein"翻译为"存在"，造成了我们在字面上理解《存》的问题和困难；然后指出，以

---

① 海德格尔：《存在与时间》，陈嘉映、王庆节译，熊伟校，陈嘉映修订，北京：三联书店，2006年，以下简称《存》，引文只注页码。

"是"来翻译"Sein"及其相关概念,可以消除这些字面上理解的问题和困难。此外,本书还要指出,以"是"来翻译和理解"Sein",有助于我们更好地理解海德格尔的相关思想,并使我们可以更好地发现他在论述中的一些问题。

讨论可以有多种方式,比如可以逐字逐句,也可以断章取义。本书将采用前一种方式。限于篇幅,本书做不到逐字逐句,但是就所选章节至少要做到逐段讨论,而就一些重点段落,则要做到逐句讨论。这样,本书将围绕《存》,对与 Sein 相关的理解提供一种完整的理解和讨论,至少不是断章取义的理解和讨论。

《存》是一部未完成的著作。尽管如此,它仍然很长。为了讨论的方便,我们首先只考虑该书的导论部分。

1. 关于"存在"的意义

导论的题目是"概述存在意义的问题",共两章。第一章是"存在问题的必要性、结构和优先地位",第二章是"厘清存在问题的双重任务;本书的方法及构架"。字面上可以看出,导论简要论述了存在问题,而且第一章的论述与这个问题更为直接。因此我们可以集中考虑第一章。

第一章共分四小节。第一、二小节为"突出地重提存在问题的必要性"和"存在问题的形式结构",三、四小节为"存在问题在存在论上的优先地位"和"存在问题在存在者层次上的优先地位"。字面上看,前两小节与有关存在这个词或概念的理解更直接一些。因此我们在讨论中只考虑这两节。我希望,通过对导论这两小节的详细讨论,能够说明本书开篇处提出的问题。

【译文1】
我们的时代虽然把重新肯定"形而上学"当作自己的进步,但这里所提的问题如今已久被遗忘了。人们认为自己已无须努力来重新展开 γιγαντομαχια περι της ονοιας [巨人们关于存在的争论]。然而,这里提出的问题却绝不是什么随随便便的问题。它曾使柏拉图和亚里士多德为之思殚力竭。当然,从那以后,它作为实际探索的专门课题,就无人问津了。这两位哲人赢得的东西,以各式各样的偏离和"润色"一直保持到黑格尔的"逻辑学"之中。曾经以思的至高努力从现象那里

第一章 读不懂的《存在与时间》 3

争得的东西,虽说是那么零碎那么初级,早已被弄得琐屑不足道了(第3页)。

这是第一章第一节的第一段话。可以看出,海德格尔简单论述了从古希腊到今天有关存在问题的情况;他提到柏拉图、亚里士多德和黑格尔;而且,他对现在的研究状况极其不满,对柏拉图和亚里士多德的工作,在褒扬中也有贬低。

值得注意的是,这段话通过一种为希腊文加注释的方式引入了"存在"这一概念,并且由此把它称为一个问题。不管怎样,大体上说,这段话的意思是比较明白的,没有什么理解的问题。我们接着往下看。

【译文2】
不特如此。根据希腊人对存在的最初阐释,逐渐形成了一个教条,它不仅宣称追问存在的意义是多余的,而且还认可了对这个问题的耽搁。人们说:"存在"是最普遍最空洞的概念,所以它本身就反对任何下定义的企图;而且这个最普遍并因而是不可定义的概念也并不需要任何定义,每个人都不断用到它,并且也已经懂得他一向用它来指什么。于是,那个始终使古代哲学思想不得安宁的晦蔽者竟变成了昭如白日不言而喻的东西,乃至于谁要是仍然追问存在的意义,就会被指责为在方法上有所失误。

在这部探索之初,我们不可能详尽地讨论那些一再散布存在问题多余的成见。这些成见在古代存在论中有其根源。然而反过来,如果就范畴的论证是否适当是否充分来考虑存在论基本概念所产生的基地,则只有以澄清和解答存在问题为前提,古代存在论本身才能得到充分的阐释。所以,我们愿意把对这些成见的讨论限制在一定的范围内,只要它能让人明见到重提存在的意义问题的必要性就行了。下面分三个方面来说。(第3—4页)

这段译文有两小段。第一小段进一步论述这个问题,实际上是批评过去的看法。在海德格尔看来,基于希腊人关于存在的解释,人们已经教条地认为,追问存在的意义是多余的,而且理由似乎也很充分,因为它不可定义,也不需要定义。这样,一个本来不清楚的问题就变成一个不言而喻的问题,甚至是不能追问的问题。显然,海德格尔对此持否定态度。第二小段阐述作者探讨问题的方式和目的,即仅满足于让人们看到他重新提出这个问题的重要意义。大体上看,这两小段的意思是清楚的,似乎没有什么理解的问题。但是,如果我们仔细阅读和思考,就会发现这些论述中存在一些无法理解的问题。

根据第一小段的说明,人们认为追问存在的意义是多余的,原因有两个。一个原因是存在这个概念不能下定义,另一个原因是存在这个概念不需要下定义。显然,这两个原因若是成立,似乎也就有理由认为没有必要追问它的意义。那么这两个原因是不是成立呢?

我们先看第一个原因。根据这里的解释,存在这个概念之所以不能下定义,乃是因为它是一个"最普遍最空洞的概念"。一个最普遍的概念无法定义,这一点是可以理解的,因为一般来说,定义一个概念时,定义所使用的概念要比被定义概念更普遍。既然存在是最普遍的概念,自然也就无法找到比它更普遍的类,因而无法定义它。这显然是可以理解的。我们当然也可以问,为什么存在就是最普遍的概念呢?不过,考虑到这里是简要的说明,没有提供什么理由,我们也就可以暂不追究。也就是说,即使不明白为什么存在是最普遍的概念,我们也可以暂且只当这个解释是自明的。在这种意义上,我们可以认为,存在乃是最普遍的概念这个说法没有什么理解的问题。

但是,我们能够理解存在乃是最空洞的概念这个说法吗?我认为根本无法理解!"存在"这个词无疑而且显然是有明确意义的。它表示有。人们说"存在某物"或"某物存在",这显然是有明确意义的。如果存在是最空洞的概念,那么人们还能理解"上帝存在"吗?这个命题还会有什么意义吗?即使在日常表述中,比如我们刚刚说到的"这些论述中存在一些无法理解的问题",假如"存在"是一个空洞的概念,这句话难道还是可以理解的吗?反过来我们也可以看出,这样的表述之所以可以理解,恰恰是因为存在有明确的含义,因而它不是一个空洞的概念。由此大概还可以看出,由于含义非常明确,"存在"不大可能会是一个最普遍的概念。因此在我看来,即使可以理解存在乃是最普遍的概念这种解释(暂且假定海德格尔可能还有其他一些没有说出的原因),也无法理解存在乃是最空洞的概念这种说法,因为存在乃是有明确意义的,所以这个说法在字面上就无法理解。

我们再看第二个原因。存在这个概念之所以不需要定义,乃是因为"每个人都不断用到它",并且明白用它表示的是什么。使用一个词而知道它的意思,乃是使用语言的前提。海德格尔强调这一点,也许还有更为深层的含义,但是字面上应该不难理解。每个人用到存在这个概念,也都理解它,比如本书前面就用到它。但是说人们"不断用到它",则很难理解。比如本书这里就没有不断用到它。而且,如果上文改为"就会发现这些论述中有一些无法理解的问题",意思没有变,也不会有什么理解上的问题。若是这样,本书(至此)就会根本没有用到它。这就说明,存在并不是一个每个人都不断使用的概念。这与译文中的说法不是正好相反吗?当然,如果人们总是不断使用存在这个概念,追问它才能有意义。若是用得很少,甚至可用可不用,追问它还会有意义吗?难道海德格尔只是为了突出强调追问存在的重要性才这样说吗?

译文2中无法理解的问题是明显的。也许这只是由于开始论述,还没有展开。好在海德格尔还要从三个方面细数在这个问题上的偏见。因此让我们接着往下看。

【译文3】

1. "存在"是"最普遍的"概念:το ον εστι καθολον μαλιστα παντων。"无论一个人于存在者处把握到的是什么,这种把握总已经包含了对存在的某种领会。"但"存在"的"普遍性"不是族类上的普遍性。如果存在者在概念上是依照类和种属来区分和联系的话,那么"存在"却并不是对存在者的最高领域的界定;ουτε το ον γενος[存在不是类]。存在的"普遍性"超乎一切族类上的普遍性。按照中世纪存在论的术语,"存在"是"transcendens[超越者]"。亚里士多德已经把这个超越的"普遍[者]"的统一性视为类比的统一性,以与关乎实事的最高族类概念的多样性相对照。不管亚里士多德多么依附于柏拉图对存在论问题的提法,凭借这一揭示,他还是把存在问题置于全新的基础之上了。诚然,连他也不曾澄明这些范畴之间的联系的晦暗处。中世纪的存在论主要依循托玛斯主义和司各脱主义的方向对这一问题进行了各种各样的讨论,但是没能从根本上弄清楚这个问题。黑格尔最终把"存在"规定为"无规定性的直接性"并且以这一规定来奠定他的《逻辑学》中所有更进一步的范畴阐述,在这一点上,他与古代存在论保持着相同的眼界,只是亚里士多德提出的与关乎实事的"范畴"的多样性相对的存在统一性问题,倒被他丢掉了。因此人们要是说:"存在"是最普遍的概念,那可并不就等于说:它是最清楚的概念,再也用不着更进一步的讨论了。"存在"这个概念毋宁说是最晦暗的概念。(第4—5页)

这段译文是海德格尔谈论的第一种关于存在的偏见,实际上是进一步论述关于存在是最普遍的概念的看法。其中提到柏拉图、亚里士多德、托马斯·阿奎那、司各特和黑格尔,引用了亚里士多德、托马斯·阿奎那和黑格尔的话,由此从历史发展的角度说明,人们认为存在是最普遍的概念。但是海德格尔指出,这并没有说明存在是最清楚的概念,是用不着再讨论的概念。他的观点则相反:存在是最晦暗的概念。应该说,这些意思大致是清楚的,没有什么理解的问题。当然,这里的论述虽然简单,却牵涉到许多问题。比如其中提到的亚里士多德关于"范畴"的论述,中世纪谈论的"transcendens[超越者]",黑格尔的《逻辑学》和其中所说的"无规定的直接性"等等。因此,理解这里所说的问题实际上与上述这些内容直接相关,比如,亚里士多德是如何把存在问题置于全新的基础之上的?但是,既然海德格尔没有展开,我们也可以不予深究。

值得注意的是,这里谈到存在者与存在的区别。根据这里的说明,存在者可以依据类和种属相互区分和相互联系,但是存在却不能这样区分和联系,因为存在的普遍性是超出类和种属这样的东西的范围的。这似乎说明,前面我们关于译文2中"存在"这一概念的普遍性的理解是有问题的。我们应该把前面的理解修正如下:存在是最普遍的概念,而且是与种类不同的概念;因而存在不能定义,一定还有其他理由。

存在者与存在无疑字面上就有区别,但是这一区别也给我们带来理解方面的问题。为什么对存在者的把握总会包含着对存在的把握呢?对于这一点,字面上似乎不会有什么问题:存在者显然与存在有关;既然是把握存在者,似乎自然就会包含对存在的理解。但是如果我们联系前面的论述,尤其是联系"每个人都不断用到"存在,我们就会发现,这里是有问题的。当我们说某物存在,比如"上帝存在"的时候,这里的存在物是什么呢?是上帝吗?且不论是不是可以把上帝看作存在物,至少从字面上我们不会知道上帝是存在物。这里,存在是对上帝的表达,因而从存在可以得到一些关于上帝的理解。但是对上帝的把握怎么会包含着对存在的把握呢?如果说关于上帝的理解牵涉到宗教信仰,那么我们可以换一个例子,比如"大都市存在"。无论对大都市有什么样的理解,怎么会包含着对存在的理解呢?因此我要问:这里对某物的理解为什么会包含着对存在的理解呢?难道这是因为存在这个概念自身的"晦暗"造成的吗?除此之外,即使通过这里的讨论我们知道了存在者是什么意思,也知道了存在者与存在的区别,我们仍然无法知道,为什么会"每个人不断用到"存在,因为人们使用存在的情况乃是非常少的。

【译文4】

2."存在"这个概念是不可定义的。这是从它的最高普遍性推论出来的。＊这话有道理——既然 definitio fit per genus proximum et differentiam specificam［定义来自最近的属加种差］。确实不能把"存在"理解为存在者, enti non additur aliqua natura：令存在者归属于存在并不能使"存在"得到规定。存在既不能用定义方法从更高的概念导出, 又不能由较低的概念来表现。然而, 结论难道是说"存在"不再构成任何问题了吗？当然不是。结论倒只能是："存在"不是某种类似于存在者的东西。所以, 虽然传统逻辑的"定义方法"可以在一定限度内规定存在者, 但这种方法不适用于存在。其实, 传统逻辑本身就植根在古希腊存在论之中。存在的不可定义性并不取消存在的意义问题, 它倒是要我们正视这个问题。（第5页）

这段译文是海德格尔谈论的第二种关于存在的偏见, 同时也在进一步论述存在这个概念是不可定义的这种看法。这段话共有以下几层意思。其一, 指出存在不可定义这种看法的来源：存在这个概念具有最高普遍性。其二, 指出存在不能定义的原因：定义方法不适用于它。其三, 指出存在与存在者不同。最后指出, 存在这个概念不可定义, 并不取消存在的意义问题, 反而应该使我们更加重视这个问题。应该说, 这几层意思是非常清楚的, 但是如果仔细分析, 却会有一些无法理解的问题。

我们看到, 这里提到定义和定义方法, 并且明确谈到"传统逻辑"的"定义方法"。由于谈论存在不能定义的原因是围绕着定义来谈的, 因此这些概念及其包含的内容是我们理解这种看法的重要依据。众所周知, 传统的定义方法, 尤其是传统逻辑中的定义方法, 乃是非常明确的, 即"属加种差"。所谓属加种差, 指的是表示本质。属是上位概念, 被定义的概念（种）是下位概念, 因此属是比被定义概念更高的概念。通过增加种差, 属对被定义概念做出说明。我们看到, 这段话明确提到"属加种差"。因此以上理解在这段话中应该是明确的。换句话说, 这里所说的定义和定义方法等等, 也应该是非常明确的, 没有什么歧义。

问题是, 基于这样的理解, 定义就会涉及两个完全不同的概念。一个是被定义的概念, 另一个是定义的概念。这样一种定义的形式是"S 是 P"。比如"人是理性动物"。在这种情况下, "存在"会在哪里呢？毫无疑问, "存在"一词在定义中不会出现, 人们在定义中也不会"用到"这个词。因此, 定义本身与存在没有任何关系。既然如此, 用定义和定义方法怎么能够说明存在呢？通过这样的方法又怎么能够说明存在与存在者的区别呢？

有人可能会认为，海德格尔的意思是说，用定义这种方式不能说明存在，因为存在是一个最普遍的概念，找不到比它更普遍的概念。若是这样来理解，"S 是 P"这种定义方式与"存在"无关似乎也就没有什么问题了，因为这里的问题似乎是说，没有什么概念可以对"存在"做出说明。这似乎是说，当"存在"出现在 S 的位置上时，人们找不到合适的词放在 P 的位置上来说明它，因而"S 是 P"这种方式不适用于它。

直观上看，这样的理解似乎是有道理的，但是在这个上下文里，若是结合海德格尔做出的注释，则又会出现理解的问题。

译文 4 有三个注释。其中两个是关于亚里士多德和托马斯·阿奎那引语出处的注释，被我省略。星号处是第三个注释。这个注释如下：

【译文 5】
参见帕斯卡《思想录》（布鲁施维克辑）巴黎 1912，第 169 页："人无法在试图确定存在[是]的同时不陷入这样一种荒谬之中：无论通过直接的解释还是暗示，人都不得不以'这是'为开始来确定一个词。因此，要确定存在[是]，必须说'这是'并且使用这个在其定义中被确定的词。"（第 5 页脚注）

从这个注释的位置来看，它是为了说明"存在"的不可定义性是从"存在"这个词的最高普遍性推论出来的。这里引用谁的话可以暂且不论，我们只看引文的具体内容。引语的意思是说，确定一个词要使用"这是"这样一种方式，因此，确定"存在"的意思也不例外；但是这样一来，就会出问题，因为当用"这是"这种方式来确定"存在"的意思时，使用了这个被确定的词本身，也就是说，使用了"存在"这个词。引语称这样的状况为"荒谬"。这个注释旨在说明定义的方式。从定义的角度看，这即是在定义项中使用了被定义项，因而是循环定义。应该说，这些意思大致还是可以体会出来的。但是，如果逐字逐句来分析，就会看到一些无法理解的问题。

一个问题在于行文的方式。我们看到，这里出现的两个"存在"后面都以括号的方式加了"是"。这样，我们首先无法理解，为什么要在"存在"的后面加上这个"是"？其次我们无法理解，这里所说的"存在[是]"与正文中的"存在"、与前面译文中所说的"存在"究竟是不是一回事？再进一步，我们无法理解，"存在"和"是"究竟是不是一回事？或者，这里所说的究竟是"存在"还是"是"？总之，我们无法理解，此前一直在谈论存在，怎么这里突然在注释中出现了"存在[是]"呢?

另一个问题与定义的方式有关。"这是"乃是下定义的方式。其中那个"是"还加了重点号,显然有强调的意思。前面说过,定义的表述形式是"S 是 P",因此,这里说的"这是"乃是一种省略的方式,所省略的乃是将要表达出来的东西。其中的"这"显然表示被定义的东西。由此出发,我们对定义的方式不会有理解的问题。但是我们无法理解,以这种方式为什么就不能对"存在"下定义呢? 因为当人们说"存在是……"的时候,下定义所使用的"是"与被定义的"存在"并不相同,怎么能说使用了被定义的词呢?

从引文的表述来看,这里说的定义似乎是这样的:"存在[是]是……"。由于在"存在"的后面以括号的方式加了"是",因此似乎可以说定义使用了被定义的词。但是这样一来,就会引出许多问题。比如,这里的定义究竟是说"存在是……",还是说"是(乃)是……"呢? 我们充其量只能在后一种情况说定义使用了被定义的词,而在前一种情况依然不能这样说,或者根本就不这样说。此外,"存在[是]"这一表述的意思究竟是说"存在"隐含着"是"的意思呢,还是说二者的意思相等呢,抑或还有其他意思呢? 不管有多少意思,也不论这样的意思是不是可以区别清楚,至少字面上不能说"存在是……"这样的表达方式隐含了被定义的词吧?!

既然是注释,就要对正文有辅助说明作用。正文中则只有"存在"而没有"存在[是]"。那么,根据注释,我们是不是在理解正文的时候都要在"存在"后面加上"是",或者在看到"存在"的时候都要想到它的后面要加上"是",因而把所谈论的"存在"理解为"存在[是]"呢? 但是这样一来,且不论依然会有以上谈到的问题,而且直观上还会产生另一个问题:为什么海德格尔不从一开始就谈论"存在[是]"呢? 即使不考虑译文 1 所说的普遍性的问题,至少这里所谈的定义问题以及定义所引起的问题明显与是相关,而不是与存在相关呀!

除此之外,这里还有一个与刚才提到的那种可能会有的看法相关的问题。这个注释只与定义的方式有关,它要说明,用"这是"这样的方式来说明"存在"会有问题。而这里所说的问题指的是循环定义,这种定义方式会陷入荒谬。这显然是在说定义的方式。这个注释与正文相结合,无疑符合其中提到的定义方法,包括属加种差,而不符合其中所说的"最普遍的说明"。因此,若是结合这个注释再来理解正文,我们则看到,译文 4 的说明与"存在"没有什么关系。那么,这又该如何理解呢?

【译文6】

3."存在[是]"是自明的概念。在一切认识中、一切命题中,在对存在者的一切关联行止中,在对自己本身的一切关联行止中,都用得着"存在[是]"。而且这种说法"无需深究",谁都懂得。谁都懂得"天是蓝的"、"我是快活的"等等。然而这种通常的可理解不过表明了不可理解而已——它挑明了:在对存在者之为存在者的任何行止中,在对存在者之为存在者的任何存在中,都先天地有个谜。我们向来已经生活在一种存在之领会之中,而同时,存在的意义却隐藏在晦暗中,这就证明了重提存在的意义问题是完全必要的。(第5—6页)

引文中的阿拉伯数字表明,这是海德格尔谈论的第三种关于存在的偏见,亦是在进一步论述关于存在是自明的概念这种看法。从这里的说明来看,产生这种看法的原因有两个。一个是"存在"的使用非常普遍,另一个是人人都懂它的意思。海德格尔的观点是,这样的情况表明我们生活在一种对存在的领会之中,正因为这样,存在的意义反而是不清楚的,因此有必要重新思考这个概念。无论这种看法是不是有道理,表面上大致还是清楚的。但是如果我们仔细分析,就会发现一些无法理解的问题。

一个问题是,这里采用了"存在[是]"这种表达方式。因此译文4和5所谈到的问题这里依然存在。除此之外,还会产生其他一些问题。比如,为什么在第1种偏见(译文3)和第2种偏见(译文4)不这样表述,而在第3种偏见这里这样表述呢?这与"存在"还是同一个概念吗?如果是同一个概念,为什么不从一开始就这样表述,而在这里才这样表述呢?或者,为什么不一直沿用前面那样的表述呢?为什么要在这里改变表述方式呢?难道是因为有了前面的注释(译文5),因而可以这样表述了吗?

另一个问题与这里的解释有关。以上说明的两个原因其实在译文1中就已经讲过,这里只不过说得更详细。关于第一个原因的进一步说明是:在一切认识中、一切命题中,在对存在者的一切关联行止中,在对自己本身的一切关联行止中,都用得着"存在"。即使我们不太明白什么是对存在者和自己本身的关联行止,至少关于认识和命题没有什么理解的问题。也就是说,这里至少说明,在一切认识和命题中都用得着"存在"。关于第二个原因的进一步说明是:这种说法无需深究,谁都懂。而且,为了证明这一点,海德格尔还举了两个例子:"天是蓝的","我是快活的"。这两个例子显然是自明的。由此可见,这里的说明比译文1的说明更加清楚。"一切认识"和"一切命题"显然比"每个人都不断用到它"更清楚,因为前者使我们明白把存在用在什么地方；而通过举例也就使我们有了更为直观的认识，可以更具体地理解用存在"来指什么"。然而，正是这些明确而具体的说明，反而给我们的理解带来了问题。

首先，在一切认识和一切命题中，我们会用到"存在"吗？前面我们曾经说过，"某物存在"和"存在某物"乃是"存在"这个词的主要用法，因此这是一类特定的表达，而且是一类非常具体也非常窄的表达。这样的表达显然无法满足这里所说的"一切认识"和"一切命题"，在我看来，甚至连大部分认识和命题也无法满足。那么，我们又如何能够理解在一切认识和命题中都用得着"存在"呢？

其次，"天是蓝的"，"我是快活的"，这两个例子确实是日常语言中最普通的句子，显然具有代表性，可以说明或者至少有助于说明一切认识和命题。但是它们根本就不含"存在"这个词，也就是说，它们根本就没有使用"存在"一词。特别是，海德格尔在这两个例子中的"是"加了着重号，由此也就可以理解，他用这些例子告诉人们他说的乃是"是"，而不是"存在"，他在这里强调的乃是"是"，而不是"存在"。这就让人搞不懂了：举例无疑是为了帮助人们更好地理解所要说明的问题，但是这里的例子与所要说明的问题怎么会没有任何关系呢？明明是说在一切命题中都要用到"存在"，举的例子却没有用到"存在"。明明举的例子乃是"是"，所要说明的却是"存在"。这样的说明和举例能不能达到预想的结果姑且不论，它们能够让人理解吗？能够让人至少从字面上理解它们之间的关系吗？

有人可能会说，这段话说的不是"存在"，而是"存在[是]"，因而这里不会有什么理解的问题。在我看来，即使这样理解，依然困难重重。除了上面提到的与"存在[是]"相关的问题外，至少还有以下一些问题。其一，在一切认识和命题中，人们使用的究竟是"存在"还是"是"？如果说这样思考有些抽象，那么我们也可以像引文那样具体地思考：既然说"谁都懂得'天是蓝的'、'我是快活的'等等"，那么每一个人所懂得的究竟是例子中用到的这个"是"，还是例子中没有用到的那个"存在"呢？其二，译文6的上述说明若是不成立，它的结论——"我们向来已经生活在一种存在之领会之中"——还会是有道理的吗？我们也可以放弃这样抽象的思考，转而具体地问：假如我们在一切认识和命题中用到的不是"存在"，假如我们通常理解和使用的是"天是蓝的"这样的句子，我们又怎么会生活在一种对存在的领会之中呢？既然例子中使用的乃是"是"，而且还用着重号做出强调（这其实也是提示），为什么我们不是生活在一种对"是"的领会之中，而是生活在对与它毫无关系的"存在"的领会之中呢？

【译文7】

"自明的东西"、而且只有"自明的东西"——"通常理性的隐秘判断"（康德语）——应当成为并且应当始终保持为分析工作的突出课题即"哲学家的事业"。如果确实如此，那么，在哲学的基础概念范围内，尤其涉及到"存在"这个概念时，求助于自明性就实在是一种可疑的方法。

以上对这些成见的考虑同时也使我们明了：存在问题不仅尚无答案，甚至这个问题本身还是晦暗而茫无头绪的。所以，重提存在问题就意味着：首先要充分讨论一番这个问题的提法。（第6页）

这段译文有两小段。第一小段是译文6的继续。它表明海德格尔对诉诸自明性的质疑。第二小段是第一节的结束语，说明存在问题根本就没有得到解决。由此也就说明，重新提出这个问题是有意义的。这段话的意思比较简单，自身没有什么理解的问题。但是由于它是总结性的，因此前面存在的问题也会影响到这里的理解。比如，译文6举的例子无疑是自明的，但是它们说明不了"存在"。前面说过，这些例子说明不了"存在"，主要是其中不含这个词，因而与它没有关系。但是译文7对自明性的质疑是在这种意义上说的吗？以上关于自明性的讨论明明与存在这个概念没有什么关系，可译文7谈论的情况却要涉及存在这个概念，这难道是可以理解的吗？

译文1—7是《存》导论中第一章第一节的完整译文。通过以上讨论可以看出，在理解中始终有一个很大的问题：每一段的意思大体上是可以理解的，但是一旦仔细分析思考，就会有许多无法理解的问题；而且，所有（我所提到的）这些问题都与"存在"这个概念相关。这些问题解决不了，进一步理解海德格尔的思想当然也会是有问题的。看到海德格尔还要充分讨论这个问题的提法，让我们继续跟着他再往下读一节。

2. 关于"存在"的结构

【译文8】

存在的意义问题还有待提出。如果这个问题是一个基本问题或者说唯有它才是基本问题，那么就必须对这一问题的发问本身做一番适当的透视。所以，我们必须简短地讨论一下任何问题都一般地包含着的东西，以便能使存在问题作为一个与众不同的问题映入眼帘。

任何发问都是一种寻求。任何寻求都有从它所寻求的东西方面而来的事先引导。发问是在"其存在与如是而存在"[Das und Sosein]的方面来认识存在者的寻求。这种认识的寻求可以成为一种"探索",亦即对问题所问的东西加以分析规定的"探索"。发问作为"对……"的发问而具有问之所问[Gefragtes]。一切"对……"的发问都以某种方式是"就……"的发问。发问不仅包含有问题之所问,而且也包含有被问及的东西[Befragtes]。在探索性的问题亦即在理论问题中,问题之所问应该得到规定而成为概念。此外,在问题之所问中还有问之何所以问[Erfragtes],这是真正的意图所在,发问到这里达到了目标。既然发问本身是某种存在者即发问者的行为,所以发问本身就具有存在的某种本己的特征。发问既可以是"问问而已",也可以是明确地提出问题。后者的特点在于:只有当问题的上述各构成环节都已经透彻之后,发问本身才透彻。

　　存在的意义问题还有待提出的。所以,我们就必须着眼于上述诸构成环节来讨论存在问题。(第6—7页)

　　这段译文是第二节的开场白,共含三小段。第一小段有一点值得重视,这就是其中所说的"任何问题都一般地包含着的东西"。这一点似乎与前面所说的"最普遍的"性质相符,与"一切认识和一切命题"等等似乎也是相似的。因为没有展开论述,我们也就不必过多讨论。第三小段说明以后该如何讨论,没有什么具体的意义。下面我们集中讨论第二小段,这也是这段引文的重点。

　　第二小段认为,发问是一种寻求,而寻求可以成为一种探索。在这样的前提下,该段探讨了发问的构成环节。发问是一种认识性的寻求,因此有发问的对象、发问的方式、发问所涉及的东西、发问的原因;此外,发问还有不同种类等等。搞清楚这些,才能搞清楚发问。若是不深究,这些意思大体上还是可以理解的。但是,如果仔细分析,就有一些无法理解的问题。

　　一个问题与关于发问的一般说明有关,即"发问是在'其存在与如是而存在'[Das und Sosein]的方面来认识存在者的寻求"。这是关于发问是一种寻求的说明。由此似乎可以看出,这样一种寻求旨在认识存在者。问题在于关于这种认识的两个方面的说明。一个方面是"其存在",这大概是指存在者的存在。我不知道,认识存在者的存在,或者从存在者的存在来认识存在者,这样的论述是不是可以理解,但是我想问,这样的论述是什么意思?意义是什么?尤其是,这里是在论述发问,因此我们应该结合发问来理解这里的论述。比如人们问:"人是什么?"在这个问题中,什么是存在者,什么是存在呢?我理解不了这里会有存在者和存在之分,也理解不了这里什么是存在者,什么是存在。因此我要问,如何从存在者的存在来认识存在者呢?

另一个方面是"如是而存在"。除了关于存在者的问题外,我同样无法理解,什么叫"如是而存在"?怎样才能"如是而存在"?还是以上面这个问题为例。问"人是什么?"当然是在寻求得到关于"人是如此这般"的认识。问题是这里与存在有什么关系呢?而且,即使有关系,这样的问题难道是在寻求关于人的存在的认识吗?在我看来,关于"是怎样"的发问一定旨在得到"是如此这般"的回答,与存在没有什么关系;而"是如此这般"的表述也与存在没有什么关系。特别是,海德格尔这里说的是"任何发问",他一定是在一般意义上谈论发问。无论如何,"什么存在?"或"存在什么?"也不会是具有普遍性的发问。因此我们无法理解,发问为什么会与存在相关呢?而且,发问为什么会与存在者的存在和存在者如是而存在有关呢?

另一个问题与关于发问的具体说明有关。让我们先看下面这句话:"一切'对……'的发问都以某种方式是'就……'的发问"。"'对……'的发问"与"'就……'的发问"有什么区别吗?前者无疑是指问的对象,那么后者指什么呢?是指发问所着眼的东西吗?若是这样,"某物存在吗?"无疑是对"存在"的发问,但是,它是"就"什么而发问的呢?此外,由于这里说到"以某种方式",因而可以看出,"就"什么而发问不是指发问的方式。那么这种方式指什么呢?与问的对象、问的方式不同的东西又会指什么呢?

再看另一句话:"在问题之所问中还有问之何所以问[Erfragtes]"。这个"何所以问"是指什么呢?是指问题的原因,即为什么问吗?我想不明白。而且,为什么在这里达到了问题的目标呢?比如我们问"人是什么?",在这样一个问题中,什么是它的"何所以问"呢?或者,在"某物存在吗?"这样的问题中,什么是它的何所以问呢?

这两句话是关于发问的具体说明,若是与前面的一般说明结合起来,则还会有更多无法理解的问题。比如,当我们问"某物存在吗?"的时候,显然是着眼于存在物的存在方面而发问,这时我们该如何区别"'对……'的发问"和"'就……'的发问"呢?我们又该如何认识这里的发问方式呢?而当我们问"人是什么?"的时候,除了上述这些要区别的问题外,我们又该如何与存在联系起来呢?换句话说,这怎么会是从"如是而存在"的角度来寻求对存在者的认识呢?

如果再仔细分析,这里还有一个更深层次的问题。这里谈到"如是而存在"。字面上看,这似乎是用"是"来解释"存在",因为"存在"要"如是"。在这种情况下,这里是不是意味着"是"乃是比"存在"更为基础的概念呢?若是这样,"存在"又如何能够是最普遍的概念呢?

由于有以上问题,"既然发问本身是某种存在者即发问者的行为,所以发问本身就具有存在的某种本己的特征"这一句也就有了无法理解的问题。其中的前一句可以理解,发问有发问者,因而发问是发问者的一种行为。把发问者看作存在者,当然也可以理解。问题是,由此如何可以得出发问本身具有存在的特征呢?以上面的例子为例,比如问"某物存在吗?"。这个问句中含有"存在",因而似乎可以说明这个询问具有存在的特征。但是,这样的问题并不具有普遍性,因而不能说明发问的特征。若是问"人是什么?",这样的发问倒是有普遍性了,但是它不含"存在",因而与存在没有什么关系。那么它如何具有"存在"的特征呢?难道是因为可以发问吗?

需要指出的是,以上是海德格尔关于发问的构成环节的讨论,这些讨论是他后面讨论的依据。可以看出,海德格尔提出存在问题;为了更好地讨论这个问题,他一般性地探讨了发问,从而得到关于发问的一般性认识;他似乎是想依据关于发问的这些一般性认识来讨论存在这个问题,并由此突出这个问题与众不同的特征。因此,让我们带着以上提到的问题继续往下读,希望随后的阅读可以帮助我们解决这些疑问。

【译文9】
作为一种寻求,发问需要一种来自它所寻求的东西方面的事先引导。所以,存在的意义已经以某种方式可供我们利用。我们曾提示过:我们总已经活动在对存在的某种领会中了。明确提问存在的意义、意求获得存在的概念,这些都是从对存在的某种领会中生发出来的。我们不知道"存在"说的是什么,然而,当我们问道"'存在'是什么?"时,我们已经栖身在对"是"["在"]的某种领会之中了,尽管我们还不能从概念上明确这个"是"意味着什么。我们从来不知道该从哪一视野出发来把握和确定存在的意义。但这种平均的含混的存在之领会是个事实。(第7页,黑体为引者所加)

这段译文明确探讨存在的意义。前面说过发问是与存在相关的寻求,这里要探讨存在的意义,实际上是对存在的意义进行发问,因此这里的探讨也会与存在相关。由于人们总是活动在对存在的某种领会之中,因此,当人们探询存在的意义时,就已经有了对存在的某种领会。这样也就导致了一个问题:应该如何把握存在的意义?海德格尔的这些意思大致是可以理解的。但是如果我们仔细分析,却有一些根本无法理解的问题。其中最主要的问题就在被我加上黑体的这段话。

字面上看,问"'存在'是什么?"依赖于对"是"的领会,乃是可以理解的,因为这个问句中的动词乃是"是",用海德格尔的话说,这个问句用到了"是"这个词。当然,认为这样表达的时候我们并不明确知道这个"是"乃是什么意思,也是可以理解的。因为它只是一个系词,起语法作用,或者说,它的意思只是通过这种语法作用体现的。但是,海德格尔为什么不直接说"是",而要在"是"的后面加上"[在]"呢?本来很明白的事情,加了这个"在",反而让人不明白了。

首先,为什么要在"是"后面加这个"在"呢?前面我们曾经对"存在[是]"这样的表达提出质疑,现在则对"是[在]"有同样的质疑:这和"存在"的意思是一样的吗?与此相关,"是[在]"和"存在[是]"的意思是一样的吗?"在"和"存在"的意思是一样的吗?怎么可以一会说"存在",一会说"存在[是]",一会说"是[在]",一会又说"是"呢?也就是说,所要讨论的如此重要的一个概念,怎么能够随意变来变去呢?

其次,"'存在'是什么?"这个问题是非常明确的。说这个问题依赖于对"是"的领会,也没有什么问题,因为若是去掉这个"是"字,比如"'存在'什么?",意思就完全不一样了。也就是说,在这个问句中,"是"这个词起着至关重要的作用。但是,怎么能说这句话依赖于对"是[在]"的理解呢?括号中的这个"在"是从哪里跑出来的呢?难道是说这里的"是"含有"在"的意思吗?无论如何,我看不出有这样的意思。"'存在'在什么?"这话肯定是不通的。因此我不明白为什么要加上这个"在"。也许这里体现出海德格尔的睿智,他以这种方式表达出常人无法理解和想象的东西。可是他为什么随后又只说"我们还不能从概念上明确这个'是'意味着什么"呢?就是说,为什么在随后的说明中这个"在"又突然消失了呢?如此变化,真是令人莫测啊!

以上无法理解的两点,既有表述上的问题,也有内容上的问题。由此则产生了另一些无法理解的问题。

如果我们仔细阅读,则可以看出,这段话包括两部分内容,一部分是理论性说明,另一部分是举例说明。在理论性说明中,海德格尔明确指出,"提问存在的意义"和"获得存在的解释"这两点是"从对存在的某种领会中发生出来的"。在举例说明中,海德格尔则借助"'存在'是什么?"这样一个具体的关于存在的发问来进行说明,就是说,他给出了对存在发问的具体表达形式。而从"'存在'是什么?"这个问题来看,它显然是在探讨"存在"的意义,因为这是非常明确地在对"存在"发问。(海德格尔这种论证方式此前就出现过,它可以使我们联想到译文6中的举例说明。)从这个例子可以明显看出,它包含对"存在"的提问,既然是问,当然是为了获得存在的解释,因此这个举例说明与理论性说明的这两部分内容是一致的,因而是相符合的。但是按照海德格尔的理论性说明,还有更为重要的一点,这就是在这样的发问中,我们本来应该以某种方式利用存在的意义,因为我们已经活动在对存在的某种领会之中了(译文6中也是这样说的)。但是从举例说明来看,实际情况却不是这样。我们看到,在关于存在的发问中,使用的词不是"存在",而是"是",被利用的并不是"存在"的意义,而是"是"的意义。在这种情况下,我们怎么会有对存在的领会呢?我们又怎么会活动在对存在的领会之中呢?尤其是,即使海德格尔本人的论述也发生了变化,他不过是在所利用的这个"是"后面以括号的方式加了一个"在"。不知道这个"在"是什么意思,也不论它会是什么意思,至少海德格尔明确告诉我们的是我们不能确定这个"是"意味着什么。也就是说,在他的明确说明中,我们只看到"是",根本看不到"在"。按照这个发问,按照关于它的论述,正确的理解似乎应该如下:发问存在,可利用的乃是"是",而且我们总是处在关于是的某种领会之中。可是这样一来,前面的论述就都不对了:明明是在论述存在,说要依赖于对"存在"的领会,怎么最终却变成要依赖于对"是"的理解了呢?这怎么可能呢?

此外,这里还有另一个更为严重的问题。对"存在"进行提问,却要依赖于对"是"的领会,那么,"存在"和"是",它们哪一个更基础呢?在我看来,最后这个问题是致命的。在前面关于译文8的讨论中,我们曾经提到过这个问题。这个问题如果说仅从要"如是而存在"这样的论述还看得不是那样清楚的话,那么从这里关于依赖于对"是"的领会的论述则可以看得非常清楚。既然探讨存在的意义,还认为它是最普遍的,可又要通过"是"来理解它,那么它还是最基础的概念吗?确切地说,"存在"和"是",究竟哪一个是更为基本、更为基础的呢?

【译文10】

这种存在之领会不管怎样摇曳不定时隐时现,甚而至于仅流于单纯字面上的认识,但这种向来已可供利用的存在之领会的不确定性本身却是一种积极的现象,虽然这种现象还有待廓清。探索存在意义的工作不宜在开端处就来阐发这种现象。只有凭借成形的存在概念,阐释通常的存在之领会的工作才能赢得它所必需的指导线索。借助于存在概念以及这一概念本身所包含的明确领会这一概念的诸种方式,我们将能够弄清楚:变得晦暗的或尚未照亮的存在之领会意指什么?有哪些方式可能或必然使存在的意义变得晦暗,可能或必然阻碍并鲜明地照亮存在的意义?

平均且含混的存在之领会复又浸透着流传下来的关于存在的理论与意见。这些流传下来的理论作为这占统治地位的领会的源头,却又始终暗藏不露。——存在问题所寻求的东西并非全然陌生,虽然在最初的确完全无法把握它。(第7—8页)

译文9试图说明存在的意义是不确定的,译文10则继续论述这个话题。这段译文有两小段。第一小段说明如何在这种情况下探索存在的意义,大致说了这样几条:要凭借存在这个概念来获得有关解释的线索;要借助存在这个概念,借助存在这个概念所包含的明确领会这一概念的诸种方式,来领会存在这个概念那些还不明确的含义;要揭示阻碍理解存在这个概念的方式,等等。第二小段则指出,造成存在这个概念意义不确定也是有来源的,这来源是什么。这些意思大致是可以理解的。但是如果我们仔细思考,却会发现一些无法理解的问题。

一个问题是,译文9刚刚谈论过"存在"、"是"和"在",而且主要谈的似乎是"是"。它给我们造成的看法是,意义的含糊似乎不是来自"存在",倒像是来自"是"。可是怎么这里突然又谈论起"存在"来了呢?不是说不可以谈论"存在",问题在于关于"是"的谈论怎么一下子就不见了呢?

另一个问题是,既然谈到问题的来源,一定会使我们联想到译文3—6,那里海德格尔论述了他自己概括总结出来的有关这个问题的传统理解和偏见。而从这些问题来源看,其中一些明确谈到"是",因而与"是"相关,比如译文4—6。为什么在这里就丝毫不提了呢?

还有一个问题是这里谈到的领会存在这个概念的"诸种方式"。顾名思义,"诸种方式"一定是指各种不同的方式,而不会是一种方式。前面说过,存在的表述方式是"某物存在"或"存在某物"。我实在是看不出,这个"存在"除了表示"有",还会表示什么意思。因此,我实在是无法理解,它会表现出什么不同的方式。由于这段话说得很简单,这些问题也只能点到为止。

第一章 读不懂的《存在与时间》 19

【译文 11】

在这个有待回答的问题中,问之所问是存在——使存在者之被规定为存在者的就是这个存在;无论我们怎样讨论存在者,存在者总已经是在存在已先被领会的基础上才得到领会的。存在者的存在本身不"是"一种存在者。哲学领会存在问题的第一步在于 μυθον τινα διηγεισθαι,"不叙述历史",也就是说,不要靠把一个存在者引回到它所由来的另一存在者这种方式来规定存在者之为存在者,仿佛存在具有某种可能的存在者的性质似的。所以,存在作为问之所问要求一种本己的展示方式,这种展示方式本质上有别于对存在者的揭示。据此,问之何所以问,亦即存在的意义,也要求一种本己的概念方式,这种概念方式也有别于那些用于规定存在者的意义的概念。(第8页)

这段译文进一步论述存在。它主要说明了以下几层意思。第一,被问的东西是存在。第二,存在的作用是规定存在者之为存在者。第三,先领会存在,再领会存在者。第四,存在者与存在不同。第五,存在要有一种自身独特的展示方式。第六,存在的意义也要有一种自身独特的表达方式。这几层意思大致是可以理解的。但是如果仔细分析,就会有无法理解的问题。

一个是字面表达上的问题。在"存在者的存在本身不'是'一种存在者"这个句子中,"是"这个词为什么要加上引号呢?这个句子难道还是不明白的,还会有什么理解的问题吗?这个"是"难道有什么特殊的含义吗?从这里的上下文根本就看不出来。若是联系到前面谈论"是"的译文,可能会使我们意识到这里有些什么问题。但是,前面那些专门谈论"是"的译文处尚有无法理解的问题,这里仅凭这一句话又如何能够理解呢?

另一个问题与存在者和存在的关系相关。存在的作用是规定存在者之为存在者,存在者与存在不同,这样说大致还是可以理解的。但是为什么是先领会存在,再领会存在者呢?说"某物存在"时,我们自然可以理解,这里的某物与存在乃是不同的。我们还可以理解,由于"某物"被表明"存在",因而它是"存在者",是被存在规定为存在者的。但是,我们怎么会先领会存在,再领会它呢?最无法理解的是,存在怎么会有一种自身独特的展示方式呢?这样一种展示方式是什么呢?由于这一点无法理解,因而在理解存在意义的自身独特的表达方式时也会有问题。译文9曾经告诉我们如何思考存在的意义,这就是问:"'存在'是什么?"从前面相关的讨论可以看出,这种自身独特的意义与"存在"没有什么关系,因为它依赖于对"是"的理解,比如"如是而存在"。在这种情况下,我们又该如何理解存在意义自身独特的表达方式呢？难道要去考虑这个问句中使用的那个"是"吗？如果这样，难道不是脱离了关于存在的思考吗？

这里还有一个小问题，即"存在"的"问之何所以问"等同于存在的意义。存在的意义与存在的原因显然是不同的。这样看来，我们前面的理解似乎是有问题的。

【译文12】
只要问之所问是存在，而存在又总意味着存在者的存在，那么，在存在问题中，被问及的东西恰就是存在者本身。不妨说，就是要从存在者身上来逼问出它的存在来。但若要使存在者能够不经歪曲地给出它的存在性质，就须如存在者本身所是的那样通达它。从被问及的东西着眼来考虑，就会发现存在问题要求我们赢得并事先确保通达存在者的正确方式。不过我们用"存在者"[seiend]一词可称谓很多东西，而且是在种种不同的意义上来称谓的。我们所说的东西，我们所意指的东西，我们这样那样对之有所关联行止的东西，这一切都是存在着的。我们自己的所是以及我们如何所是，这些也都存在着。在其存在与如是而存在中，在实在、现成性、持存、有效性、此在中，在"有"[es gibt]中，都有着存在。我们应当从哪种存在者掇取存在的意义？我们应当把哪种存在者作为出发点，好让存在开展出来？出发点是随意的吗？抑或在拟定存在问题的时候，某种确定的存在者就具有优先地位？这种作为范本的存在者是什么？它在何种意义上具有优先地位？（第8—9页）

这段译文又是进一步的说明，大意如下：其一，在存在问题中，被问及的东西是存在者；从存在者问出存在来。其二，用"存在着"一词称谓的东西很多，意义也不同。其三，问题在于把哪种存在者作为出发点，从哪里获得存在的意义？这几层意思大致是清楚的，但是仔细分析，却有许多无法理解的问题。

一个问题是，什么叫从存在者的身上逼问出它的存在来？问"某物存在吗？"或说"某物存在"都是可以的，而且，这样不是已经问到或说出它的存在了吗？还如何从这某物问出它的存在来呢？

另一个问题是，存在者给出它的存在性质，这是什么意思？像存在者所是的那样通达存在者，这又是什么意思？从"某物存在"出发，如何能够领会存在者给出存在的性质，难道说它存在就是给出存在的性质吗？可如果是这样,那还用得着说吗?也就是说,这样说还有什么意义呢?此外,这里怎么会谈到存在者的所是呢?从"某物存在"出发,我们看到的只是存在者的存在,因此我们可以想到的也只是存在者的存在,怎么会想到存在者的所是呢?换句话说,存在者的存在与存在者是什么根本就没有什么关系,在这种情况下,又怎么会通过存在者的所是而达到存在者呢?

还有一个问题,也是这段话里最主要的问题。这里明确说到用"存在者"一词可称谓许多东西,而且称谓的意义不同。可称谓的东西包括人们所说的东西、人们所意指的东西以及其他一些东西。这无疑说明"存在着"是一个词,因此我们可以理解"存在"也是一个词。问题是,用"存在"这个词怎么会称谓许多东西呢?我的意思不是说我们不能说人存在、马存在、白的存在、明确的存在等等,我的意思是问:有谁会这样说话?这使我们联想到译文6中所说的"一切认识"和"一切命题",以及那里给出的具体例子。因此,在那里我们问过的问题,在这里我们可以重新再问一次。从海德格尔的角度出发,我们很容易理解,如果"存在"这个词没有普遍性,那么探讨存在的意义也就没有什么意义了。所以他一定要强调这个词的应用的普遍性,由此说明它的意义的普遍性,并且通过这样的说明来凸显探讨这个问题的重要性。问题是上述论述使我们无法看到"存在"这个词的应用的普遍性。在这种情况下,它的意义的普遍性以及探讨这个问题的重要性又从何谈起呢?

除了"存在"这个词称谓的东西以外,这里还谈到什么地方有存在。从其论述来看,似乎分了三类,一类是在其存在与如是而存在中,另一类是在实在、现成性、持存、有效性、此在中,还有一类是在"有"[es gibt]中。第一类情况应该是清楚的,因为译文8曾经提到这类情况。联系那里的说明似乎可以理解,由于这些情况提供关于存在者的认识,因而其中有存在。但是这样一来,译文8的问题也就会出现在这里。第三类情况字面上就有"存在"的含义,应该没有什么理解的问题。不过这是第一次出现的情况。现在该考虑的是:什么是实在、现成性、持存、有效性和此在呢?说这些性质里包含着存在,大概多少也可以理解。问题是,我们从什么地方看到这些性质呢?当我们说某物存在的时候,能够表达出这些性质吗?

上述后两个问题似乎是从两个方面论述的:一个是从"存在"一词的表述方面说的,另一个似乎是从被表述和被认识的方面说的。目的是为了说明,由此选择存在意义的出发点乃是有困难的。由于有上述难以理解的问题,因此理解这个论点也就更加困难了。

【译文 13】

如果我们确实应该突出地提出存在问题,并且充分透视这个问题,那么,依照前此所作的说明,可以知道:要想解决这个问题,就要求把审视存在的方式解说清楚,要求把领会意义、从概念上把捉意义的方式解说清楚,要求把正确选择一种存在者作为范本的可能性准备好,把通达这种存在者的天然方式清理出来。审视、领会与形成概念、选择、通达,这些活动都是发问的构成部分,所以它们本身就是某种特定的存在者的存在样式,也就是我们这些发问者本身向来所是的那种存在者的存在样式。因此,彻底解答存在问题就等于说:就某种存在者——发问的存在者——的存在,使这种存在者透视可见。作为某种存在者的存在样式,这个问题的发问本身从本质上就是由问之所问规定的——即由存在规定的。这种存在者,就是我们自己向来所是的存在者,就是除了其它可能的存在方式以外还能够对存在发问的存在者。我们用此在[Dasein]这个术语来称呼这种存在者。存在的意义问题的突出而透彻的提法要求我们事先就某种存在者[此在]的存在来对这种存在者加以适当解说。(第9页)

这段译文有几层意思。其一,要把审视存在的方式、把握存在的意义的方式说清楚,要把达到存在者的方式清理出来,这些是突出和强调存在问题的条件。其二,彻底解答存在问题是怎么一回事,由此引出一种发问的存在者。其三,用此在[Dasein]来称呼这种存在者。其四,要用此在的存在来解说存在者。这几层意思大体上似乎可以理解,但是一些细节却无法理解。

一个最主要的问题与"存在样式"有关。我们看到,这里多次提到"存在样式",与此相似的表达还有"存在方式"和"存在的方式"。"通达……的天然方式"这一表达虽然没有使用"存在"一词,但是所表达的意思也与存在相关。而且,在论述中,这些"样式"或"方式"显然与理解存在密切相关,因此是很重要的概念。理解它们,字面上似乎没有什么问题。但是如果仔细思考,问题就来了。由于"存在"的使用方式非常简单,因此我们无法理解为什么要谈论存在的样式。难道"存在"的使用还会有不同的方式或歧义吗?比如,说"某物存在"还会有什么歧义吗?难道说这还会表现出什么不同的样式或方式吗?再比如,这里谈到"作为某种存在者的存在样式,这个问题的发问本身从本质上就是由问之所问规定的——即由存在规定的"。存在者由存在规定,这样的说法尽管不太容易理解,由此多少也可以猜测,因为说某物存在,所以这里说出的"存在"是对"某物"的表述,因而是对它的规定。问题是由此如何能够谈论存在样式呢？就是说，这里的"存在"难道还有不同的样式吗？我实在是看不出来有什么不同的样式。然而，如果只有一种样式，那么由存在决定存在的样式这样的说法还会有什么意义吗？还用得着这样反复多次多样地强调这样的样式吗？

与此相关不太容易理解的问题是关于解答存在问题的说明：就存在者的存在，使存在者透视可见。这话说得含糊。猜测一下，大概无非是说通过存在来理解存在者。我们无法理解，对于存在者，除了表示有它之外，存在还能说明些什么？而这样又怎么会有对存在的彻底说明呢？

还有一个问题也不太容易理解。这里提出了一个新概念——此在——来称呼存在者，而且被称呼的是一种特定的存在者。对这种存在者有两点说明，一是：我们自己向来所是；二是：除了其他可能的方式还能对存在发问。由此可见，这种存在者指人，因为只有人满足这两点说明。我们还看到"存在者[此在]"这样的说法。这种并列似乎说明，"此在"与这种存在者是等同的。在这种情况下，尽管被称呼的存在者不是一般的存在者，而是一种特定的存在者，但是这里毕竟出现了一个新术语，而且明确地说要着眼于此在的存在来探讨存在者。这里的区别究竟是什么呢？难道是"存在者存在"和"此在存在"的区别吗？

最后还有一个小问题。"此在"提到的是"在"，而不是"存在"，这样，前面谈到的与"在"相关的问题，在这里同样会出现。

【译文 14】

然而，这样做不是显然莽撞地堕入了一种循环吗？必须先就存在者的存在来规定存在者，然后却根据此在这种存在者才能提出存在问题，这不是兜圈子又是什么？只有这个问题的答案才能够提供的东西不是在解答这个问题的时候就被"设为前提"了吗？在原理研究的领域中，人们随时都能轻易地引出论据来指责研究工作陷入了循环论证；但在衡量具体的探索途径时，这种形式上的指责总是徒劳无益的。它丝毫无助于领会事情的实质，反而妨碍我们突入探索的园地。

何况，在问题的上述提法中实际上根本没有什么循环。存在者满可以在它的存在中被规定，而同时却不必已经有存在意义的明确概念可供利用。苟非如此，至今就还不可能有存在论的认识，然而实际上确有这种认识却恐怕是无法否认的。迄今为止的一切存在论当然都把"存在""设为前提"，不过却并没有把存在当作可供利用的概念——并没有把存在当作我们正在寻求的东西。存在之被"设为前提"具有先行着眼于存在的性质,也就是说,一旦着眼于存在,给定的存在者就暂先在它的存在中得到解说。这种起引导作用的着眼方式生自平均的存在之领会。我们自己就活动在这种平均的存在领会之中,而且它归根到底属于此在本身的本质建构。这种"设为前提"同假设一个基本命题并由此演绎出一串命题之类的事情毫不相干。存在的意义问题的提出根本不可能有什么"循环论证",因为就这个问题的回答来说,关键不在于用推导方式进行论证,而在于用展示方式显露根据。(第9—10页)

这段译文有两小段。第一小段先假想了一个反驳者,提出了循环论证的指责;然后再指出这样的指责无效。第二小段则进一步说明为什么以上不是循环论证。这里我们主要看第二小段。

这一小段说明,存在者可以在存在中被规定,却不必有明确的存在意义可利用。以存在为前提是一回事,寻找存在则是另一回事。前者是过去的做法,后者是海德格尔要做的事情。而且,假设存在为提前,用推导方式论证是一回事,用展示方式显示存在的根据则是另一回事。前者有循环论证的问题,后者则不会有。海德格尔要做的则是后者。这些意思大体上还是可以理解的,但是一些细节论述却有无法理解的问题。

一个问题是,从存在出发来考虑,问题来自对存在的领会,大概是可以理解的。但是为什么我们会活动在对存在的领会之中呢?前面多次有这个提法,我们也多次谈论过这个问题的无法理解之处,因此这里会有同样的问题。此外,这样一种活动或这样一种存在为什么会是此在本身的建构呢?这里的此在还是指人吗?如果是指人,那么人的建构是什么呢?或者,人的建构又会指什么呢?

另一个问题是,存在者与存在密切相关,为什么考虑存在,存在者就会在它的存在中得到解脱呢?比如,考虑"某物存在"中的存在,为什么这里的某物可以在它的存在中得到解脱呢?又会如何得到解脱呢?

【译文 15】
存在的意义问题里面并没有什么"循环论证",只不过在这里问之所问(存在)明显地"向后关联到或向前关联到"发问活动本身,而发问又是某种存在者的存在样式。存在问题最本己的意义中就包含有发问活动同发问之所问的本质相关性。但这也只是说:具有此在性质的存在者同存在问题本身有一种关联,它甚至可能是一种与众不同的关联。

然而,这样一来不是已经摆明了某种确定的存在者具有存在的优先地位吗?不是已经给定了那应当充任存在问题首须问及的东西的、作为范本的存在者吗?前此的讨论还没有摆明此在的优先地位,也还没有断定它可能乃至必然充任首须问及的存在者来起作用。不过,此在具有优先地位这一点已经初露端倪了。(第10页)

这是第一章第二节的最后一段话。它强调说明,存在的意义问题不存在循环论证,而且进一步指出,具有此在性质的存在者与存在有一种不同寻常的关联,最后还提示人们,前面的论述已经多少显示出此在具有优先地位。有了这个结论,下一节就可以直接论述此在的优先地位了。这些意思大体上是清楚的,问题还是在一些具体的论述上。

一个问题是,存在怎么就"向后关联到"发问活动本身了呢?它又是怎样"向前关联到"发问活动本身的呢?这种向前和向后的关联又如何是显然的呢?

另一个问题是,发问活动与问之所问的本质相关性怎么就包含在存在的本己意义中呢?既然是发问活动,自然有所问的东西,这样就使我们联想到前面那个具体谈论,即译文9中被我加了黑体而强调的那段话。"'存在'是什么?"无疑是发问,关于"存在"的发问无疑是发问的活动,可那里明明说这样问的时候已经栖身于对"是"的理解,这与"存在"又怎么会有关系呢?在那里我们已经提出了无法理解的问题。而在这里我们又看到、因而又遇到了同样的问题。在这样一个问题中,除了被问的是"存在",因而问的活动本身与存在相关之外,这二者之间的关系怎么会包含在"存在"的本己意义中呢?它们之间的联系明明是借助"是"建立起来的,并且是通过"是什么?"来表述的,与存在怎么会有关系呢?与存在又会有什么关系呢?

由于存在以上问题,因而还引发了一个问题。整个第二节讨论的是存在问题的形式结构。经过以上讨论,我们知道这种形式结构是什么了吗?我们知道了存在者和存在,它们可以算是存在问题的形式结构吗?通过关于它们的讨论,我们还知道了此在,而且我们看到,它在探讨存在的问题中还具有优先地位。那么它是存在问题的形式结构吗?存在者、存在和此在都是存在问题的形式结构吗?它们是一种什么样的形式结构呢?至此,通过它们我们获得关于存在的形式结构的认识了吗?或者,如果不清楚这里"形式"的含义,我们获得了关于存在的结构的认识吗?在我看来,这些都是问题。这些问题的存在表明,上述讨论的那些无法理解的问题不是无关紧要的。面对这么多问题,上述译文还是可以理解的吗?理解上述译文还会是没有问题的吗?

3. 关于"此在"的说明

导论之后是正文。《存》的正文标出第一部,没有第二部,这表明这是一部未完成的著作。若是不考虑"部"的划分,则可以认为全书分两篇。第一篇是"准备性的此在基础分析",第二篇是"此在与时间性"。第一篇共分六章,第一章是"概说准备性的此在分析之任务",似乎也具有导论的性质。这一章共分三节,第一节(即全书第九节)是"此在分析的课题",也集中于关于此在的论述。由此可见,《存》的正文从"此在"开始论述,并且一开始是准备性的、基础性的论述。这一点其实不难理解。在前面导言中,通过关于一般发问的探讨,提出了发问的结构;然后依据这种结构,探讨了关于存在的发问结构;并且结合探讨这样一种发问结构提出了"此在"这一概念,最后说明它是一种特殊的存在者,具有优先地位。无论前面的说明是不是有道理,结合前面的论述我们至少可以理解,既然指出在探讨存在的问题时此在具有优先地位,那么从此在开始进行论述似乎也就是非常自然的了。下面我们以《存》第九节(即该书第一篇第一章第一节)为例,逐段进行讨论。

【译文 16】
　　任务是分析存在者,而在这里所分析的存在者总是我们自己。这种存在者的存在总是我的存在。这一存在者在其存在中对自己的存在有所作为。作为这样一种存在的存在者,它已被交托给它自己的存在了。对这种存在者来说,关键全在于[怎样去]存在。这样来描绘此在的特征,就引出了下面两点。(第49页)

这段译文是这一节的开篇语。它在解释或者说明此在的特征。这里比较清楚的是把此在说成一种特殊的存在者。由于前面(译文13)已经说过,这种存在者是我们自己向来所是的存在者,因此这里的一个说明,即这种存在者是我们自己,不过是重复而已,没有什么理解的问题。这里的另一个说明,即这种存在者的存在总是我的存在,似乎也是可以理解的,因为它似乎是从前一个说明推论出来的。但是接下来的论述就不太清楚了。比如,

"这一存在者在其存在中对自己的存在有所作为"是什么意思？这种存在者"已被交托给它自己的存在了"又是什么意思？在我看来，这些论述是不好理解的。不过，从中我们隐约可以感到，存在者和存在是不同的，不是一回事。看到这里明确地说关键在于［怎样去］存在，我们也就可以理解，重要的还是存在，重点强调的还是存在。因此，即使有一些不太明白的地方，也可以大致暂且存疑。让我们一起来看接下来关于这种特征的两点说明。

【译文 17】

1. 这种存在者的"本质"在于它去存在（Zu-sein）。如果竟谈得上这种存在者是什么，那么它"是什么"（essentia）也必须从它怎样去是、从它的存在（existentia）来理解。而存在论的任务恰恰是要指出：如果我们挑选生存（Existenz）这个用语来称呼这种存在者的存在，那么这个名称却没有而且不能有流传下来的 existentia 这个术语的存在论含义，因为，按照流传下来的含义，existentia 在存在论上差不多等于说现成存在；而现成存在这种存在方式本质上和具有此在性质的存在者的存在方式了不相干。为避免混乱起见，我们将始终用现成状态这个具有解释作用的表达式来代替 existentia 这个名称，而把生存专用于此在，用来规定此在的存在。

此在的"本质"在于它的生存。所以，在这个存在者身上所能清理出来的各种性质都不是"看上去"如此这般的现成存在者的现成"属性"，而是对它说来总是去存在的种种可能方式，并且仅此而已。这个存在者的一切"如此存在"首先就是存在本身。因此我们用"此在"这个名称来指这个存在者，并不表达它是什么（如桌子、椅子、树），而是（表达它怎样去是，）表达其存在。（第 49—50 页）

这是第一点说明，共两小段。前一小段表明，存在者的本质就在于它去存在。通过一些语词解释，最终说明，为了区别，在以后的讨论中，要用"生存"这个概念来称呼此在。后一小段表明，存在者有去存在的各种可能方式，这样的存在方式首先是存在本身。因此，用此在称呼存在者，不是表示存在者是什么，而是表示存在者存在。这些意思大致是可以明白的，但是如果我们仔细分析，就会发现一些无法理解的问题。

第一个问题是关于"去存在"的解释，这主要在前一小段的第二句话。这里的问题有两点。一点是关于"是什么"的解释。从上下文看，"是什么"是关于"本质"的说明。关于"是什么"有两个解释。一个解释是说要从它

"怎样去是"来理解，另一个解释是说要从它的"存在"来理解。谈论关于存在者"是什么"的解释，指出必须从它"怎样去是"去理解，基本上不会有什么问题。因为这里似乎是把"是什么"的"什么"解释为"怎样去是"的"怎样"，这样就表明，这里被说明的东西围绕着"是"，而用来说明的东西也是围绕着"是"，因此，无论"怎样"是不是可以说明"什么"，至少这种说明与被说明的东西是相关的。但是，从存在者的"存在"怎么能够理解它"是什么"呢？也许对"存在"的理解会有助于我们对"是什么"的理解，但是至少在字面上看，它们没有什么关系。也就是说，这里被说明的东西与用来说明的东西完全不同，没有任何关系。这样我们自然就会问：这两种解释是什么关系呢？

从这两种解释还可以看出另一个问题。字面上看，前一种解释可以理解，但是它似乎不能说明"去存在"这种此在的特征。因为无论是"是什么"，还是"怎样去是"，至少字面上与"去存在"没有什么关系。字面上看，后一种解释无法理解，但是它似乎可以说明"去存在"这种特征。而从两种解释的矛盾之处还可以看出，其实它们所要解释的那句话也是有问题的。此在的"本质"在于"去存在"，而"本质"乃是"是什么"，那么，"是什么"与"去存在"又有什么关系呢？在我看来，至少在字面上它们没有任何关系。

如果再进一步分析，还可以问：这里所说的"谈得上"是什么意思？与具体的"谈"有什么关系吗？如果无关，则不用考虑什么。但是如果有关呢？从"谈"的角度说，"是什么"乃是自然的，由于它是多样的，因此才会有"怎样去是"的问题，而所有这些，都会与"是"相关，但是这与"存在"有什么关系呢？换句话说，"某物存在"和"存在某物"，大概是我们能够谈"存在"的唯一方式。这样的谈论方式对于理解"是什么"怎么会有什么帮助呢？

还有，这里对三个表达式给出了外文，即"去存在(Zu-sein)"、"'是什么'(essentia)"和"存在(existentia)"。即使不懂外文，也会看出，这三个外文词是不同的。因此产生上述字面上的那些问题是非常自然的。如果懂外文，则可以看出，前一个是德文，后两个是拉丁文。这里似乎是在借助拉丁文解释德文；而且，从解释 Zu-sein 的角度说，essentia 与它字面上就有联系，而 existentia 与它字面上似乎没有什么联系。因此，即使有了这些外文作参照，上述字面上那些理解的问题也依然存在。

第二个问题与"生存"这个术语有关。在汉语中，"存在"和"生存"这两个词在字面上都有一个"存"字，似乎意思差不多。但是如果仔细追究起来,"存在"的意思主要是"有",而"生存"的意思主要是"保存生命"①,二者还是有区别的:前者与生命无关,而后者与生命有关。引人注意的是这段译文在这两个词的后面给出了外文,而这两个外文词 existentia(Existenz)字面上差不多又是一样的。假如不懂外文,我们可能会猜测,词头和词尾的差异也许表明这两个外文词有不同的含义,因而"存在"和"生存"表达出这些不同的含义。那么,这样的猜测理解对吗? 如果懂外文,我们就会知道,这两个词一个是拉丁文,一个是德文。在这种意义上,它们实际上应该是同一个词,它们的不同不过是由于不同语言的不同语法形式造成的。认识到这一点,我们就会问:为什么把拉丁文中的 existentia 翻译为"存在",而把德文中的 Existenz 翻译为"生存"呢? 它们难道真有这样的区别吗? 不过,这样的问题只是字面上的问题,这里其实还有更进一步的问题。

第三个问题是关于"现成存在"这个用语。按照译文中的说明,existentia 有一种存在论的含义,表示"现成存在",而 Existenz 没有这种含义。这显然是一种差异。在这种意义上,似乎也就不难理解把 Existenz 翻译为"生存",因为这样可以把二者区别开来。但是我想问,既然 existentia 的意思"差不多等于说现成存在",为什么要把它翻译为"存在",而不翻译为"现存"呢?"存在"与"现存"在中文中固然有区别,而且区别得十分清楚,但是在 existentia 上又如何区别出来呢? 所以前面我们说 existentia 与 Existenz 的区别不会仅仅是字面上的。

按照译文中的说明,现成存在的存在方式与具有此在性质的存在者的存在方式没有关系。这就说明,至少有两种存在方式。一种是现成存在的存在,另一种是一种特殊的存在者的存在方式。即使我们不知道后一种存在方式是什么,至少也可以看出,现成存在只是其中的一种存在方式。这样区别的结果是,用"现成状态"来替代 existentia,用"生存"来表示另一种存在方式。这样一来,就有一个难以理解的问题:区别 existentia 和 Existenz 有什么意义呢? Existenz 不能表示 existentia 的存在论含义,因此不能用 Existenz 来表示 existentia,这似乎是可以理解的。但是,既然通过这种区别而说明要用"现成存在"来表示 existentia,难道问题还没有解决吗? 从这里的论述可以看出,Existenz 的意思比 existentia 窄,因此表达不了后者。按照通常的理解,它的意思应该包含在后者之中,因此"现成存在"应该包含它的意思才对。现在的情况则根本不是这样,因为要用它来表示一种专门的情况。

---

① 参见《现代汉语词典》,商务印书馆,第 1015 页。

在我看来,这些还只是字面的问题,若是联系起它们所要说明的东西,则更会感到一些不太容易理解的地方。它们所要说明的是一种存在者的"存在(existentia)",并且通过这种说明来说明它"是什么"。而从以上那些区别和探讨,又怎么能够看出与说明"是什么"有什么关系呢?如果说明不了"是什么",又怎么能够说明想要通过说明"是什么"来说明的"去存在(Zu-sein)"呢?

还有一个问题是第二小段所说的"去存在的种种可能方式"。这是什么意思呢?这些方式指的是存在者身上的各种性质。为什么说这些性质不是如此这般的现成属性,而是去存在的种种可能方式呢?

最后一个问题是第二小段的最后两句说明。这里说到"如此存在",并把它解释为"存在本身",然后说用"此在"表示指称存在者,不表示存在者是什么,而表示存在者怎样去是,表示存在者的存在。这里有一点无法理解。一事物是什么,与存在有什么关系?尤其是结合括号中给出的例子,更会觉得这里有问题。以桌子为例。与桌子相关的是什么大概可以有两种理解,一种是:比如,一事物是桌子;另一种是:比如,桌子是家具。按照这样的理解,它们与"如此存在"有什么关系呢?它们怎么会表示"存在"呢?更具体地说,有什么理由把这两个例子中的"事物"和"桌子"称之为"存在者"呢?或者我们退一步,即使有充分的理由这样做,又怎么能够在这样的例子中看到或看出"存在"来呢?如果看不出来,又怎么会用"此在"去表示这种存在呢?

需要指出的是,这里有一个细节也造成理解的困难。在"表达其存在"这一说明之前,有一个加括号的说明"表达它怎样去是"。这里的"怎样"与例子中的桌子、椅子、树等等大致相应,因此我们可以理解,"怎样去是"与"是什么"乃是不同的说法,意思差不多。若是这样理解,它与"表达其存在"又有什么关系呢?它怎么能够说明与存在相关的问题呢?此外,这里的"怎样"与"如此存在"中的"如此"大概也可以相应,因此我们可以理解,"怎样去是"与"如此存在"是相关的,因而可以说明"表达其存在"。但是这样一来,就会产生一个十分明显的问题:"如此存在"与"怎样去是"意思是一样的吗?如果不是,则前面的理解显然是有问题的。如果是,那么"存在"和"是"难道还会有区别吗?

【译文18】

2. 这个存在者在其存在中对之有所作为的那个存在,总是我的存在。因而此在永不可能从存在论上被把捉为某种现成存在者族类中的一员和样本。现成存在者的存在对这种存在者本身是"无关紧要的";或更确切些说,这种存在者是这样"存在"的:它的存在对它既不可能是"无关紧要的"又不可能是"有关紧要的"。而按照此在这种向来我属[Jemeinigkeit]的性质,言语涉及此在的时候总必须连带说出人称代名词来:"我是[ich bin,我存在]","你是[du bist,你存在]。"

而此在又总以这样或那样去存在的方式是我的此在。此在以何种方式向来我属,它无论如何总已决定好了。这个在其存在中对自己的存在有所作为的存在者把自己的存在作为它最本己的可能性来对之有所作为。此在总作为它的可能性来存在。它不仅只是把它的可能性作为现成的属性来"具有"它的可能性。因为此在本质上总是它的可能性,所以这个存在者可以在它的存在中"选择"自己本身、获得自己本身;它也可能失去自身,或者说绝非获得自身而只是"貌似"获得自身。只有当它就其本质而言可能是本真的存在者时,也就是说,可能是拥有本己的存在者时,它才可能已经失去自身,它才可能还没有获得自身。存在有本真状态与非本真状态——这两个词是按照严格的字义挑选来作术语的——两种样式,这是由于此在根本是由向来我属这一点来规定的。但是,此在的非本真状态并不意味着"较少"存在或"较低"存在。非本真状态反而可以按照此在最充分的具体化情况而在此在的忙碌、激动、兴致、嗜好中规定此在。(第50页)

这是第二点说明,共分两小段。第一小段进一步说明,与此在相关的存在总是我的存在,并将它命名为"向来我属的性质"。这些意思大致可以理解,但是这段话的最后一句以及所举的例子不太容易理解。

这里为了说明言语涉及此在而举的例子是:"我是[ich bin,我存在]","你是[du bist,你存在]"。从这里的"我"和"你"可以看出,它们说明了"连带说出人称代名词来"。由此也可以看出,它们确实是为了说明"言语涉及此在"的例子。我们看到,这两个例子后面给出了原文,并且在原文后面加了"我存在"和"你存在"。按照一般的翻译规则,这里的意思大概是说,"ich bin"和"du bist"也有"我存在"和"你存在"的意思,因而也可以这样翻译。尽管"存在"与"此在"也不同,但是由于其中都有一个"在",因此似乎也还是可以有些关系的。但是,"我是"和"你是"与"我存在"和"你存在"的意思是一样的吗?

在我看来,"我是"和"你是"显然是省略的句式,即省略了"是"后面的表语。而"我存在"和"你存在"则是完整的句子。因此它们是根本不同的表达。此外,从字面上看,"我是"和"你是"与"存在"没有任何关系,与"在"也没有任何关系。那么,举这样的例子仅是为了说明其中的"我"、"你"与"存在"相关吗?"我存在"、"你存在"中的"存在"与"在"似乎有些关系,难道补充这样的表达是为了说明,除了引入"我"、"你"而与"此在"相关外,其中的"存在"也表明与"此在"有关吗?这里外文表达的究竟是哪一种意思呢?举例是为了说明所要说明的问题,因此所举的例子一定应该是自明的。由于以上问题存在,因此我要问:这样的例子难道是自明的吗?论述此在怎么能够举这样的例子呢?

译文18的第二小段进一步论述此在的性质,由此还区别出存在的两种性质:本真状态和非本真状态。我不知道读者是不是读得懂这里的论述,我只想简单谈一个我自己无法理解的问题。

由于上一小段刚举了两个例子,因此我认为这段话的论述应该结合那两个例子来理解。但是一旦结合这两个例子,就有无法理解的问题。比如它的第一句话:"此在又总是以这样或那样去存在的方式是我的存在"。结合上一小段的例子,从"我是"出发,则可以看出,这里的"是"的后面有省略,因此,若是完整的表达,则应该有所补充说明。由于可以有不同的补充说明,因此可以把这样的补充说明看作是"这样那样"的方式。这样,这个例子可以有助于这里的说明。但是即便如此,它们也只是"是"的方式,而不是"存在"的方式,因为"是"与"存在"没有什么关系,至少字面上没有什么关系。因此这个例子充其量只能说明"这样那样的方式",而不能说明"去存在"的方式。在这种情况下,我们又如何能够理解这里所说的"这样那样的去存在的方式"呢?同样是结合上一小段的例子,若是从"我存在"出发,似乎可以理解这里所说的"去存在的方式",但是,由于"我存在"是一个完整的表达,意思是确定的,它又怎么能够表达出"这样或那样的"存在方式呢?所以,结合上文的例子,无论怎样理解,都会有无法理解的问题。

再比如下面这两句话:"此在总作为它的可能性来存在。它不仅只是把它的可能性作为现成的属性来'具有'它的可能性。"前一句话中的"存在"为什么要用重点号呢?是为了强调它吗?此外,存在者的"可能性"指什么呢?此在又怎么会是这样的可能性呢?后一句话则说到了"现成的属性"。前面已经说过,这样的属性是存在论含义上的东西。这就表明,此在有不止一种可能性。那么此在的可能性究竟是什么呢?若是结合上文的例子,我们就会发现同样的问题。若是从"我是"出发,似乎可以理解这里说的"可能性",但是无法理解这里所说的"存在",尤其是还加重点号进行强调的"存在"。若是从"我存在"出发,即使可以把这理解为一种"现成的属性"，大概也无法把它理解为一种"可能性"。或者，以"我存在"为例，我们能够看出存在者那种作为现成属性的可能性是什么吗？

【译文 19】
此在的两种性质已经勾画出来了：一是它的 existentia 对 essentia 的优先地位，一是它的向来我属性质。这两种性质已经提示，在对这种存在者进行分析时，我们面对的是一个独特的现象领域。这个存在者没有而且绝不会有只是作为在世界范围之内的现成东西的存在方式，因而也不应采用发现现成东西的方式来使它成为课题。的确，如何正确地先行给出这种存在者远不是不言而喻的，其实对这种先行给予者进行规定本身就构成了这种存在者的存在论分析工作的一个本质部分。只有在正确可靠地给出这种存在者的同时，才有可能获得这种存在者的存在之领会。无论这一分析尚是如何地浅近，它总已经要求确保从正确的入手处入手了。（第 51 页）

这段译文是对前面几段话的总结。它明确地说明此在有两种性质，一种是 existentia 对 essentia 的优先性，另一种是向来我属性。值得注意的是，在对这两种性质的进一步说明中，不仅提到了现成的存在方式，而且提到"在世界范围之内"。实际上，后者是一个新引入的提法。由此也就表明，在以后的论述中要加上与之相关的考虑。由于这段话是总结性的，因此意思比较容易理解。但是应该看到，由于前面的论述有那些无法理解的问题，因此这里的总结其实也是存在着问题的。

比如，前面确实有关于 existentia 的讨论，但是那些讨论并不是围绕 existentia 与 essentia，而只是围绕着 existentia 和 Existenz 的，由此区别出用"现成存在"表示 existentia，用"生存"表示另一种存在。因此，这些讨论并不表明 existentia 比 essentia 优先。不过，这样的理解问题是引申出来的，而不是字面上的，我们暂且不做进一步的探讨。

【译文 20】
此在总是从它所是的一种可能性、从它在其存在中这样那样领会到的一种可能性来规定自身为存在者。这就是此在的生存建构的形式上的意义。但其中就有这种存在者的存在论阐释所需的提示：要从这种存在者的存在的生存论建构（Existenzialitaet）中发展出它的存在问题的提法来。然而这却不是说，要用一个具体的可能的生存观念来组建此在。此在在分析之初恰恰不应在一种确定的生存活动的差别相中来被阐释,而是要在生存活动的无差别的当下情况和大多情况中来被发现。此在的日常状态的这种无差别相并不是无,而是这种存在者的一种积极的现象性质。一切如其所是的生存活动都从这一存在方式中来而又回到这一存在方式中去。我们把此在的这种日常的无差别相称作平均状态(Durchschnittlichkeit)。(第 51 页)

这段译文有了明确的论述:要从存在的生存论建构(Existenzialitaet)中发展出它的存在问题的提法来。这表明,前面关于 Existenz 的讨论是重要的。

这段话又引入了一个新的提法。在谈论此在的过程中,它先谈到生存活动的无差别性,然后把它称之为日常状态的无差别性,最后把此在的这种情况称之为"平均状态"。以上内容大致是可以理解的。

这段话也有不太容易理解的地方。比如第一句话就让人费解。此在"所是的一种可能性"指的是什么呢?这里的"是"为什么要予以强调呢?此在"在其存在中这样那样领会到的一种可能性"指的是什么呢?这种可能性与"所是的可能性"一样吗?它们之间有什么联系或区别吗?如果仔细分析,这里所说的"这样那样的可能性"似乎前面也以不同的方式说过,比如"去存在的种种可能性"(译文 17)。还有,"一切如其所是的生存活动"字面上说的是生存活动,但是修饰语却是"一切如其所是",这与第一句话中所说的可能性是不是相关的呢?

【译文 21】
正因为平均的日常状态构成了这种存在者在存在者层次上的当下情况,所以它过去和现在都在对此在的解说中一再被跳过了。这种存在者层次上最近的和最熟知的东西,在存在论上却是最远的和不为人知的东西,而就其存在论意义而言又是不断被漏看的东西。奥古斯丁问道:谁能揭开这个疑案?他不得不答:主,我正在探索,在我身内探索:我自身成为我辛勤耕耘的田地。这段话不仅适用于此在存在者层次上的及前存在论上的未被透视的情况,而且更适用于存在论的任务:不仅不可错过这个存在者在其现象上的最切近的存在方式,而且还要通过正面的特征描述使得这种存在方式成为可以通达的。

但此在的平均日常状态却不可被单单看作它的一个"方面"。在平均日常状态中,甚至在非本真模式中也先天地具有生存论结构。即使在平均日常状态中,此在仍以某种方式为它的存在而存在,只不过这里此在处于平均日常状态的样式中而已,甚或处于逃避它的存在和遗忘它的存在这类方式中。

但是,对处于平均的日常状态中的此在的说明所得出的并不仅仅是在摇摆游移的不确定性那种意义上的平均结构。凡在存在者层次上以平均状态的方式存在的东西,在存在论上都满可以在一些适切的结构中被把捉到,而这些结构同此在的本真存在的种种存在论规定在结构上并无分别。(第51—52页)

在这段译文中,平均的日常状态成为讨论的主题,而且其中又有了新的提法,比如"先天地具有生存论结构"。

值得注意的是,这里谈到存在论的任务:"不仅不可错过这个存在者在其现象上的最切近的存在方式,而且还要通过正面的特征描述使得这种存在方式成为可以通达的。"由此,存在方式被提到核心的位置上来。

这段话本身似乎没有什么理解的问题。但是,由于前面的讨论中有许多理解的问题,因此那些问题势必会影响到这里的理解。比如,如果"存在"这个概念不清楚,又怎么能够清楚地理解这里所说的"存在方式"呢?

【译文22】
　　从对此在的分析而来的所有说明,都是着眼于此在的生存结构而获得规定的,所以我们把此在的存在特性称为生存论性质(Existenzialien)。非此在式的存在者的存在规定则称作范畴。这两者须得加以严格区别。这里所用的"范畴"这个术语始终取其本来的存在论含义。古代存在论把在世界之内照面的存在者拿来作为它解释存在的基本样本。νοειν 或 λογος 则被认为是通达这种存在者的方式,而存在者就在其中来照面。但是这种存在者的存在必须在一种与众不同的 λεγειν(让看)中才成为可把捉的,结果这一存在——作为它所是的而且在任何一个存在者中已经是[存在]的东西——先就变成可理解的了。在关于存在者的谈论(λογος)中总已谈及存在,这就是 κατηγορεισθαι。这首先意味着:公开告发,当大家的面责问一个人。这个术语用于存在论意义下就是说:仿佛是责问存在者,责问它作为存在者向来已经是什么,也就是说,让所有人就其存在来看存在者。κατηγοριαι 就是在这样的看中被看到和可以看到的东西。Λογος 以各自有别的方式就其存在说及存在者,而种种范畴就概括了可以这样说及的存在者的一切先天规定。生存论性质与范畴乃是存在性质的两种基本可能性。与这两者相应的存在者所要求的发问方式一上来就各不相同:存在者是谁(生存)还是什么(最广义的现成状态)。只有在已经澄清的存在问题的视野上才能讨论存在性质的这两种样式的联系。(第52—53页)

这段译文具有总结的性质,由此出现了"存在论性质"和"范畴"这两个用语。从这里的论述可以看出,前一个术语是从前面关于 existentia 的讨论得到的,后一个术语则是依据前一个术语作区分标准而得到的。只不过后一个术语是一个传统术语,这样也就有一些传统资源可以利用。

这段话也有一些不太容易理解的地方。一个问题是关于 λογοζ 的说明:"在关于存在者的谈论(λογοζ)中总已谈及存在。"请想一想,在具体谈论中,怎么会谈及"存在"呢?前面我们说过,在语言表达中,"某物存在"和"存在某物"这样的表达非常窄,因而也非常少。因此,很难相信这里是在说这样的表达。此外,从前面举的例子来看,比如桌子、椅子、树等等,且不论举例时说的也是它们"是什么",即使没有这样的说明,大概也很难想到通过这些例子所要说明的是"桌子存在"、"树存在"等等。而一旦考虑到"是什么",则会有各种可能的谈论方式。比如说,桌子是四条腿的,桌子是木质的,桌子是用来写字的,等等。但是,这里怎么会谈到"存在"呢?或者,我们也不用联系前面举的例子。即使在这段话中也有如下说明:"责问它作为存在者向来已经是什么。"这里的"是什么"和前面所说的"是什么"意思显然是一样的。因此,有前面的例子,这里的意思是清楚的,没有前面的例子,这里的意思也是清楚。问题是,有了这样的认识,它后面那句"也就是说,让所有人就其存在来看存在者"还是清楚的吗?从一事物是什么,如何能够看到它的存在呢?

还有一个问题是关于发问方式的说明:存在者是谁(生存)?存在者是什么(最广义的现成状态)?前一问为什么是关于"生存"的呢?后一问为什么是关于"现成状态"的呢?根据前面的讨论,现成状态难道不是从 existentia 区别出来的吗?"是什么"难道不是被标之以 essentia,因而与 existentia 不同的吗?

【译文23】

在导论中已经提示过:在此在的生存论分析工作中,另一个任务也被连带提出来了,其迫切性较之存在问题本身的迫切性殆无逊色。要能够从哲学上对"人是什么"这一问题进行讨论,就必须识见到某种先天的东西。剖明这种先天的东西也是我们的迫切任务。此在的生存论分析工作所处的地位先于任何心理学、人类学,更不消说生物学了。如果我们把生存论分析工作的课题同这几种可能的关于此在的研究划分开来,那么生存论分析的课题就会得到更为鲜明的界说。这同时也将更进一步证明这一分析课题的必要性。(第53页)

这是第九节的结束语。值得注意的是其中提到"人是什么"这个问题。而且围绕这个问题,再次提到"某种先天的东西"。

4. 关于"在世界之中存在"

《存》的第一章是准备性的论述,第二章则进入正式的讨论。它的题目是"一般的'在世界之中存在'——此在的基本建构"。从这个题目可以看出,它要讨论的是此在的基本建构,而且它把"在世界之中存在"作为这样一种建构来讨论。这一章共有两节。第一节(即全书第十二节)是"依循'在之中'本身制订方向,从而草描出'在世界之中存在'"。第二节的题目是"以一种另有基础的样式为例说明'在之中'。对世界的认识"。从这两个题目可以看出,第一节大体上给出了此在的基本建构。下面我们只看这一节,逐段进行讨论。

【译文24】
在准备性的讨论(第九节)中我们已曾把存在的某些基本性质崭露出来。这些性质定当照亮进一步的探索;同时,它们又将在这一探索过程中获得结构上的具体化。此在是这样一种存在者:它在其存在中有所领会地对这一存在有所作为。这一点提示出了形式上的生存概念。此在生存着,另外此在又是我自己向来所是的那个存在者。生存着的此在包含有向来我属性,那是本真状态与非本真状态之所以可能的条件。此在向来生存在这种或那种样式中,或生存在这两种样式未经分化的状态中。

但我们现在必须先天地依据于我们称为"在世界之中"的这一存在建构来看待和领会此在的这些存在规定。此在分析工作的正确入手方式即在于这一建构的解释中。(第61—62页)

这是第十二节的开场白。由此可以清楚地看出,它的讨论与第九节的讨论密切相关。这段译文共分两小段。在第一小段中,生存概念、向来我属性等等,似乎已经成为自明的概念。基于这些概念,对存在的存在说明似乎也是自明的。应该说,有了前面的讨论,这样使用这些概念和进行这样的说明也是自然的。只不过我们已经看到,在前面关于这些概念的说明中是存在问题的。值得注意的是这里强调了两点。一点是说明这些性质对以下的讨论起指导性的作用,另一点是指出在下面的讨论中要从结构上进一步说明这些性质。由此可见,在下面的讨论中,结构是考虑的重要因素。

第二小段则直接谈论了结构。这里的说明有三点非常明确。其一,要依据"在世界之中"来看待和领会此在的存在规定。其二,"在世界之中"是一种存在建构。或者说,有一种存在建构被称之为"在世界之中"。由此也就可以看出,所谓结构指的就是这里所说的"在世界之中"。其三,对"在世界之中"的依据是先天的。在第九节的准备说明中,也谈到了"先天"的结构。因此这里似乎不过是旧话重提。这样一来,这里似乎是在说明一种先天的规定,因而人们似乎也就不必再对它问为什么了,需要的似乎只是从它出发。让我们假定这种说法是有道理的,接着往下看。

【译文25】

"在世界之中存在"这个复合名词的造词法就表示它意指一个统一的现象。这一首要的存在实情必须作为整体来看。我们不可把"在世界之中存在"分解为一些复可加以拼凑的内容,但这并不排除这一建构的构成环节具有多重性。事实上可以从三种着眼处来看待这一术语所提示的现象。如果我们在先行把定了现象整体的前提下来研究它,那我们就可以摆出:

1. "世界之中"。从这一环节来看,我们的任务是追问"世界"的存在论结构和规定世界之为世界这一观念(见本篇第三章)。

2. 向来以在世界之中的方式存在着的存在者。这里要寻找的是我们在问"谁?"的时候所追问的东西。在现象学的展示中应予规定的是:谁在此在的平均日常状态的样式之中(见本篇第四章)?

3. "在之中"本身。有待提出"之中"本身的存在论建构(见本篇第五章)。

在这些建构环节中摆出任何一项都意味着摆出其它各项,这就是说:各自都是整体现象的寻求。诚然,在世界之中的存在必然是此在的先天建构,但这还远远不足以充分规定此在的存在。在以专题方式分

别分析上面摆出的三种现象之前,我们应先尝试描述一下最后提到的这一建构环节,藉以制定方向。(第62页)

这段译文集中阐述"在世界之中存在"这个表达式,并且把它分为"世界之中"和"在之中"这样两个环节,除此之外,从这种结构还得到了另一个环节,这就是在世界之中存在的存在者。由此表明,以后可以从这样不同的环节出发来进行论述。这些意思大体上没有什么理解的问题。但是在细节上,则有一个不太容易被发现的问题。

直观上看,这里所说的"在世界之中存在"与上一段译文中的"在世界之中"是不同的:前者含有"存在"一词,后者没有这个词。因此我们会问:这两个不同的表达式的意思是不是一样?有没有区别?既然海德格尔强调要从结构上具体论述此在的性质,被称之为结构的东西当然是非常重要的。在这种意义上,这两个表示结构的表达式的意思是一样的吗?不仅如此,由于牵涉到要从这个表示结构的表达式区分出不同的环节来,那么有没有"存在"一词难道不会影响到这些环节的区分吗?

在这段译文的第一句话中,"在世界之中存在"这个表达式后面有一个译者脚注:"In-der-Welt-sein 是作者在四个德文词之间加连字符造出的一个词,译为'在世界之中存在'。后面也经常为译文通畅而酌情译为'在世界之中'或'在世'。"(第62页脚注)假如不懂德文,借助这个脚注,我们大致会明白,这里的差异是由翻译造成的。也就是说,这两个表达式是等价的,它们的意思是一样的。但是这样一来,又会产生其他一些无法理解的问题。

最主要的问题在于,"在世界之中存在"这个表达式是用来从结构的角度具体阐述存在的性质的,而有没有"存在"这个词恰恰与这两个表达式的结构有关。在"在世界之中存在"中,"存在"是一个动词,"在……之中"则是一个介词结构,因而这是一个由一个介词结构和一个动词组成的表达式。而根据同样的理解,"在世界之中"只是一个具有介词结构的表达式。因此这两个表达式是不同的,而且是明显不同的,也是根本不同的。

如果说为了"通畅"而把"存在"一词去掉,那么就会给人一种感觉,在这个表达式中,"存在"一词是不重要的。这样就会使人无法理解,难道它不是这个表达式的结构的一部分吗?作为结构的一部分,它真是那么不重要吗?海德格尔主要论述的不就是"存在"吗?

按照我的理解,这里所说的"通畅"一定指在保持原意的前提下,因此,尽管表达式的不同会使人产生上述理解,人们也不应该如上理解。那么,我们该如何在相同意义下理解这两个不同的表达式呢?结合译文25中1至

3的论述可以看出,1说的是"世界之中",3说的是"在之中",二者相加就是"在世界之中"。因此这里所说的结构环节没有"存在"。但是很明显,1的说明中没有"在",因而似乎是把"在世界之中"简化为"世界之中",即把"在……之中"这样一个介词结构简化为"……之中"。按照同样的理解,3中"在之中"的"之中"也应该是同样的,于是这里的"在"就不会是介词,而是动词,相应于"存在"。这样一来,前面的问题就不复存在,而且,"在世界之中"与"在世界之中存在"这两个表达式似乎差不多是一样的,没有什么区别。

但是,若是这样理解,则会产生出其他一些问题。一个问题是,"之中"固然可以表示介词结构,"在"也可以表示动词,因而"在之中"可以表示一个以动词和介词结构组成的词组。但是在中文中,毕竟"在之中"是一个非常自然的介词结构。即使像在这段话中如此强调结构的情况下可以把"在"理解为动词,难道在通常情况下也可以这样理解吗?尤其是在日常表达中,"在……之中"难道不是非常"通畅"的介词结构的表达吗?而按照日常理解,把"在……之中"理解为介词结构,难道不是非常"通畅"的理解吗?而若是这样表达,还会有"存在"的位置吗?若是这样来理解,还会有"存在"的含义吗?

另一个问题是,"在"若是作动词理解,它替代或取代的词就是"存在"。在这种情况下,"在世界之中"依然可以被看作是一个表达了以一个动词和一个介词结构组成的表达式。但是我想问,"在"与"存在"的意思是一样的吗?海德格尔通篇在谈论存在,到了要通过一种被称之为"在世界之中存在"的结构来说明存在的关键处,"存在"反而被"在"取而代之了。这样一来,要么"在"与"存在"是等价的或同义的,要么"在"是比"存在"更基本更初始的,否则又该如何理解这种变化呢?

还有一个问题是,即便"在世界之中"不会有理解的问题,"在之中"也不会有理解的问题,但是"在世"也不会有理解的问题吗?顺便说一下,这个表达式在这段话中尚未出现,只出现在脚注中。但是它在下文却常常出现,而且不加解释。因此我们在这里将它一并谈论,而到下文就不再专门讨论。

在"在世"中,"世"显然表示"世界",但是这个"在"表示什么呢?如果它表示动词,就不能表示介词,如果它表示介词,就不能表示动词。难道它会既表示动词又表示介词吗?如果会是这样,"在世"倒是依然表示了"在世界之中存在"的意思。但是这样的结果难道不是由于一种语言的歧义而产生的吗?难道在这里我们需要汉语的歧义性或丰富性来帮助我们理解吗？换句话说，在歧义的情况下，"在世"还能表示出"在世界之中存在"这个表达式所要表达的东西吗？确切地说，它还能够使我们想到并理解海德格尔想借助它所表示出来的那种结构吗？它还能够使我们想到并理解海德格尔想借助"在世界之中存在"这种结构所要表达的东西吗？

如果我们懂德文，那么从上面的脚注可以看出，in-der-Welt-sein 是一个表达式，其中主要有两部分。一部分是 sein，另一部分是 in-der-Welt。前者是动词，后者是一个介词结构表达式。当然，如果细分，后者还可以再分为两部分：一部分是 in，即介词，另一部分是 der-Welt，即介词所带的名词，一个带定冠词的名词。由此可见，在这个表达式中，尤其是从结构的角度看，动词和介词这两部分是最重要的。因此中文表达应该体现出这样的结构。但是，由于语言有歧义，"在世界之中"使人们误以为这是一个介词结构表达式，从而看不到这里本来是一个由动词和介词结构组成的表达式，因而也就看不到它本来所表达的也是要用这样一种结构的表达式所表达的东西。即使语言没有歧义，"在世"也不会使人想到这里有一种以动词和介词结构所组成的表达式，因而不会使人想到这里本来是要通过一个具有这样结构的表达式来表达些什么。在这种情况下，我们还能够理解海德格尔所说的"获得结构上的具体化"吗？

认识到这些问题，也就可以看出，在译文 25 中，1 中所说的"世界之中"实际上是把"之中"作为介词，以此来表示一个具有介词结构的表达式，或者通过这样一种介词结构来表达些什么。3 中则明确说到"之中"，似乎也表明这是一个介词，因此似乎我们应该把"之中"看作介词，而把"在"看作动词。但是这样一来，除了前面所说的"在"与"存在"这两个不同的词是不是等价，意思是不是一样之外，还会产生另一个问题。从语法的角度说，"之中"本身也许可以作介词，但是它首先而且最主要的意思大概不是介词，而是副词，表示处所、位置，比如"城堡之中"、"内心之中"。"世界之中"也是同样，它首先使我们想到的是一个处所或位置。而"在之中"则不同，它只是一个介词结构。我们可以看得很清楚，在这个表达式中，"在"和"之中"虽然连接在一起，但是它们之间实际上有一个空位，要用一个名词来补充。所以它们组成一个介词结构。这个介词结构同样可以表示处所和位置，比如"在城堡之中"、"在内心之中"。当然，"在世界之中"也是同样。同样从语法的角度说，即使"之中"作介词，因而表示一个介词结构，它也只能带一个宾语，因而只能表示一个一元介词结构，比如上面的例子。无论如何，它不能带两个宾语，因而它不能表示一个二元介词结构，比如我们不能说"你我内心之中"或"我内心之中你"。前一个表达式会使人认为所说的是"你的内心之中和我的内心之中",后一个表达式则根本无法让人理解。相比之下,"在之中"则不仅是一个介词结构,而且可以带两个名词,因而表达的是一个二元介词结构。比如"你在我的内心之中"。由此可见,"之中"与"在之中"其实是有很大区别的。

在我看来,以上的讨论和理解是重要的。海德格尔强调要从结构上来具体地理解存在的性质,因此我们当然应该从结构的角度来考虑问题。思想是由语言表达的,因此语言的结构是我们首先要给予充分注意和足够重视的。问题是,一旦这样考虑,就有了上述那些无法理解的问题。

【译文26】
"在之中"[In-Sein]说的是什么?我们首先会把这个词补足为在"世界"之中,并倾向于把这个"在之中"领会为"在……之中"。这个用语称谓着这样一种存在者的存在方式——这种存在者在另一个存在者"之中",有如水在杯子"之中",衣服在柜子"之中"。我们用这个"之中"意指两件在空间"之中"广延着的存在者就其在这一空间之中的处所而相对具有的存在关系。水和杯子、衣服和柜子两者都以同一方式在空间"之中"处"于"某个处所。这种存在关系可以扩展开来,例如:椅子在教室之中,教室在学校之中,学校在城市之中,直到椅子在"宇宙空间"之中。这些存在者一个在另一个"之中"。它们作为摆在世界"之内"的物,都具有现成存在的存在方式。在某个现成东西"之中"现成存在,在某种确定的处所关系的意义上同某种具有相同存在方式的东西共同现成存在,我们把这些存在论性质称为范畴性质,它们属于不具有此在式的存在方式的存在者。(第62—63页)

这段译文阐述"在之中",即译文25中的3。或者说,这里从"在之中"这一部分结构展开论述。大体上说,"在之中"主要表示"在世界之中",即世界之中的两个事物,一个在另一个之中;这样一种存在方式被称为具有范畴性质。由于这里还有一些举例说明,因此似乎没有什么理解的问题。但是如果仔细分析一下,尤其是结合这些例子,却有一些难以理解的问题,而且这些问题与前面关于结构的讨论也是相关的。

一个问题是不结合例子的理解。如上所述,对于"在之中"可以有两种理解。一种是把"在"作动词,另一种是把它作介词。因此,当这段话说把"在之中"补足为在"世界"之中,实际上是说"在世界之中"。因此,这里的"在"是动词还是介词呢?同样,接下来所说的把"在之中"领会为"在……

之中",其中的"在"究竟是动词还是介词呢？不同的词性会导致表达式的不同结构,因而会带来不同的理解。如果说"在之中"还会使人想到是以一个动词"在"和一个介词"之中"连接而成的表达式,那么"在……之中"还会使人有这样的想法吗？这里的省略号显然表明"在"与"之中"之间的一种联系结构。那么,这究竟是一种什么样的联系结构呢？

另一个问题是结合例子的理解。比如"水在杯子之中"。首先,例中的"在"究竟是动词,还是介词。如果是动词,则这是一个句子,如果是一个介词,则这不是一个句子,而是一个介词结构表达式。有人可能会认为,句子和介词结构表达式没有什么区别,意思是一样的。我不这样认为。句子有真假,而介词结构表达式没有真假。这是一个最直观也是最简单的区别,同时又是一个至关重要的区别。可能也有人会认为,在汉语中,"在"即使是介词,也可以作动词使用,因此,这两种理解都可以。我也不这样认为。从汉语的角度说,后一种解释也许是有道理的,因而也可以有这样的理解。但是,我们这里不是在理解汉语的表达,而是通过汉语的表达来理解海德格尔所要说明的东西。我要问的是：在海德格尔那里,这里所说的是一个句子结构,还是一个介词结构？至于我强调这一点的原因,就不用再解释了,因为它涉及结构。因此我认为,从例子可以看出,这里会产生非常不同的理解。

其次,前一段译文虽然提到"之中",却没有什么说明和解释。这一段译文则不同,对它有明确的说明。因此我们可以看一看这里的说明,以此来理解它的含义。按照这里的说明,"之中"指两个东西在空间中所处的位置之间的存在关系。这就表明,"之中"是一种表示处所的关系,而且是一种二元关系。前面说过,"之中"不是一个介词,因此表达不了二元关系,或者,即使它是一个介词,它也只能是一个一元介词,因而同样表达不了二元关系。因此,我们无法理解这里关于"之中"的这种二元关系的说明。此外,从这些例子来看,每一个关于"之中"的表述,都与"在"结合在一起,尽管用括号标明的是"之中",比如水在杯子"之中",衣服在柜子"之中"。显然,这是因为只有"在之中"才能表示这样的二元关系,而"之中"这个词,也就是说,离开了"在"这个词,仅凭"之中"这个词本身,表达不了这样的二元关系。因此我们无法理解,这样的说明,特别是从结构的意义上,会给我们的理解带来什么帮助呢？

还有一个问题与关于存在的说明有关。在上述说明中,用海德格尔的话说,"在之中"说的是一种"存在者的存在方式",具体的解释则是：一个"存在物在另一个存在物'之中',有如水在杯子'之中'"。前面我们曾经质疑"在"与"存在"这两个表达式是不是等价,它们的意思是不是一样。这里则可以看出这种质疑的意义。从这里的论述来看,一个"存在物在另一个存在物'之中'"与"水在杯子'之中'"这两个句子的句式完全一样。由此可见,海德格尔显然是把"水"和"杯子"看作或称为两个不同的存在物。这样,当他说存在方式的时候,一定是与这些存在物有关,因此没有什么理解的问题。但是他举的例子却没有"存在"一词,因而似乎说明不了这是一种存在关系,它充其量只能说明这是一种"在"的关系。这不是出问题了吗?换句话说,为什么不把例子改一下,而说"水存在于杯子'之中'"呢?这样一来,例子与所要说明的东西,即存在物的存在方式,不是就相符合了吗?问题是,这样的表达是不是自然?"水存在于杯子之中"大概多少还是可以理解的,但是"衣服存在于柜子之中"还能理解吗?无论怎么理解也会有些别扭。这说明,"在"与"存在"是两个不同的词,它们的意思还是有很大区别的。在海德格尔通篇要探讨"存在"的著作中,真正到了要通过一种特定结构来具体探讨存在的性质的时候,却抛弃"存在"这个概念,而使用"在"这个概念,难道是可以理解的吗?确切地说,相比之下,"存在"是一个比较明确的概念,而"在"是一个比较含糊的概念。从前面的分析可以看出,至少前者不能作介词,而后者可以作介词。难道海德格尔所谓从结构方面具体地谈到存在的性质,就是想引入"在"这个概念,并且利用它的歧义性来说明"存在"这个概念吗?

值得注意的是,这段话的"在之中"后面加注了德文①。如果懂德文,就会结合这个德文表达来考虑。在这种情况下,我们可以看得非常清楚,这个表达式是由两个词组成的,一个是"Sein",另一个是"In"。前者是系动词的名词形式,后者是介词"在之中"的名词形式。因此二者的结构是非常清楚的。单看这个介词,它可以是一元的,即"在某物之中",比如"在杯子之中";它也可以是二元的,即"一物在另一物之中",比如"水在杯子之中"。由此可见,从结构的角度说,像"椅子在教室之中"、"教室在学校之中"、"学校在城市之中"等等这些表达式,都是仅凭"在之中"这个介词就可以表达的东西。认识到这一点,也就无法理解,既然这样的表达不需要"Sein"这个词,"In-Sein"这样一种介词和系词组成的结构又能说明什么问题呢?或者,既然这个结构中有系词和介词,那么这个系词和介词的作用又是什么

---

① 这个德文注释是在修订版加上的,而在第一版译文中是没有的。这似乎表明,译者感到"在之中"是有问题的。我想问的是,这里的问题是什么?加上这个德文注释,是不是就解决了这里的问题?

呢？它们组成的结构又是如何起作用的呢？

顺便说一下，在这一结构说明中还谈到现成东西和现成存在，由此谈到范畴性质。这就表明，这里所谈的"在之中"这种结构与前面所说的存在论意义上的东西相关。因此，这里所遇到的问题与前面区别 existentia 和 Existenz 的意义的讨论相关，因而上文所指出的理解问题也会影响到这里的相关理解。

【译文 27】

反之，"在之中"意指此在的一种存在建构，它是一种生存论性质。但却不可由此以为是一个身体物（人体）在一个现成存在者"之中"现成存在。"在之中"不意味着现成的东西在空间上"一个在一个之中"；就源始的意义而论，"之中"也根本不意味着上述方式的空间关系。"之中"[in]源自 innan-，居住，habitare，逗留。"an（于）"意味着：我已住下，我熟悉、我习惯、我照料；它具有 colo 的如下含义：habit-[我居住]和 diligo[我照料]。我们把这种含义上的"在之中"所属的存在者标识为我自己向来所是的那个存在者。而"bin"[我是]这个词又同"bei"[缘乎]联在一起，于是"我是"或"我在"复又等于说：我居住于世界，我把世界作为如此这般熟悉之所而依寓之、逗留之。若把存在领会为"我在"的不定式，也就是说，领会为生存论环节，那么存在就意味着：居而寓于……，同……相熟悉。因此，"在之中"是此在存在形式上的生存论术语，而这个此在具有在世界之中的本质性建构。（第 63—64 页）

这段译文还是在解释"在之中"，只不过是解释它的另一种含义。前面曾经把存在分为范畴的和生存论的两种意义，因而上一段围绕"在之中"谈论了存在的范畴含义，这一段则谈论它的生存论意义。特别是，这里明确地说，"之中"不具有空间关系，"在之中"不是两个现成的事物在空间上一个在另一个之中，这就非常清楚地表明，上一段说的是"在之中"是一种二元关系，而这里说的不是那样的关系；由此也就说明，这两处说的是"在之中"的两种不同的意义。这些意思大体上是不难理解的。但是如果我们仔细分析，却会发现一些不容易理解的问题。

一个问题是关于"bin"的解释。首先，在引入这个词时用括号给出一个解释"我是"，由此我们明白了它的意思。其次，在谈论它的时候用"这个词"来称谓它，这表明它是被说到和说出的，即用来表达的。按照这个线索我们可以发现，在前一句中说到了"……我自己向来所是的那个存在者"，因此这里的"我是"似乎是上一句的简略表达，或者笼统地理解，似乎应该与上一句有关。认识到这两点，我们就会发现，在接下来的论述中，"我是"或"我在"这两个表达式不好理解。"于是"这个连接词表明，它们是从上一句推论出来的，或者弱一些，是顺着上一句的意思说出来的。而在上一句我们只看到"我自己向来所是……"。也就是说，这里所说的"我是"乃是可以理解的，但是"我在"却无法理解，因为上一句有"我是"，而根本就没有"我在"。既然上一句没有"在"这个词，而且又以"我是"明确地解释了"bin"这个词，那么"于是"这个连接词后面的"我在"又是从哪里来的呢？难道是说bin这个词也有"我在"的意思吗？若是这样，为什么不在引入这个词的时候在括号中加上这样的说明呢？难道是因为前面引入"我是"时已在括号中补充了"我存在"吗（译文18）？若是这样，上一句大概也可以表达为"……我自己向来所在的那个存在者"，那么，这句话的意思与译文中上一句的意思是一样的吗？如果是一样的，为什么不在那句话后面通过"或"这个连接词而加上这句话呢？如果不一样，问题就比较大了，不仅我们要思考这里所指出的问题，即这个"我在"是从哪里来的，这个"于是"又如何能够联结这两个句子，而且我们还会问：这个"我是"与"在"又有什么关系呢？通过"这个词"又如何能够说明存在的生存论含义呢？

与这个问题相关，还有另一个问题。译文中说，"若把存在领会为'我在'的不定式，……那么……"。不管后面的解释是不是有道理，我们至少可以看出，它们是从"我在"出发来领会存在的。这就表明，前面在谈论bin这个词的时候，字面上的表达和意思是"我是"，根本就没有"我在"。"我在"似乎是通过"或"这个连接词悄悄引入的，由于"或"这个词的含义，"我在"好像不会影响到对上一句的理解。问题是，到了要得出结论的关键时刻，"我在"却成为讨论的前提，而本来说到的那个词，那个首要且重要的意思，即"我是"，却不见了，不起任何作用了。这样的论述难道是可以理解的吗？面对这样的论述，我们难道不会觉得有些文字游戏的意味吗？基于这种感觉，我们是不是至少可以问：海德格尔利用这种文字间的游戏又在干什么呢？

5. 基于"在之中"的解释

【译文28】
依寓世界而存在，这其中可更切近一层解释出的意义是：消散在世界之中。在这种意义下,"依寓"世界是一种根基于"在之中"的存在论环节。我们必须依照此在的源始存在结构的现象内涵来勾画诸存在概念,而在这些分析中,问题就在于看到此在的源始存在结构。因为这一点,也因为流传下来的存在论范畴原则上把握不住这种结构,所以应当更切近地考察这个"依寓于"。我们选择的展示途径又有别于范畴上的存在关系,那是一种在存在论上有着本质不同的存在关系;但我们表述这种存在关系的语言手段是相同的。必须这样明确地从现象上再现出易遭抹杀的基本存在论的差别;甚至不惜冒险讨论"自明的东西"。存在论分析的现状表明,我们对这些自明性的解释还远远不到"了如指掌"的程度,更难得涉及到它们的存在意义;至于用可靠的构词来获得适当的概念结构,那就更谈不上了。(第64页)

上一段在解释"我是"和"我在"的时候谈到"依寓"世界,在从"我在"出发谈论生存论环节的时候谈到"居而寓于",因此这段话讨论"依寓世界而存在",似乎是可以理解的。这段话译文解释了这是什么意思,并在论述过程中谈到它与存在结构的范畴意义之间的区别。这些意思似乎大致是可以领会到的。但是如果考虑具体的论述,我们就会产生一些理解问题。

一个问题是,前面一直在谈论"在之中",而这里谈论的是"依寓世界而存在"。从结构的角度看,"在之中"是明显的,尽管把"在"领会为介词与领会为动词导致的结果是不同的。但是在"依寓世界而存在"中,却只有"存在",而没有"在"。"存在"与"在"明显是两个不同的词,因此意思是不一样的。首先,它肯定不是介词,因此不会有"在之中"这一表达式可能会有的一种理解。其次,在这种表达中,不仅"在之中"的结构没有了,"之中"的结构也没有了。因此,后两种结构所表达的意思大概相应地也就没有了。这样,我们就要问,难道下面的讨论要脱离"在之中"这种结构吗?或者,尽管"依寓世界而存在"与"在之中"相关,甚至是从它推论出来或顺着它的意思说出来,但是它们毕竟不同,而且字面上就有如此之大的区别,那么它们能够说明"在之中"吗?

另一个问题是这里的一个说明:"'依寓'世界是一种根基于'在之中'的存在论环节。"在这个说明中,"依寓"与"在之中"是两个用引号加以说明的概念,并且前者有"根基于"后者的关系。但是我们能够看出它们之间有这样的关系吗?特别是,从结构的角度说,我们能够看到这样的关系吗?确切地说,在前面的讨论中,与结构相关出现的一些问题大概还可以归结为与语言歧义有关,比如"在"究竟是动词还是介词,"在"与"存在"的意思是不是一样的,等等。但是在这里,我们指出的就根本不是语言歧义的问题,而完全是结构的问题了。因为从这两个表达式出发,我们根本就看不出它们之间在结构上有什么关系,因为我们无法理解,"依寓"如何根基于"在之中",它又如何是一种存在论环节。

再一个问题是,这里虽然谈到两种不同的存在含义,但是明确指出,表达它们的"语言手段是相同的"。这就说明,以相同的语言方式表达出不同的含义。这样我们就有了无法理解的问题。前面说过"在之中"、"在世界之中"、"在世界之中存在"和"在世",还说过"我是"和"我在",并且明确地说"这个词"。且不论前面我们曾指出的"在"这个词的歧义,至少"在"、"存在"和"是"乃是三个不同的词,因而是三种不同的表达。在这种情况下,怎么能够说表达存在关系的"语言手段是相同的"呢?难道它们不是明显不同的吗?那么,所谓表达它们的"语言手段是相同的"又是什么意思呢?

还有一个问题是,这里谈到"流传下来的存在论范畴"。这使我们想到了两点,一点与前面关于范畴的论述相关,另一点与"流传下来"这一表达式的含义相关。特别是,后者会使我们想到导论中所说到的那三种看法,因此会使我们想到那里的一些问题。这样的问题,在海德格尔的论述中其实是一直存在的。只不过我们的讨论只局限在所讨论的某一段而已。因此,关于这一点我们只是点到为止。

【译文29】

"依寓于"是一个生存论环节,绝非意指把一些现成物体摆在一起之类的现成存在。绝没有一个叫作"此在"的存在者同另一个叫作"世界"的存在者"比肩并列"那样一回事。当然我们的语言习惯有时也把两个现成东西的共处表达为:"桌子'依'着门","凳子'触'着墙"。严格地说起来,这里没有"触着"这回事。这倒不是因为要精确考察起来在凳子与墙之间其实总可以确定一个间隙,而是因为即使间隙等于零,凳子原则上也不可能触着墙。这件事的前提是:墙能够"为"凳子来照面。只有当一个存在者本来就具有"在之中"这种存在方式,也就是说,只有当世界这样的东西由于这个存在者的"在此"已经对它揭示开来了,这个存在者才可能接触现成存在在世界之内的东西。因为存在者只能从世界方面才可能以接触方式公开出来,进而在它的现成存在中成为可通达的。如果两个存在者在世界之内现成存在,而且就它们本身来说是无世界的,那么它们永不可能"接触",它们没有一个能

"依"另一个而"存"。"而且它们是无世界的"这个补充句子是不可或缺的,因为那种并非无世界的存在者,譬如说此在本身,也现成存在在世界"之中";说得更确切些就是:它可以在某种限度内以某种理由被看作仅仅现成的东西。必须完全不计或根本不看"在之中"的生存论性质才可能把"此在"看作某种现成的东西或某种仅只现成的东西。但我们不可把这种看法同此在特有的"现成性"方式搅在一起。要通达这种现成性,忽略此在的特殊结构是不行的,而只有靠事先领会这些结构才行。此在在某一种"事实上的现成存在"的意义下领会着它最本己的存在。然而,自己的此在这一事实的"事实性"在存在论上却根本有别于一块石头事实上搁在那里。每一此在总都就作为实际此在而存在,我们把实际此在的这一事实称作此在的实际性。要想把这一存在规定性的盘根错节的结构哪怕作为一个问题提出来加以把握,也得先在已清理出来的此在生存论上的基本建构的亮光朗照下方可进行。实际性这个概念本身就含有这样的意思:某个"在世界之内的"存在者在世界之中,或说这个存在者在世;就是说:它能够领会到自己在它的"天命"中已经同那些在它自己的世界之内向它照面的存在者的存在缚在一起了。(第64—66页)

这段译文是在继续讨论依寓世界而存在,而且用了例子来进行说明。一般来说,一段论述若是既有理论层面的说明,又有举例说明,就会比较容易理解。因此这段话的意思本该不难理解。但是实际上却不是这样。下面仅就这段话中加引号的地方提几个问题。

一个问题是"依寓于"这个表达式。很明显,这是沿用上一段话中的一个用语。在上段译文中,它是从"'依寓'世界而存在"或"'依寓'世界"而来的表达式,因此它的意思似乎是可以理解的。只是由于字面上的差异,我们不知道它是相当于"依寓",还是相当于"'依寓'世界"或"'依寓'世界而存在"。到了这一段,它被直接用来讨论,并被称为一种生存论环节(上段说存在论环节),因此就有一个从结构上考虑的问题。而一旦从结构上来考虑,我们就无法理解它与"在之中"有什么关系。

另一个问题与例子相关。在第一个例子中,"桌子'依'着门"的"依"字加了引号,这种表达方式可能会使我们联想到这个动词与"依寓于"的关系,至少这两个动词有一个相同的"依"字。但是在第二个例子中,加引号的"触"字却与"依寓于"没有任何关系,也根本不同。而且海德格尔本人解释的却是第二个例子,而不是第一个例子。因此我们无法理解,这样的例子是什么意思,它们能够说明些什么。

再一个问题在与"在此"相关的说明中。此前一直在谈论"此在",这里忽然出现了"在此",而且用引号标出,因此让人无法理解这是为什么。难道说这里会有什么特殊的意思吗?具体一些说,如前所述,"此在"被用来称谓一种特殊的存在者,即我们自己所是的存在者。这里谈论这种存在者的"在此",实际上是在谈论我们自己的"在此",似乎就是"此在"的"在此"。"此在"和"在此"虽然只是字面上颠倒了一下顺序,意思却不相同。"在此"有意义,而且是清楚的,即在这里。但是,"此在"却不清楚。前面曾经说过,这是海德格尔在谈论存在问题时提出的一个用语,用它来称谓一种特殊的存在者。若是只把它当做一个名字,则只要知道怎么用它就可以了。而"在此"的出现,似乎暗示情况不是这样。那么"在此"与"此在"又是一种什么关系呢?或者,"此在"与"在此"的相似之处是什么,相异之处又是什么呢?

最后我们看其中一段话:"如果两个存在者在世界之内现成存在,而且就它们本身来说是无世界的,那么它们永不可能'接触',它们没有一个能'依'另一个而'存'。"字面上看,这里再次谈到"依",由于它与所讨论的"依寓于"中的"依",与前面例子中的"依"是同一个字,表达方式也相同,即都通过引号来强调,因此我们直观上会认为,它们是同一个字,意思也是一样的。但是这样一来,我们就无法理解,这里的"存"是什么意思?也就是说,为什么这里同时还要强调这个"存"?由此又引申出两个难以理解的问题。

其一,此前谈到过"存在",比如"依寓世界而存在",也谈到过"在",比如"在之中",但是似乎还从来没有谈论过"存"。由于这里出现这个"存",而且又是以这种加引号强调的方式出现,因此我们不知道它与此前所说的"存在"和"在"是什么关系,我们无法理解为什么这里会出现这样一个"新"的术语(而此后又忽然消失了)?

其二,在"'依'……而'存'"这个表述中,"存"是动词,"依"是介词;或者保守地说,由于与"存"连用,这里的"依"好像是个介词。由于前面说的"依寓于"中的"依"和"桌子'依'着门"中的"依"都显然是动词,因此我们要问:它们还是同一个词吗?确切地说,尽管它们字面上是相同的,它们的句法作用是相同的吗?它们的意思是一样的吗?

除此之外,这一小段话中以"如果"引出的两句话也造成了一些理解的问题。前一句说两个存在者在世界内现成存在,后一句说它们是无世界的。海德格尔在这小段话后接着指出,"它们是无世界的"这个补充说明是不可或缺的。这就表明,这个说明是重要的。表面上看,这里似乎没有什么问题,这个说明表明存在者的一种状态。但是,如果结合海德格尔所说的结构来考虑,我们似乎就会感觉到这里有问题。这是因为,前一句讲的在世界之内现成存在,似乎总还是可以与"在世界之中存在"这种结构相关,尽管它只是范畴意义上的谈论,但是"它们是无世界的"这一句似乎却无法表现出这种结构上的联系。即使人们认为从"无世界的"这个短语还是可以看出与"世界"的联系的,但是,与"存在"的联系是无论如何也看不出来了。也许海德格尔在作出这个说明的时候,在强调这个补充说明的时候,本来就没有这样的意思。我想问的是,实际情况是这样的吗?

顺便说一句,在"现成存在在世界'之中'"这一表达中,我们可以看到,"现成存在"是动词,"之中"由于用引号单独引起来,因而是介词,但是在"现成存在"之后,在"世界"之前还有一个"在"字。我想问的是,这个"在"是一个什么词呢?它会是一个动词吗?如果它是动词,那么"现成存在"是什么词?如果它是介词,那么它与"之中"这个介词又构成什么样的关系呢?无论怎样理解,从结构的角度说,这里所说的"现成存在在世界'之中'",与前面结构讨论中的"世界之中"、"在之中"、"在世界之中"和"在世界之中存在"等等,究竟是什么样的关系?究竟会有一些什么样的关系呢?

【译文30】
　　第一步就应当看到作为生存论环节的"在之中"与作为范畴的现成东西的一个对另一个的"在里面"[Inwendigkejt]这两者之间的存在论区别。我们用这种方式把"在之中"划分出来,却并不是说此在不具有任何种类的"空间性"。相反,此在本身有一种切身的"在空间之中的存在",不过这种空间存在唯基于一般的在世界之中才是可能的。人们或许会说:在一个世界之中的"在之中"是一种精神特性,而人的"空间性"是其肉体性的一种属性,它同时总是通过身体性"奠定根基"的;这种存在者层次上的标画却也同样不能从存在论上澄清"在之中"。因为这样一来,人们见到的又是一个具有如此这般属性的精神物同一个身体物的共同现成存在,而这个如此这般合成的存在者本身的存在却依然晦暗莫测。只有领会了作为此在本质结构的在世,我们才可能洞见此在的生存论上的空间性。这种洞见将保证我们不会根本看不见或事先抹杀生存论空间性这一结构。这种抹杀的动机不是存在论上的,而是"形而上学的"——人们有一种天真的意见,认为人首先是一个精神物,事后才被放到空间"之中"。(第66页)

这段译文基于有关"在之中"的生存论和存在论的区别,进一步指出和说明,此在并非没有空间性的特征,它也具有一种在空间中的存在。这个意思大体上是可以理解的。但是,由于这样一种存在与"在世界之中"相关,因而,由于前面有关"在世界之中"的论述存在着理解的问题,这里的论述也就存在一些理解的问题。下面我们只讨论两个问题。

一个问题与"在里面"相关。字面上看,这个表达不会有任何理解的问题。但是,由于它是在与"在之中"相关的讨论中提出来的,因此与"在之中"相关,这样就有了理解的问题。由于它们字面上有相似之处,因此会使我们考虑,"在里面"的"在"与"在之中"的"在"是不是等价的?意思是不是一样的?后者的"在"字面上是介词,但是由于有了前面的说明,因而从结构的角度考虑是动词,意思是"存在",那么前者的"在"是不是同样是这种情况?不过,从这里给出的德文来看,它与前面给出的德文不一样,而且也没有以连字符"-"起连接作用的那种结构。所以,"在这里"这个表达尽管简单,我们却不知道究竟该如何理解。

另一个问题与"在空间之中的存在"相关。首先,这是一个以引号引入的表达,这里解释说,"这种空间存在"只有基于"一般的在世界之中"才是可能的。前者是被说明的东西,后者是说明前者时所依据的东西,而且被加以强调,因此二者的关系特别值得注意。字面上看,"在空间之中的存在"与"在世界之中存在"差不多。区别是"世界"替换成"空间",而结构是一样的。但是,这里的表达不是这样,而是"在世界之中"。由于"在世界之中"这个表达中没有"存在"一词,因此"在空间之中的存在"与"在世界之中"这两个表达的结构是不一样的。这样我们就无法理解,"在世界之中"与"在世界之中存在"这两个表达是不是等价的,它们的意思是不是一样的。当然,若是详细分析,则需要考虑,这里的"在"与"存在"是不是等价,意思是不是一样,"在之中"与"之中"是不是等价,意思是不是一样,等等。这也是我们在前面多次提到的问题。

其次,随后的解释有这样一句话:"在一个世界之中的'在之中'是一种精神特性。"这句话含有两个"在之中"。一个是"在之中"本身,以引号标明,另一个是"在世界之中"。字面上看,这两个表达的结构是一样的。然而,它们是不是一样呢?我之所以提这样的问题,是因为在我看来,前面围绕"在之中"所提出的那些问题,在这里几乎都是存在的。比如,这里的"在"究竟是表示介词的"在",还是表示动词的"存在"?与此相关的问题是,在有关上下文中,谈论"这种空间存在"的时候,似乎谈论的是动词所表示的"存在",但是谈论"空间性"的时候,似乎谈论的是介词"在……之中"

所表示的东西。如此看来,这两个"在之中"似乎是应该有区别的,因为它们一个是"在之中"本身,另一个是"在世界之中",而后者是一种具体的在一个空间之中。但是,由于这里谈的是一种"在世界之中"的"在之中",二者似乎又应该是相同的,亦即若是强调"空间性",则都是一种介词结构,而若是强调"存在",则都是一种动词加介词的结构。那么究竟是哪一种含义呢?难道我们在阅读中总是只能做这样的猜测吗?或者,难道我们总是只能笼而统之地做一些大致的理解吗?

还有,这段话的最后一句说到"之中",这就表明,以上提出的问题不是没有道理的,也不是吹毛求疵。文中的引号表明,这个"之中"与前面所说的"在之中"是不同的。尤其是,这样不同的思考涉及到此在的生存论空间性,而海德格尔在说到这种空间性的时候再次谈到"生存论空间性这一结构"。这似乎告诉我们,每一个涉及结构的表达,无论是"在之中",还是"在世界之中",还是"之中",还是"在世",都不是随意的,而是有特定含义。在这种情况下,面对如此多的问题,我们又怎么能够理解这些论述的意思呢?或者,我们能够做出清晰而正确的理解吗?

【译文 31】
此在的实际状态是:此在的在世向来已经分散在乃至解体在"在之中"的某些确定方式中。我们可以通过下面列举的例子指出"在之中"的这些方式确是形形色色:和某种东西打交道,制做某种东西,安排照顾某种东西,利用某种东西,放弃或浪费某种东西,从事、贯彻、探查、询问、考察、谈论、规定,诸如此类。"在之中"的这些方式都具有操劳的方式,而对这种存在方式我们还将深入描述。操劳的方式也还包括:委弃、耽搁、拒绝、苟安等残缺的样式,包括一切"只还"同操劳的可能性相关的样式。"操劳"这个词首先具有先于科学的含义,可以等于说:料理、执行、整顿。这个词也可以意指"为自己弄到某种东西"。我们还把这个词用在一种很能说明问题的句子里:我操心的是这件事情会弄不成。"操心"或"操劳"在这里差不多意指担心恐怕之类。同这些先于科学的存在者层次上的含义相反,在这部探索中"操劳"一词是作为存在论术语(生存论环节)使用的,它标识着在世的可能存在方式。我们选用这个名称倒不是因为此在首先与通常是经济的和"实践的",而是因为应使此在本身的存在作为"操心"映入眼帘。我们且必须把"操劳"这个词把握为存在论上的结构概念(见本篇第六章)。这个词同在每一个此在的存在者层次上都可以发现的"沮丧"和"生计操劳"完全不是一码事。只因为此在在存在论上被领会为操心,所以诸如此类的东西以及反过来像"无忧无虑"和"欢快"这样的东西在存在者层次上才是可能的。因为此在本质上包含着在世,所以此在的向世之存在本质上就是操劳。(第66—67页)

这段译文说的东西不少,主旨却很简单,即引入"操劳"和"操心"这样两个概念,并且把它们说成一种可能的在世的生存方式。这里的论述是不是有道理乃是可以讨论的,但是有一点很清楚,在后面的讨论中要用到这两个概念,因此这里要引入它们。谁也没有理由不让海德格尔用它们来称谓在世的某些存在方式。但是非常清楚,"操劳"和"操心"这样的词,字面上与"在世"没有任何关系。因此,我们对这段话不用做更多的讨论。与前面的问题相关,我只想指出,这里的一些表达也会使人产生一些理解方面的问题,比如最后一句所说到的"在世"和"向世"。这样对偶的表达会给人以什么样的联想,因而会使人如何理解呢?在这样的上下文里,我们还会时时刻刻想到前者是"在世界之中存在"的缩写吗?即便能够保持这样的清晰认识,即我们知道,它能够表达出"在世界之中存在"这样一种结构,那么对于"向世",我们又该如何理解呢?我们能够看出或联想到它的结构来吗?

【译文32】
按照我们上面所说的来看,"在之中"不是此在时可有时可无的属性,好像此在没有这种属性也能同有这种属性一样存在得好好的。并非人"存在"而且此外还有一种对"世界"的存在关系,仿佛这个"世界"是人碰巧附加给自己的。此在绝非"首先"是一个仿佛无需乎"在之中"的存在者,仿佛它有时心血来潮才接受某种对世界的"关系"。只因为此在如其所在地就在世界之中,所以它才能接受对世界的"关系"。在世这种存在不是这样建构起来的:仿佛在具有此在性质的存在者之外还有另一种存在者现成存在,并同具有此在性质的存在者聚会在一起。相反,这另一种存在者之所以能够"同"此在"聚会",只因为它能够在一个世界之内从它本身方面显现出来。(第67页)

这段译文继续论述"在之中"。它虽然不长,却有一些难以理解的表达。比如,此在"存在得好好的",这是什么意思?字面上看,这里似乎表达了两个意思,一个是此在存在,另一个是此在存在得好好的①。字面上看,"存在得好好的"这个表达有些怪。"存在"的意思是"有"。有就是有,没有就是没有。怎么会有存在得好还是不好的情况呢?"此在存在"则更不好理解。此前曾经谈论过"此在的存在",这里的"存在"似乎是在说一种与此在相关的情况,比如此在称谓一种特殊的存在物,而这种存在物涉及存在等等。但是,这与"此在存在"显然不同,因为后者是关于此在的直接断定或表达,即有此在。如前所述,此在被用来称谓一种特殊的存在者,难道这里就是在说这种特殊的存在者存在吗?

又比如,"并非人'存在'而且此外还有一种对世界的存在关系"这一句也难以理解。这个"并非"若是否定"人'存在'",则根本无法理解"人不'存在'"究竟是什么意思。也许,由于"存在"一词加了引号,因此这里的表达有了些什么专门的、特殊的意思吗?这个"并非"若是否定"而且",这里的意思则是说,要么人不"存在",要么人与世界没有一种存在关系。在这种情况下,则可以看出,"人不'存在'"肯定是不对的,因此这里说的是人与世界没有这样一种存在关系。但是,这也是无法理解的。因为这里一直在强调"在之中"的必要性,因而在强调"在世界之中存在"、"在世"的必要性,所以才会有此在的本质是"在世"之说。在这种情况下,此在,即人,怎么能够与世界没有关系呢?由于这里的"存在"是带引号的,难道它以及这里所说的存在关系真有什么特殊的含义吗?

再比如,"此在如其所在地就在世界之中"这一句的问题更加明显。这里有三个表达式:"此在"、"在世界之中"和"如其所在"。它们有一个共同的"在",由此似乎表现出它们的共同之处。但是我们知道,"此在"是用来称谓一种特殊存在者的名字,因而这里的"在"似乎是"存在"的缩写。就"在世界之中"而言,如果作为一个专门的结构来看待,它似乎表达"在世界之中存在",因而这里的"在"是动词,表示"存在",而这里的"之中"是介词,表示处所。如果作为一般通常的表达来看,其中的"在"是一个介词,因而这个表达只是一个介词结构。相比之下,"如其所在地"中的"在"究竟是动词,还是介词呢?也就是说,它究竟是表示"在某个处所"这样的位置,还是表示"存在"这样的状态呢?一般来说,我们似乎不必这样仔细地对待这样的表达式,因为在日常语言中,"在……之中"乃是非常平常的表达,也是自明的表达。但是由于海德格尔从结构的角度探讨存在的性质,而且他对

---

① 把句子补充完整,这里是要说明,此在要有"在之中"这样的性质。为了简要,我们只讨论引号中的这个表达。

"在世界之中存在"以及"在之中"等等表达式有专门的说明,因此我们在理解他的论述时不得不注意相关的问题。正是这些结构方面的考虑使我们看到,一些表述看似漫不经心,却给我们的理解带来许多问题。

至此我们逐段分析了第二章第一节(即全书第十二节)的前九段译文。在我看来,前面的讨论已经可以非常充分地说明我们要说明的问题,即这些译文存在着许多无法理解的问题。为了论述的完整,我们还是依次给出余下的四段译文。但是为了论述的简要,我们只做扼要点评,而不对它们做进一步的分析和论述。

【译文33】
如今人们常说"人有他的环境(周围世界)"。但只要这个"有"仍未加规定,那么这句话在存在论上就等于什么都没说。"有"就其可能性而言根基于"在之中"的生存论建构。因为此在本质上是以"在之中"这种方式存在的,所以它能够明确地揭示从周围世界方面来照面的存在者,能够知道它们利用它们,能够有"世界"。"有一个周围世界"这句话在存在者层次上已是老生常谈,在存在论上却还是个问题。解决这个问题所要求的无非是先从存在论上充分规定此在的存在。虽说人们——尤其是自贝尔[K. E. v. Baer]以来——在生物学中常用到这一存在建构,我们却不可因为对这种存在建构在哲学上的利用而推想到"生物主义"上去。因为,既然生物学是一门实证科学,也就是说,生物学必须以这种结构为前提并不断地利用到它,那么即使作为生物学专题对象的先天条件,这种结构本身也只有先被理解为此在结构才能在哲学上得到解说。要这样理解存在论结构并依之制订方向,则只有通过褫夺之途才能先天地界说"生命"的存在建构。无论在存在者层次上还是在存在论上,以操劳方式在世界之中存在都具有优先地位。这一结构将通过此在分析获得彻底的解释。(第67—68页)

这段译文谈论"有"这个概念,谈论它与"在之中"的关系。

【译文34】
然而,开篇至此对这种存在建构提供的规定不全都是些否定命题吗?我们听到的始终不过是:这种据说如此基本的"在之中"不是这个不是那个。确实如此。但是否定的描述方法这样占了优势不是偶然的。毋宁说,它倒宣泄出这种["在之中"]现象的特殊性质,因而它在一种适应于这种现象本身的真切意义下是肯定的。在世的现象学展示具有斥伪去蔽的性质,因为在每一此在中,在世这种现象总已经以某种方式被"看到"了。在世现象之所以已被"看见",是因为——就其随着此在的存在向来已经对此在的存在之领会展开了这一点而言——它构成了此在的基本建构。但是这种现象通常也总已经同样根本地被误解了,或者它所得到的解释在存在论上是不充分的。不过,这种"以某种方式看见然而通常却都误解"其本身就恰恰奠基在此在本身的这样一种存在建构之中——按照这种存在建构,此在在存在论上首先从那种它自身所不是的但却在它自己的世界之内来照面的存在者方面及其存在方面来领会它自己本身,也就是说,领会它的在世。(第68—69页)

这段译文谈到"在之中"这种现象,谈到"在世"的"现象学展示",尤其是在相关解释中谈到"对此在的存在之领会"。前者是新引入的概念,后者是此前早就谈过的东西。

【译文35】
在此在本身之中和对于此在来说,在世这一存在建构总已经以某种方式是熟知的。但现在若要认识这种存在建构,认识活动就突出出来,而它作为对世界的认识这样的任务恰恰把它自己弄成了"心灵"对世界的关系之范本。因此,对世界的认识(νοειν),或仅着眼于"世界"谈及"世界"(λογοζ),就作为在世的首要样式来起作用了,虽然在世之为在世还没有得到理解。因为在存在论上还始终无法通达在世这种存在结构,而它在存在者层次上却已被经验为存在者(世界)与存在者(灵魂)之间的"关系";又因为人们在存在论上执拗于存在者从而把存在首先领会为世界之内的存在者,于是,人们就立足于这两种存在者,就它们的存在的意义来尝试着理解上述存在者之间的那种关系,也就是说,把这种关系理解为现成存在。虽然人们对于"在世界之中"有先于现象学的经验和熟悉,但由于存在论上不适当的解释,在世却变得晦暗不明了。直到如今人们还在这种不适当的解释的阴影下来认识此在的建构,非但如此,人们还把它当作某种自明的东西呢。于是乎,这种不适当的解释就变成了认识论问题或"知识形而上学"问题的"明白确凿"的出发点。因为:一个"主体"同一个"客体"发生关系或者反过来,还有什么比这更不言而喻呢?必得把这个"主客体关系"设为前提。虽说这个前提的实际性是无可指摘的,但它仍旧是而且恰恰因此是一个不祥的前提,因为人们一任这个前提的存在论必然性尤其是它的存在论意义滞留在晦暗之中。

  人们往往专拿对世界的认识作为范本来代表"在之中"这种现象——这还不仅限于认识理论,因为人们把实践活动领会为"不是理论的"和"非理论的"活动。因为这种情况,也因为认识的这种优先地位把对认识的最本己的存在方式的领会引入迷途,所以我们应该从认识世界这一角度更尖锐地提出在世问题,把在世作为"在之中"的生存论"样式"收入眼帘。(第69—70页)

这段译文引入了认识,从而把"在世"与认识联系起来,因此,认识世界成为讨论的角度。

  从最后这几段话可以看出,海德格尔在关于"在之中"的讨论中不断引入一些他在讨论中需要的东西。由此也可以看出,他提出的"在之中"只是一个讨论问题的框架或角度,围绕这个框架或角度,他在讨论中不断要引入一些他需要的东西,从而为后面的讨论做一些铺垫。在这种意义上,"在之中"这种结构意义上的理解就显得更加重要。因此,面对前面的讨论,我们不得不思考,在如此重要的讨论中,怎么会有那么多无法理解的问题呢?这些问题难道不会影响我们对海德格尔著作的理解吗?

第二章　解读《是与时》

在第一章开始我们曾经指出,理解海德格尔有两个层面的问题。一个直接与语言相关,另一个与他的思想相关。如果前一个层面有问题,那么后一个层面肯定是会出问题的。

现在我们一起完整地阅读和分析了《存》导论的第一节和第二节,发现有许多无法理解的问题。它们明确无误地表明,海德格尔的著作确实有许多不太容易读懂的地方,确实有许多不太容易理解的地方。但是我想指出,以上问题主要不是由海德格尔的著作本身造成的,而是由中文翻译造成的。也就是说,它们虽然与海德格尔的论述密切相关,却主要是语言层面的问题。确切地说,造成这些问题的原因主要在于把其中的"Sein"翻译为"存在",因而把 Sein 及其相关概念理解为存在。

在我看来,海德格尔的 *Sein und Zeit* 这部著作,应该翻译为《是与时》(或者《是与时间》),即应该以"是"来翻译他所说的"Sein"。我想强调,这一点是至关重要的。这不仅是翻译的问题,而且是理解的问题。若以"是"来翻译"Sein",并且以"是"来理解,则会消除上述许多问题。下面我对上述译文中与"Sein"相应的概念作适当的修正①,然后我们看一看会得到什么样的理解。

《是与时》导论的题目是"概述是的意义问题"。导论共分两章,第一章是"是之问题的必要性、结构和优先地位",第二章是"厘清是之问题的双重任务:本书的方法及结构"。第一章共分四节。我们要讨论的是前两节。同前面一样,我们还是分段进行讨论,首先讨论第一节:"明确地重提是之问题的必要性"。

---

① 这里,关于修正的中译文需要作几点说明。第一,加星号" * "以示与前面的中译文相区别,也便于以后的讨论。第二,译文的修正一般只涉及"Sein"这个词及其相关概念的翻译。第三,本文只讨论对海德格尔著作的理解,并且主要讨论与"Sein"相关的理解,不讨论翻译的对错。第四,修正译文只注德文版标准页码,参见:Heidegger, *Sein und Zeit*, Max Niemeyer Verlag, Tübingen, 1986。

1. 关于"是"的意义

【译文 1*】
我们的时代虽然把重新肯定"形而上学"当作自己的进步,但这里所提的问题如今已久被遗忘了。人们认为自己已无须努力来重新展开 γιγαντομαχια περι της ουσιας[巨人们关于实体的争论]。然而,这里提出的问题却绝不是什么随随便便的问题。它曾使柏拉图和亚里士多德为之思殚力竭。当然,从那以后,它作为实际探索的专门课题,就无人问津了。这两位哲人赢得的东西,以各式各样的偏离和"润色"一直保持到黑格尔的"逻辑学"之中。曾经以思的至高努力从现象那里争得的东西,虽说是那么零碎那么初级,早已被弄得琐屑不足道了。(S. 2)

这是第一节的第一段话。它开门见山,谈到一个从古至今一直延续的形而上学问题,并且提出了自己的看法,包括对整个研究现状的不满。需要指出的是,这里明确提到"实体"(ουσιας)这个概念。这是亚里士多德在《形而上学》中的一个核心概念,是他在讨论"是"这个问题时主要使用的一个概念①。此前柏拉图也使用、讨论过这个概念。但是自亚里士多德之后,这个概念成为哲学讨论中的一个主要和重要概念②。海德格尔从哲学史的角度谈论形而上学,首先谈到实体这个概念,直观上是很自然的。当然,他也可能还有一些更深层的意思。但是,既然他没有展开论述,我们也就可以满足于字面理解。让我们接着往下看。

---

① 我曾经专门探讨过这个问题。参见王路:《是与真——形而上学的基石》(人民出版社,2003 年)和《逻辑与哲学》(人民出版社,2007 年)讨论亚里士多德的章节。
② 希腊文 ουσια 在英文中翻译为"substance"或"essence",在德文中被翻译为"Substanz"或"Wesen"(例如参见 Owens, J., *The Doctrine of Being in the Aristotelian Metaphysics*, University of Toronto Press, 1957)。在中文文献里,一般把"substance"翻译为"实体",把"essence"和"Wesen"翻译为"本质"。我们在探讨西方哲学史的时候,常常涉及实体和本质。当然,在专门研究亚里士多德的时候,也有人谈论"本体"(参见汪子嵩:《亚里士多德关于本体的学说》,三联书店,1982 年)或"所是者"(参见余纪元:《亚里士多德论 ON》,《哲学研究》,1995 年第 4 期)。

【译文2*】

不特如此。根据希腊人对是的最初阐释,逐渐形成了一个教条,它不仅宣称追问是的意义乃是多余的,而且还认可了对这个问题的耽搁。人们说:"是"乃是最普遍最空洞的概念,所以它本身就反对任何下定义的企图;而且这个最普遍并因而是不可定义的概念也并不需要任何定义,每个人都不断用到它,并且也已经懂得他一向用它来指什么。于是,那个始终使古代哲学思想不得安宁的晦蔽者竟变成了昭如白日不言而喻的东西,乃至于谁要是仍然追问是的意义,就会被指责为在方法上有所失误。

在这部探索之初,我们不可能详尽地讨论那些一再散布是的问题多余的成见。这些成见在古代本体论中有其根源。然而反过来,如果就范畴的论证是否适当是否充分来考虑本体论基本概念所产生的基地,则只有以澄清和解答有关是的问题为前提,古代本体论本身才能得到充分的阐释。所以,我们愿意把对这些成见的讨论限制在一定的范围内,只要它能让人明见到重提是的意义问题的必要性就行了。下面分三个方面来说。(S.2-3)

这段话分为两小段。第一小段进一步谈论译文1*提示的问题,并且把它具体化。是这个概念具有如下特征:它是最普遍最空洞的;它是不可定义的,也是不需要定义的;每个人都不断使用它并懂得用它来指什么。这些论述无疑是非常明确的。当然,由此所得的结论也是非常明确的,即人们有一个教条的观念:追问是的意义乃是多余的。在这些看法的基础上,海德格尔进一步指出,是本来是一个不太明白的概念,反而变成了一个明白的概念,如果追问它反而会受到指责。这些意思基本可以理解。但是有两个问题还是值得细究一下的。

一个问题是,为什么说是乃是不可定义的概念?根据这里的解释,这是因为它是最普遍最空洞的概念。是这个词乃是系词,在语法上起联系主语和表语的作用,本身似乎确实没有什么意思,因此说它空洞,还是可以理解的。但是怎么能够说它是最普遍的呢?在这段话中,可以看到的说明,可以看做关于这一点的解释,大概只有"每个人都不断用到它"。如果这样的理解是有道理的,则可以看出,这种普遍性是由"是"这个词的使用方式决定的。如果这样的理解不对,则需要从其他地方寻找支持。

另一个问题与是这个概念从本来不太明白的而变成明白的相关。应该看到,这个问题不是一般性说说的,而是有明确所指。所谓不太明白,指的是在柏拉图和亚里士多德那里,是这个概念乃是不太明白的,否则他们也就不会"思殚力竭""不得安宁"了。而所谓明白,指的是这里所说的人们业已形成的教条:追问是的意义乃是多余的。在是这个问题上如此两种不同的看法形成鲜明对照,同时也给人们一种提示:海德格尔本人要做什么,他所做的工作有什么意义。

第二小段意思比较简单,主要是从方法论的角度说明以下的工作。由此可以看出,海德格尔把传统偏见总结概括为三个方面,然后要逐一论述它们。值得注意的是这里提到本体论(Ontologie),并且谈到探讨是这个问题与解释本体论问题的关系,这就说明,是与本体论乃是密切相关的。由此大概也进一步说明了探讨是这个问题的意义和重要性。

【译文3*】

1. "是"乃是"最普遍的"概念:το ον εστι καθολον μαλιστα παντων。"无论一个人于是者处把握到的是什么,这种把握总已经包含了对是的某种领会。"然而"是"的"普遍性"不是族类(Gattung)上的普遍性。如果是者在概念上是依照类和种属(Gattung und Art)来区分和联系的话,那么"是"却并不是对是者的最高领域的界定:οντε το ον γενοζ[是并非是类]。是的"普遍性""超乎"一切族类上的普遍性。按照中世纪本体论的术语,"是"乃是"transcendens[超越者]"。亚里士多德已经把这个超越的"普遍[者]"的统一性视为类比的统一性,以与关乎实事的最高族类概念的多样性相对照。不管亚里士多德多么依附于柏拉图对本体论问题的提法,凭借这一揭示,他还是把是的问题置于全新的基础之上了。诚然,连他也不曾澄明这些范畴之间的联系的晦暗处。中世纪的本体论主要依循托玛斯主义和司各脱主义的方向对这一问题进行了各种各样的讨论,但是没能从根本上弄清楚这个问题。黑格尔最终把"是"规定为"无规定性的直接性"并且以这一规定来奠定他的《逻辑学》中所有更进一步的范畴阐述,在这一点上,他与古代本体论保持着相同的眼界,只是亚里士多德提出的与关乎实事的"范畴"的多样性相对的是之统一性问题,倒被他丢掉了。因此人们要是说:"是"乃是最普遍的概念,那可并不就等于说:它是最清楚的概念,再也用不着更进一步的讨论了。"是"这个概念毋宁说是最晦暗的概念。(S.3)

这是海德格尔所论述的第一种偏见。这段话的内容很丰富,除了再次谈到柏拉图、亚里士多德和黑格尔以外,还提到了中世纪的两位著名哲学家;不仅引用了亚里士多德和托马斯·阿奎那的话,而且使用了中世纪的术语和黑格尔的原话。由此表明,是乃是最普遍的概念,这一偏见由来已久,根深蒂固。但是海德格尔指出,以前人们只是说明,是这个概念乃是最普遍的概念,但是这并没有说明,是这个概念乃是最清楚的概念。在他看来正相反,是这个概念乃是最晦暗的概念,因此,有必要进一步探讨是的意义。这些意思都是比较清楚的,也比较容易理解。但是有几个问题仍然值得深入思考。

一个问题在所引用的托马斯·阿奎那的那句话(出处注释被我略去)。这句话表明,一种对是的领会总已包含在一个人在是者处所把握的东西之中。由此来看,对是的理解并不在于是本身,而在于对是者的把握。这样,对是的理解实际上牵涉到两个因素,一个是进行理解的人,另一个乃是是者。如果再仔细一些,也许应该是三个因素,即还有一个因素,这就是在是者身上所领会到的东西。这里容易引起困惑的说明可能会在"是者"(Seiend)这个词。它是从"是"这个词的分词形式(seiend)演变而来的名词形式。理解它的意思自然首先要看海德格尔有什么专门的论述。但是既然这里没有明确的说明,我们也就可以不考虑海德格尔在其他地方的论述,而只做字面的理解。从字面上理解,凡可说"是"的,都可称之为"是者"。这样,理解托马斯·阿奎那的那句话,即使字面上也不会有什么问题。

另一个问题是这一段关于是的普遍性的解释。这里谈到两种普遍性。一种是类的普遍性,即种属之间的普遍性。一般来说,属是种的上位概念,因而是比种更普遍的概念。通过属可以对种做出范围界定说明。但是,这里明确指出,是的普遍性并不是这样的,而是超出了类的普遍性的。关于什么叫超出了类的普遍性,这里没有直接的说明,而是借助哲学史上的一些看法来阐述的,比如亚里士多德的看法,中世纪的看法和黑格尔的看法。由于这里的论述非常简单,因此我们并不能完全理解是的这种普遍性到底是什么。若要真正理解,大概需要具体地去阅读这里所提到的那些观点。比如,柏拉图的提法是什么?亚里士多德关于事物的类概念的多样性是怎么论述的,关于是的相似一致性是怎么论述的,关于这两者之间的关系又是怎么说的?在亚里士多德关于是的讨论中,他由之出发的一种全新基础会是什么?中世纪关于是乃是超越者(超验者)是怎么说的?黑格尔关于"是"的"无规定的直接性"又是怎么说的?等等。这些问题实际上也是对海德格尔观点的质疑,是对他所总结的所谓传统偏见的质疑。假如我们相信海德格尔这里的论述,则也可以不必考察那些文献,而认为这些观点确实表明这是在谈论是的普遍性,而且这种普遍性与事物种类,比如种属之间的普遍性乃是根本不同的。即使如此,我想,这里仍然会有一个疑问:这种普遍性究竟是什么呢?

从海德格尔引用的这些观念可以看出,人们确实没有说明是乃是最清楚的概念。联系译文2*,则可以看出,海德格尔实际上是认为,一方面,每个人都使用是这个概念,每个人总是常常使用是这个概念,每个人也明白用这个概念表示什么,而且人们都知道,这是一个最普遍的概念,如此等等;另一方面,所有这些情况还不足以说明是乃是最清楚的概念。但是在我看来,即使这一点可以理解,海德格尔的看法也依然不太好理解:是这个概念怎么会是最晦暗的概念呢?如果是这个概念如此晦暗,那么人们又怎么能够那样使用它和理解它呢?退一步说,即使认为人们只是用它,而尚未说明它是最清楚的概念,又怎么能够说它是最晦暗的概念呢?

【译文4*】
2. "是"这个概念乃是不可定义的。这是从它的最高普遍性推论出来的。*这话有道理——既然 definitio fit per genus proximum et differentiam specificam［定义来自最近的属加种差］。确实不能把"是"理解为是者,enti non additur aliqua natura:令是者归属于是并不能使"是"得到规定。是既不能用定义方法从更高的概念导出,又不能由较低的概念来表现。然而,结论难道是说"是"不再构成任何问题了吗?当然不是。结论倒只能是:"是"并非是某种类似于是者的东西。所以,虽然传统逻辑的"定义方法"可以在一定限度内规定是者,但这种方法不适用于是。其实,传统逻辑本身就植根在古希腊本体论之中。是的不可定义性并不取消是的意义问题,它倒是要我们正视这个问题。(S.4)

这是海德格尔论述的第二种偏见。是这个概念之所以不能定义,乃是因为传统逻辑的定义方式不适合于它。但是在海德格尔看来,定义的方式不适合于是这个概念,并不说明这个概念就没有什么问题,而只说明是与是者乃是不同的东西;而且,这也不说明是这个概念就没有问题,它反而可以让我们重视这个问题。这些意思大体上是清楚的。不过有一些细节问题还是值得分析领会一下。

这段话最主要的问题是定义的方式。译文2*曾提到是这个概念不可定义,也不需要定义,但是那里没有展开论述。假如对西方哲学没有了解或了解得不够,也许不一定知道定义是怎么一回事,是不是有专门的含义。现在有了译文4*的进一步说明,我们关于定义至少有了两点了解。其一,它有专门的方式,这就是属加种差;其二,它似乎是传统逻辑中的东西。因此我们可以从这两点出发来理解这里的论述,这样就会认识到两个问题。

一个问题是关于定义的方式不适合是这个概念的说明。从属加种差大致可以看出,定义是关于种的说明。属是种的上位概念,它可以确定种的领域范围,种差则在这个领域范围内做出进一步的说明,由此得到对种的说明。如果说字面上看不到这一点,那么随便找一本传统逻辑教科书,都会得到这样的答案。明确了这样的定义方式,又看到这样的定义方式不适合是这个概念,也就可以理解,关于是这个概念的说明,不能类似于那种以类的方式进行的说明,即不能类似于以较大的类说明较小的类的方式来进行。由此也就可以看出,是这个概念与通常的类概念乃是不同的。

另一个问题是关于普遍性的说明。第一种偏见(译文3*)提到"最普遍的"的普遍性,第二种偏见(译文4*)这里又提到"最高普遍性"。由此可以看出,尽管这是在论述传统的偏见,海德格尔还是比较在乎这种普遍性的。译文3*已经说明,是的普遍性不是种属的普遍性,而是另一种不同的普遍性。译文4*这里则明确地说明,种属的方式不适合说明是这个概念,由此也就说明,为什么是的普遍性与种属的普遍性是不同的。尽管我们仍然不清楚这是一种什么样的普遍性,比如怎么最高,为什么最高,怎么最普遍,为什么最普遍,最高的普遍性是不是最普遍的普遍性,但是我们至少可以理解,这种普遍性与事物的类的普遍性乃是不同的。

有了对这两个问题的认识,我们对译文3*中所说的是与是者的区别也就有了进一步的理解。是者可以依据种属的联系和区分来理解,因而定义的方式可以适用于它,但是,是这个概念却不能这样理解;是者若是有普遍性的话,只能是种属的普遍性,因而一定不会是最高的普遍性,不会是最普遍的普遍性,但是,是这个概念却不能这样理解。至此,尽管我们仍然不能理解是这个概念的普遍性究竟是什么,或者,这个是究竟是什么,但是以上区别却已经清楚地进入我们的视野。

译文4*中加星号处是一个注释。这个注释如下:

【译文5*】

参见帕斯卡《思想录》(布鲁施维克辑)巴黎1912,第169页:"人无法在试图确定是的同时不陷入这样一种荒谬之中:无论通过直接的解释还是暗示,人都不得不以'这是'为开始来确定一个词。因此,要确定是,必须说'这是'并且使用这个在其定义中被确定的词。"(S.4,脚注)

这个注释表明,如果对是这个概念下定义,就会有很大的问题。这个问题在于定义的方式会使人们使用"是"这个词,这样就在定义中使用了被定义的词。尽管这段注释非常明白,在我看来,深入思考一下仍然是有益的。

直观上说,为什么定义中使用了被定义的词就会有问题呢?这一点需要联系译文4*中所说的传统逻辑来理解。传统逻辑中的定义方法有一条明确的规定:定义项中不能包含被定义项。违反这条规定就会犯循环定义的错误。译文5*说明,对是下定义,实际上是说,"是(乃)是……"。这里,由于"是"本身是被定义项,而对它下定义使得在被定义项中出现了"是"这个概念,因此产生循环定义。这样的循环定义在这里被称为陷入"荒谬"之中。

值得注意的是这里的表述方式。"这是"显然是一个省略的表达。其中的"是"即是下定义时要使用的词,也是说者强调的词,同时也是引者所要探讨的词。其中的"这"表示要被定义的词,即可以被说"是"的任何东西。完整的表达应该是"这是如此这般"。这里的省略表明,西方人可以用这样一种方式谈论"是"。由此也可以看出,"是"与被它述说的东西"这"乃是有区别的,区别也是非常清楚的;不仅如此,"是"与通过它所表达出来的"如此这般"也有区别,区别同样是非常清楚的。而且,有了这样的区别,说出或不说出前面的"这"也好,省略或不省略后面的"如此这般"也罢,"是"总是独特的,而且它的独特性总是清楚的。认识到这些情况,我们也就可以进一步理解译文3*中所说的是者。特别是,译文5*这里明确说到,定义方法不适合于是,却可以规定是者,这就说明,"这是"中的那个"这"也可以表示"是者"。由此可见,是者显然与是不同,它无疑可以表示被是述说的。不太清楚的则是,它也可以表示通过是而说出来的东西吗?

加上译文5*的说明,我们可以更进一步理解译文4*中关于定义的说明以及通过定义来说明是的普遍性。前面我们曾经说过,通过译文4*,我们知道是的普遍性与种属的普遍性不同,比如它是最高的普遍性,它是最普遍的普遍性,但是我们并不清楚,它为什么是最高的普遍性,如何是最普遍性的普遍性。有了译文5*的补充说明,即使我们仍然不知道"是"的普遍性是什么,我们至少知道,"是"这个词与其他词乃是不同的。因为定义一定要使用它,离不开它,但是对它却不能定义。这样,我们就有了对"是"的更进一步的认识。当然我们还要注意,海德格尔在这里认为,以上这些情况并不说明我们就不能问是的意义是什么。

【译文6*】

3. "是"乃是自明的概念。在一切认识中、一切命题中,在对是者的一切关联行止中,在对自己本身的一切关联行止中,都用得着"是"。而且这种说法"无需深究",谁都懂得。谁都懂得"天是蓝的"、"我是快活的"等等。然而这种通常的可理解不过表明了不可理解而已——它挑明了:在对是者之为是者的任何行止中,在对是者之为是者的任何是中,都先天地有个谜。我们向来已经生活在一种对是的领会之中,而同时,是的意义却隐藏在晦暗中,这就证明了重提是的意义问题是完全必要的。(S.4)

这是海德格尔论述的第三种偏见。这段话既有理论论述,也有例子,因此,关于是乃是自明概念,这段说明是比较明白的,没有什么理解的问题。但是,在谈论"是"的传统偏见中,这是唯一一段有具体实例的说明,因此特别值得我们认真思考和理解。

在这一段的理论说明中,海德格尔说了使用"是"的四种情况:所有认识,所有命题,对是者的各种联系,对自身(与自身)的各种联系。其中,认识和命题应该是清楚的,不会有什么理解的问题。由于是者已多次谈到,因此这里有关是者的说明似乎也不会有什么理解的问题。但是,对自身的各种联系是什么意思呢?这是一个突然出现的说法,此前没有任何提及,这里也没有进一步的说明,因此不太容易理解。此外,即使这四种情况单独来理解没有什么问题,但是放在一起似乎也会有一些问题。下面我们就来分析一下这里面的问题。

命题这个词的德文是 Aussagen,字面的意思是"说出来的"。从这种意义上来看,这四种情况所要表达的乃是不同的东西。认识可以是说出来的,也可以是没有说出来的。命题是说出来的,因此可以是关于认识的表述,当然也可能不是关于认识的表述。因此,认识和命题是有区别的。

前面曾经说过,"是"不断被"用到"。在这种意义上理解,它应该是被说出来的,因此应该在命题之中。但是它显然不是命题,而是命题的构成要素或成分。前面也多次讨论过是这个概念。在这种意义上理解,它似乎也可以不指说出来的东西。这样就会有语言和语言所表达的东西之间的区别,或者说,会有语言和事物之间的关系的区别。是者与是相关,因而与是相联系。从前面的论述似乎无法明确看出是者是语言层面的东西。但是,既然它与是相关,因而与是相联系,我们也就可以从是的这两个层面来理解是者。在这种意义上理解,是者似乎同样既可以是认识中的,也可以是命题中的。

字面上看,对自身的联系的意思不太清楚。但是如果依照前面的方式,似乎也可以把这样的联系理解为认识中的,或者把它理解为是命题中的。如果这样理解,对自身的联系就会是认识和命题的构成部分,或者是认识和命题中包含或表达的东西,而且,对自身的联系与对是者的联系肯定是不同的,只是我们尚不知道对自身的联系是什么,因而也还不知道在对自身的区别与对是者的联系之间会有什么区别。

这段话中举了两个例子。一个是"天是蓝的",另一个是"我是快活的"。举例无非是为了让读者更好地理解所要说明的东西。显然,这里所要说明的有两点。第一,在上述四种情况中,都用得着"是"。第二,"是"的用法谁都明白,用不着深入考虑。由此也就点出了这段话的主旨:是乃是自明的概念。那么,这两个例子是不是起到了举例的作用呢?也就是说,它们是不是说明了上述两点呢?我们看到,这两个例子是日常语言中最普通的说法,没有任何歧义,也不会有任何歧义。此外,这两个例子中的"是"字加了着重号予以强调。这表明,这两个例子都含有"是",它们确实是为了说明"是"的用法的。由于这两个句子是大白话,因此达到了第二点。

如果结合德文来考虑,则可以看出,"天是蓝的"中的"是"乃是 ist,第三人称单数,而"我是快活的"中的"是"乃是 bin,第一人称单数。这两个"是"的语言形式不同,然而它们都是 Sein 这个词的变形。因此,虽然只有两个例子,却意味深长。举例除了可以说明所要说明的问题,常常表示可以举一反三。也就是说,这里虽然只有两个例子,但是它们可以使我们联想到更多这样的例子,也可以想到 Sein 这个词的更多的不同形式,比如第二人称单数,以及各人称复数等等,由此似乎也就可以说明"是"的应用的普遍性,而且可以说明,同样一个"是"(Sein),在语言使用中却是各种各样的。但是,由于上述四种情况是比较具体的,因此这里需要考虑的是这两个例子是不是说明了上述四种情况。

这两个例子无疑是命题,当然也可以表达我们的认识,因此它们能够说明,在一切认识和命题中都用到"是"。但是它们可以说明后两种情况吗?让我们换一个方式来思考这个问题。在"天是蓝的"这个例子中,显然用到了"是",其中的着重号也明确、强烈地表明这一点。但是,什么是"是者"呢?既然"是"在与"是者"的联系之中,那么这里什么会是是者呢?前面说过,是与是者不同。因此这里的"是"肯定不是是者。除了"是"之外,例子中只剩下了"天"和"蓝的"。那么,"天"是是者吗?"蓝的"是是者吗?在这种意义上理解,是者似乎是指天或蓝的。如果引申一步理解,凡可以被说"是"的是"是者",那么,这里的是者似乎指"天"。

如果我们考虑对自身的联系这种情况,则会出现同样的问题,而且问题更严重。显然,无论如何,在"天"不太容易看到对自身的联系的意思。那么,这种意思是在"蓝的"吗?例中"蓝的"这一表达显然与"天"相联系,难道这样的联系是一种对自身的联系吗?海德格尔没有这样说,我们似乎也不能这样断定。但是,既然举了例子,也明确告诉我们用这样的例子要说明哪些问题,我们就不得不把它们联系起来思考。通过这样的思考我们发现,海德格尔的论述并不是非常清楚,而是存在着问题的。

在说明了是的自明性之后,海德格尔提出自己的看法:人们对是的通常理解表明了一种不可理解性。这里有一个先天的谜:我们生活在对是的领会之中,而是的意义本身却是不清楚的。因此有必要重新提出讨论是的意义。这个说明大致是清楚的,但是在细节上也不是没有问题的。

一个问题是关于这个谜的说明。所谓先天的谜,似乎是说与生俱来的。这一点似乎可以理解。对于西方人来说,必须使用或者必须主要使用"是"来表达,乃是由于他们的语言决定的。问题在于这里的两点说明。一点是在对是者本身的联系中(in jedem Verhalten zu Seiendem als Seiendem),另一点是在对是与是者本身的关系中(in jedem Sein zu Seiendem als Seiendem)①。前一点与此前所说的在对是者的联系中相似,因此似乎可以在那种意义上来理解,但是后一点是此前没有说过的。确切地说,这里的问题在于,在是与是者的关系中无疑有是,因为这里已经明确谈到了"是",因而说这里有对是的理解也就不会有什么问题。但是在对是者的联系中并没有明确说到"是",因而也就不是明显的有"是",在这种情况下说有是与是者的关系,似乎是指是者本身就含有是,因而才有对是的理解,否则这种对是的理解又是从哪里来的呢?这里,比较清楚的是这两点不同,一点直接与是相关,即谈到是与是者本身的关系,另一点不是直接与是相关,因为只说到是者,而没有说到是。由此可见,我们并不十分清楚海德格尔通过这两点的区别想说明什么,又能够说明什么。②

【译文7*】

"自明的东西"、而且只有"自明的东西"——"通常理性的隐秘判

---

① 这里的原文是:"in jedem Verhalten und Sein zu Seiendem als Seiendem"。
② 这里需要做一些说明。在我看来,若想更好地理解海德格尔关于 Sein 的自明性的说明,还需要对译文6*做进一步修正,比如:"在与是者本身的各种联系中,在是与是者本身的各种联系中。"这里就不进一步展开论证了。

断"(康德语)——应当成为并且应当始终保持为分析工作的突出课题即"哲学家的事业"。如果确实如此,那么,在哲学的基础概念范围内,尤其涉及到"是"这个概念时,求助于自明性就实在是一种可疑的方法。

　　以上对这些成见的考虑同时也使我们明了:是的问题不仅尚无答案,甚至这个问题本身还是晦暗而茫无头绪的。所以,重提是的问题就意味着:首先要充分讨论一番这个问题的提法。(S.4)

这段话有两小段。前一小段说明哲学研究应该以自明的东西为目标,同时也说明在是这个问题上,不能求助于它的自明性。后一小段是第一节的总结,说明是的问题乃是一个需要询问的问题,因而说明海德格尔所提出和所要讨论的问题是重要的。这些意思都是比较明确的,没有什么理解的问题。

值得注意的是这里援引了康德的话:"通常理性的隐秘判断。"显然,海德格尔把"自明的东西"与康德所说的"隐秘的判断"看做等价的,或者,这样一种对应的方式使人们不禁把它们联系起来。康德的话是针对什么说的,是什么意思,乃是可以查找的。但是至少在字面上,隐秘的东西与自明的东西显然不是等价的。这里海德格尔引用康德的话,似乎是为了佐证自己所说的"晦暗",后者是他此前与自明性的对照说明。他似乎是想说,是这个概念是自明的,同时也是晦暗的。或者,也许正由于这个概念似乎是自明的,因而更是晦暗的。而且,他的这种看法也是有来源的,有依据的。

译文1*至译文7*是《是与时》导论的第一节。从这一节的论述可以看出,海德格尔提出要询问是的问题。他之所以提出这个问题,乃是因为这是西方哲学史的重要问题,是从柏拉图、亚里士多德直到黑格尔等人一直讨论的问题,尽管讨论的方式不同,看法也不同。为了说明这个问题的重要和难度,海德格尔论述了三类最主要的传统看法。基于这些论述,他阐述了提出和谈论是的问题的重要性。

需要指出的是,海德格尔把关于是的传统看法概括为三类,他并不是不赞同这些看法,他也没有反对这些看法。这从他关于这三类成见的说明中可以比较清楚地看到。

在关于第一种成见的论述中,我们看不到他不赞同这种看法。他只是认为,人们说是乃是最普遍的概念,这"并不等于说:它是最清楚的概念,再也用不着更进一步的讨论了"。由此他提出自己的看法:是这个概念乃是最晦暗的概念。直观上看,"清楚"与"晦暗"是对立的概念,但是,"清楚"

与"普遍"却不是对立的概念,它们只是两个不同的概念。这里我们可以看出海德格尔提出的看法,也可以理解他的意思。但是很明显,我们看不到他反对这种普遍的看法,如果仔细分析一下,我们也不难看出,他只是提出自己的看法,也就是说,他的这种看法并不是通过反驳第一类成见而得出来的。

在关于第二类成见的论述中,我们也看不到他反对定义的方式或方法。他只是认为,定义的方式或方法不适用于是,这不过说明,是这个概念乃是不可定义的。但是,"是的不可定义性并不取消是的意义问题,它倒是要我们正视这个问题"。直观上看,是的可定义性是一回事,是的意义问题乃是另一回事。这里我们看出,海德格尔关于是的意义问题的强调只是借助论述是的可定义性问题而提出来的,但不是通过反驳这种看法的论证推论出来的。

在关于第三类成见的论述中,我们同样看不到他不认为是乃是自明的概念。他只是认为,我们对"是"有一种通常的理解,但是"这种通常的可理解不过表明了不可理解"。因此,一方面,我们生活在对"是"的一种领会之中,另一方面,是的意义隐藏在晦暗之中。直观上看,理解与不理解显然是对立的,领会的乃是明白的,不领会的乃是晦暗的。由此我们看出,海德格尔也赞同我们对"是"乃是可以领会的,他只是认为我们无法领会是的意义,而这是一个先天的谜。因此,海德格尔并不是通过反驳是的自明性或是的可理解性来重提是的意义问题,他只不过是借助人们关于是的自明性的看法,借助人们关于是的可理解性的看法来提出是的意义问题。

我强调以上看法,主要是想说明,海德格尔关于是的论述乃是在前人基础上进行的。确切地说,他是在前人关于是的讨论的基础上进行的。他不是反对前人关于是的看法,他只是认为,前人关于是的看法形成了教条,因而阻碍了人们深入地思考和探讨是的意义。应该看到,海德格尔反复强调重提是的意义的重要性,他的原因和理由也许很多,比如,这个问题可能后来被人们遗忘或忽略了,或者它可能被人们的讨论搞得有些走样了,或者这个问题可能还有或应该有更为重要的一面,而这一面尚未被人发现,如此等等。但是无论如何,关于是的问题并不是他第一次提出的,而是以前早就有人提出过的。因此,在这个问题的讨论上,思想的延续性就非常重要。在这种意义上,海德格尔所论述的这三种成见非常值得我们重视。它们究竟是不是成见,也就是说,海德格尔的看法是不是有道理,乃是可以讨论的。但是至少有一点非常清楚:它们是关于是这个问题的三种基本看法。因此,在我们探讨关于是的过程中,这些看法不仅不应该被忽略,而且应该成为我们思考是这个问题和与是相关问题的基础和依据。

2. 关于发问的结构

经过第一节的讨论，海德格尔得出一个结论，即是的意义乃是有问题的，不清楚的，因此重提是的问题乃是有意义的。但是他并没有直接去讨论这个问题，而是指出，既然重新提出这个问题，就要先对提出这个问题进行讨论。这是第二节的工作，他把这一节命名为"是之问题的形式结构"。这一小节一开始，他就明确地说：

【译文 8*】
是的意义问题还有待提出。如果这个问题是一个基本问题或者说唯有它才是基本问题，那么就必须对这一问题的发问本身做一番适当的透视。所以，我们必须简短地讨论一下任何问题都一般地包含着的东西，以便能使是的问题作为一个与众不同的问题映入眼帘。

任何发问都是一种寻求。任何寻求都有从它所寻求的东西方面而来的事先引导。发问是对是者"是怎么一回事和是如此这般"[Dass- und Sosein]的认识性寻求。这种认识性寻求可以成为一种"探索"，亦即对问题所问的东西加以分析规定的"探索"。发问作为"对……"的发问而具有被问的东西[Gefragtes]。一切"对……"的发问都是以某种方式"就……"的询问。发问不仅包含有被问的东西，而且也包含有被问及的东西[Befragtes]。在探索性的问题亦即在理论问题中，被问的东西应该得到规定而成为概念。这样(dann)在被问的东西中还有被问出来的东西[Erfragtes]，这是真正的意图所在，发问到这里达到了目标。这种发问本身乃是某种是者即发问者的行为，发问本身具有是的某种本己的特征。发问既可以是"问问而已"，也可以是明确地提出问题。后者的特点在于：只有当问题的上述各构成特征都已经透彻之后，发问本身才透彻。

是的意义问题还有待提出的。所以，我们就必须着眼于上述诸结构要素来讨论是的问题。(S.5)

这段话是第二节的开场白，共分三小段。第一小段说明，要讨论任何问题都包含的东西，然后再讨论是的问题，以此显示出是这个问题的独特性。第二小段集中讨论了发问的方式。第三小段说明，基于以上讨论，现在可以进入关于是的问题的讨论了。可以看出,海德格尔在这里想说明的主要是人们一般提问的方式,而不是对是的提问方式。他想通过这种关于一般发问方式的说明来得到提问的一般要素和特征,然后依据所得到的这些要素和特征,再来考虑关于是的发问的问题,看它是不是也具备这些要素和特征,这样也就可以说明它与一般的问题是不是相同,因而也就可以说明它本身是不是具有独特性,以及有什么独特性。这些意思大致是可以体会出来的。通俗地说,一般问题该怎么问,对是也就怎么问;先弄清楚一般问题的提问方式,再以是的提问方式与它对照;这样人们就可以看出是这个问题的一些专门特征。海德格尔的这些意思尽管可以理解,一些具体的讨论还是需要我们认真去分析的。下面我们重点分析第二小段,它也是这段译文的重点。

这一小段重点讨论发问。首先它说明,发问是一种寻求,而且这种寻求可以成为一种探索。在这一说明中,关键在于对寻求的两点说明。一点是对是者"是怎样一回事"的认识,另一点是对是者"是如此这般"的认识。这段话的原文是"Dass-und Sosein"。"Sosein"本身是清楚的。它由 So 和 sein 两个词组合而成。"Dass"后面有一个连字符,表示与后一个"So"同位,因而表明与"So"一样,也与"sein"相连。因此它也是清楚的,即"Dass-sein";与"Sosein"相一致,即"Dasssein"。明确了 Dasssein 和 Sosein 这两个词的构成方式,有助于我们理解这两个词的意思。①

从字面上看,Sosein 由 So 和 sein 组合而成,实际上是"ist so"的名词形式。这里,ist 是系动词,so 处于表语的位置,表示可以处于系词后面作表语的词,当然,这样的词可以是名词、形容词或其他形式的词组等等。名词可以表达事物,形容词可以表达性质,其他形式的词组还可以表达其他东西,比如表达关系、位置、时间等等。因此,"ist so"的意思是"是如此这般"。它的名词表达,即"Sosein",尽管语法形式不同,意思却没有什么不同,也不应该有什么不同。

Dasssein 则由 Dass 和 sein 组合而成,实际上是"ist, dass"的名词形式。这里的"ist"依然是系词,"dass"也同样处于表语的位置,但是后者与"so"有重大区别。Dass 是一个语法词,后面要跟一个完整的句子。确切地说,它引导一个句子作表语,这样的表语被称之为表语从句。句子不是表示事

---

① 从这里引入这个词的角度看,在 Dass 和 sein 之间可以不加"-",因而是"Dasssein"。在行文论述中,为了突出 Sein 这个结构特征,有时候可能也会加上"-",因而形成"Dass-sein"。在我看来,加与不加这个小横线,除了可以突出确定这种句式和结构外,意思是一样的。

物、性质或关系等等,而是表示一事物是什么,一事物有什么样的性质,一事物与其他事物有什么样的关系等等,简单地说,即是表示一事物是怎么一回事。因此,"dass"的意思是"一事物是怎么一回事"。应该看到,"ist,dass"不仅省略了跟在 dass 后面的句子,而且省略了 ist 前面的主语,如果把这个主语看做"一事物",则与从句中的"一事物"重合,因而也可以省略。这样,"ist, dass"的意思大体上是"是怎么一回事"。Dasssein 乃是"ist, dass"的名词形式,因此,尽管语法形式不同,意思应该是一样的。

关于 Dasssein,人们可能会有不同的理解,因而可能会有不同的翻译。但是至少应该看到,无论怎样理解,这里的"Dasssein"中的"sein"与"Sosein"中的"sein"乃是一样的,它们都是系词,后面都要跟一个表语,无论是以名词、形容词或其他形式的词所表示的表语(so),还是以从句所表示的表语(dass)。在海德格尔的说明中,大概这一点是最重要的,也是他的用意所在。

联系第一小节谈到的"任何问题都一般地包含着的东西",我们就会认识到,海德格尔关于 Dasssein 和 Sosein 的论述不是随意的。这样一种考虑,至少从语言形式上穷尽了与 Sein 相关的可能性,因而才可以表达出他所说的任何问题都包含的东西。对照前面译文 6*所说的"一切命题",我们则可以更加清楚地看出,海德格尔的考虑,即他关于"是"的考虑乃是一致的;区别仅仅在于,那里说的是肯定句或陈述句的形式,而这里说的是问句的形式。

接下来是关于发问的具体说明。这里说到三种不同的要素:被问的东西(Gefragtes),被问及的东西(Befragtes),被问出来的东西(Erfragtes)。这三个词有共同的词根"fragen"(问),因此都与它相关。三个不同的词头无疑表明这三个词的意思是不一样的。这种谈论问题的方式充分体现出海德格尔驾驭文字的本领,也不能说完全没有摆弄文字的意味。然而对我们来说,最重要的还是要弄明白他通过这种语法变化和文字差异究竟说出一些什么不同的东西来。

既然是发问,一定会有针对性,因此,说发问具有被问的东西也就比较容易理解。尽管如此,海德格尔这里还是做出了解释:发问是"对……"的发问。这无非是说发问有对象。因此,被问的东西在发问中是显然的。

那么什么是被问及的东西呢?难道被问的东西不是被问及的东西吗?既然字面上有所区别,似乎也就不能简单地把它们画等号,而按照海德格尔给出的解释,即"对……"的发问就是以某种方式"就……"的询问,它们确实是不同的。这里我们可以看出,"对……"(nach...)的发问,指的是针对一个对象,即某种东西,而"以某种方式"(in irgendeiner Weise)"就……"(bei…)的询问,指的是问的方式。这里不太清楚的地方是,"以某种方式"与"就……"之间是什么关系?

"bei"是一个介词,可以表示"在……"、"就……"、"通过……"等等。其后的省略号表明,这里有一个空位,因而要有与之相关的补充。至于用什么来补充,仅从这个词本身看不出来。但是从这个介词的形式可以看出,可以依具体语境来判断,比如"在某一位置"、"就某一方面"、"通过某一途径"等等。认识到"bei"这个介词的这种特征,我们就可以具体地问,所谓以不同的方式与"就……"是什么关系,是指与这些要补充的东西有什么关系吗?尽管有上述含糊之处,被问及的东西与被问的东西之间的区别似乎还是可以看出来的。为了弄明白这里的问题,我们可以设想一个具体问题。比如我们问:苏格拉底是哲学家吗?苏格拉底是聪明的吗?苏格拉底是柏拉图的老师吗?苏格拉底是邋邋遢遢的吗?这些问题无疑都是对苏格拉底的发问。但是被问及的东西是什么呢?我们可以说,第一个问题是就苏格拉底是什么的询问,第二个问题和第四个问题是就他的某种性质的询问,第三个问题是就他和柏拉图的关系的询问。这里比较清楚的是,对苏格拉底的发问与发问所涉及的东西乃是不同的,而不太清楚的是,发问的"以某种方式"指什么?"就……"指什么?二者有什么样的关系?这些不同方面是不是表明这些询问的方式是不同的?因而我们可以问,海德格尔所说的"以不同的方式"和"就……"之间的关系是什么?

最后需要考虑的是被问出来的东西。字面上就可以看出,被问出来的东西与被问的东西是不同的。比如根据前面的例子,被问的是苏格拉底,被问出来的东西却一定不是苏格拉底,很可能与发问所涉及的东西相关。但是,这只不过是一些字面上的理解。我们还是应该看一看海德格尔自己的说明。

海德格尔对被问出来的东西似乎有两点说明。一点在谈到"被问出来的"这个术语的这句话之前。按照他的说法,在探索的问题中,被问的东西应该得到规定,应该被表达出来。由于前面说过从发问到寻求再到探索,因此这里字面上说的是"探索",实际上说的还是"发问"。由于此前已经说过,所谓探索乃是对问题所问的东西进行说明规定,因此,这里所说的对被问的东西的"规定"不过是重申前面的说法。所以,这里关于"规定"的理解依赖于前面关于"规定"的理解,而前面只是说到"规定",并没有解释。字面上看,这个词与前面译文中谈到的黑格尔所说的"规定性"乃是同一个词根,意思是不是一样,有没有延续性,其实是可以讨论的。但是,既然海德格尔没有细说,我们也就可以暂不考虑,因而也就不用展开论述。值得注意的是,他在这里还说到被问的东西应该被表达出来(soll... zum Begriff gebracht werden)。即使对"被规定"尚有疑问,我们对"被表达出来"也不会有任何疑问。也就是说,通过探索,被问的东西应该被表达出来,而且从表达的次序来看,这里的意思是说,被问的东西是在被规定之后或者通过被规定而被表达出来。对比一下可以看出,前面谈到"探索"的时候已经说到"规定",这里借助探索来谈论规定似乎也就是自然的。但是,这里又有了一个新的说明,这就是"被表达出来"。这显然是进一步的说明。因此,我们可以不用问这里所说的"被规定"乃是什么意思,因为如果这样问,那么也应该放在前面问。这里我们要问的是:此处所说的"被表达出来"是什么意思?字面上看,被表达出来的东西一定与被问的东西相关,那么,它们是不是也与被问及的东西相关呢?当然,我们也可以简单地问:被问出来的东西是什么呢?

另一点说明是在含有"被问出来的"这个术语的这句话之中。这里,海德格尔对被问出来的东西有两种解释。一种解释(在原文中是以介词的方式)表明,在被问的东西中,被问出来的东西乃是真正想得到的东西。另一种解释(在原文中是以从句的方式)表明,在被问出来的东西这里,发问达到或实现目的。由此可以看出,就发问而言,被问出来的东西不仅是不可或缺的,而且至关重要,甚至是最重要的。这一点其实不难理解,因为提问的目的主要在于寻求解答。因此通过对某种东西发问而得到关于这种东西的解答,乃是非常自然的事情。这里的区别似乎不过在于海德格尔对发问作出区别,他似乎把通过发问而得到的解答称之为被问出来的东西。

必须看到,上述两个句子之间有一个连接词"dann"。如果如同修正的译文8*把它理解为"这样",那么前后这两个句子就有一种前提和后果的关系。这表明,被问出来的东西就是在发问中应该被表达出来的东西。如果如同英译文把它理解为"此外"①,那么前后两个句子的关系是并列的。在这种情况下,我们就要考虑,"被表达出来的"与"被问出来的"有什么关系?它们是不是一回事?如果不是,它们的区别是什么?

综上所述,尽管有这样那样不太清楚的地方,我们至少看到,海德格尔

---

① 实际上,英译文为"so in addition to"(参见 Heidegger, M., *Being and Time*,中国社会科学出版社,1999年,第24页)。其中的"so"和本文的理解差不多,而"in addition to"的意思为"此外"。英译文把二者合并起来,以此来翻译这里的"dann",也许是因为译者拿不准海德格尔的意思。

区别出被问的东西、被问及的东西和被问出来的东西;而且这三种东西确实是有区别的。

值得注意的是,海德格尔在第一小段得出这个结论,而在第二小段结尾处又说到,发问有一种自身独特的是的特征。从他的论述来看,发问有这种特征似乎是因为发问乃是一种是者即发问者的行为。这样,与这句话相关就有两个问题。一个问题是,这句话本身是什么意思?另一个问题是,这句话与此前关于结构的论述、与其后关于结论的论述有什么关系?

说发问是发问者的行为,对我们来说不会有什么理解的问题。但是在这个语境中,说发问有一种是的自身独特的特征,却会有问题。发问者发问,怎么会有是的特征呢?而且这种特征又怎么会是自身独特的呢?我们看到,这里说发问乃是是者的行为,并且用发问者解释了是者。这样,我们似乎可以认为这里是说,在是者的行为中有一种是的特征。即便如此,我们大概依然还会有无法理解的问题:这种是的特征究竟是什么?如果说这样的问题仅仅是字面上的,并不太严重,那么联系上下文,就不是这样了。这种关于是的论述,与此前谈到的三种结构,与随后谈的如何透彻地理解发问,究竟有什么关系呢?直观上看,它们之间简直可以说没有什么关系。然而,如果没有什么关系,为什么要把这句话放在这里呢?

在我看来,这里可能没有直接的关系,但是不一定没有间接的关系。我们看到,在论述这三种结构之前,海德格尔从寻求的角度对发问进行了说明。在这个说明中,他谈到"是怎么一回事"和"是如此这般",并且把这样的寻求说成是探索。若是联系这些说明来看,说发问具有一种是的特征,似乎也就没有什么不可以理解的了。既然发问会涉及一事物是怎么一回事或一事物是如此这般,发问当然会与是相关,因而会有是的特征。至于说这种特征是不是独特的,或者,这种独特的特征是不是"是怎么一回事"或"是如此这般",乃是可以讨论的。但是至少可以看出,它们总还是相关的。

3. 关于"是"的发问的结构

通过以上说明,海德格尔得到了关于发问的一般认识,获得了一般发问的结构要素。现在要做的则是从这些结构要素出发来讨论是的发问,通过把是的发问放在一般发问的结构框架下,使我们更好地认识是的发问的结构,并由此获得是的意义。

【译文9*】
　　作为一种寻求,发问需要一种来自它所寻求的东西方面的事先引导。所以,是的意义已经以某种方式可供我们利用。我们曾提示过:我们总已经活动在对是的某种领会中了。明确提问是的意义、意求获得是的概念,这些都是从对是的某种领会中生发出来的。我们不知道"是"说的什么,然而,当我们问道"'是'是什么?"时,我们已经栖身在对"是"的某种领会之中了,尽管我们还不能从概念上明确这个"是"意味着什么。我们从来不知道该从哪一视野出发来把握和确定是的意义。但这种平均的含混的对是的领会乃是事实。(S.5)

　　这段话有几层意思。一是仍然谈论一般性的发问;二是提出我们利用是的意义;三是通过讨论"'是'是什么?"这个问题而说明,我们领会是的意义,但是我们不知道它的意义是什么,这样就说明,是的意义乃是含混的。由于这段话明确讨论是的意义,并且以"'是'是什么?"这样一个非常明确的问题为例来讨论,因此对于我们理解对是的发问以及与它相关的问题具有重要意义,应该值得我们重视和认真对待。下面就让我们认真讨论这三层含义。
　　第一层意思不过是重复译文8*第二小段的第一句话,不会有什么理解的问题,我们可以暂且不予考虑。
　　第二层意义说明,在发问的时候,我们有是的意义可以利用。这层意思本身(至少字面上)是清楚的,没有什么理解的问题。值得注意的是它以一个连接词"所以"(daher)引出,这样,它与前一句关于发问作为寻求和需要事先引导的说明就有了一种联系,于是也就产生一个问题:从前一句话如何能够得出这样一个结论? 无论是发问作为寻求,还是发问需要某种事先引导,如何能够得出我们已有是的意义可以利用这样一个结论呢? 接下来一句表明,前面曾经提示过,我们总是生活在对是的某种领会之中。这句话无疑可以作为第二层意思的注释:既然生活在对是的领会之中,拥有对是的理解也就不会有什么奇怪的了。基于这样的说明,似乎我们当然也可以认为,无论寻求什么,不管需要什么东西做事先引导,都可以算是生活在对是的某种领会之中,因此也就有是的意义可以利用。只不过这对前面的"所以"充其量是一种间接的说明,而不是直接的说明。为了更好地理解这里的说明,我们需要结合译文8*的相关论述,看是不是可以得到一些直接的说明。
　　前面说过,译文8*对发问这样一种寻求做出两方面的说明:一方面乃是"是怎么一回事",另一方面则是"是如此这般"。若是把这两方面的说明考虑在内,似乎也就可以理解,为什么从发问可以得出有是的意义可用。因为这两方面的说明隐含着"是",因而借用了"是"的意义。认识到这一点,也就可以看出,译文9*关于"所以"的说明不会有什么问题,因为它基于译文8*的说明。当然,译文8*本身的说明是不是有问题乃是可以讨论的;如果那里的说明有问题,译文9*这里的论述也就会有问题。不过,海德格尔似乎认为这样的论述没有问题。在我看来,不管译文8*的论述是不是有问题,有什么样的问题,它至少为译文9*这里的论述埋下了伏笔。换句话说,不管海德格尔的论证是不是有问题,他的叙述方式还是可以理解的。①

值得注意的是这里对前面论述的一点提示:我们生活在对是的领会之中。前面有不少地方说到这一点,比如在译文6*,海德格尔讲述了第三种偏见,即人们一般认为,是乃是自明的概念,在一切认识、一切命题中,都用到是这个概念。由此可见,除了海德格尔所说的是的意义隐藏在晦暗之中外,所谓我们生活在对是的领会之中,不过是说,我们离不开这个是,总是用它,到处用到它。这就表明,现在我们要询问是的意义,我们也离不开这个是,也会用到它。由此可见,海德格尔实际上是从两个方面说明我们需要依靠是的意义。一个方面是从发问本身,另一个方面是从我们的活动。我想,这种活动大概是指我们的认识活动和表达活动,至少不会完全排除这些活动。

基于前两层意思,第三层意思就比较容易理解了。"'是'是什么?"乃是一个问句,显然是对是的发问。这个问句的方式无疑是最普通最常见的,它符合通常的发问方式。它对是进行发问,询问它的意义。这个被问的是就是这个问句中引号中的那个是。但是在这样问的时候,这个问句又用到是,因此它本身依赖于所使用的这个是的意义。这个被用到的是即是这个问句中的系动词,亦即句子中的第二个是,也是被加了着重号(海德格尔本人用斜体)予以强调的那个是。因此,这个例子是非常明显的,没有歧义的。我们不知道是的意义,因此我们对它发问,问它是什么,但是我们在这样问的时候,却已经对它有了某种理解,因为我们在明确地使用它。海德格尔的疑问是明显的,也是有道理的:如果没有任何理解,我们又怎么能够使用它呢?所以,这个问句展现了一个问题:一方面我们问是的意义,这表明我们不知道它的意义;另一方面我们在问它的时候又使用了它,这表明我们

---

① 关于海德格尔的论证方式,这里的说明只是一种客观描述,没有褒贬。这是本书第一次专门提到海德格尔的论证方式,以后我们还会不断提到他的这种论证方式。最后,我们会对它作专门的论述。

似乎好像知道它的意义。这个问题显示出一种矛盾,它说明了探讨是的意义所面临的问题。在海德格尔看来,这说明是的意义乃是含混的、不确定的。因而人们对它的理解实际上也是这样的。

为了更好地理解这层意思,还可以从德文的角度简单探讨一下围绕这个举例的说明。这个例子是"'是'是什么?"。其中有两个"是"。前一个"是"的德文乃是名词"Sein",后一个"是"的德文乃是动词"ist"。海德格尔关于它的说明也有两句。前一句是"我们不知道'是'说的什么",后一句是"我们已经栖身在对'是'的某种领会之中了,尽管我们还不能从概念上明确这个'是'意味着什么"。前一句中"是"的德文乃是名词,即"Sein"。后一句有两个"是",前一个"是"的德文乃是动词"ist",后一个"是"的德文则是名词"Sein"。围绕这个例子,结合这两句说明,我们可以看出,在海德格尔的论述中,名词的"是"与动词的"是"乃是同一个词。它们的语法形式不同,意义却是一样的。谈论它的时候,它就是名词,用它的时候,它就是动词。而且,如果当真论述它们之间的关系,一定是名词的意义来自动词的意义。按照这里的说明,我们不知道"是"说什么,因此我们会问它是什么,但是这样一问就会用到它,因而也就有了对它的理解。所以,考虑是这个词的意义,它的动词形式的意义乃是最根本的。

在我看来,海德格尔这一段关于"是"的发问的论述,对于理解他关于"是"的论述,对于理解他所说的"是"这个概念,乃是至关重要的。

【译文 10*】

这种对是的领会不管怎样摇曳不定时隐时现,甚而至于仅流于单纯字面上的认识,但这种向来已可供利用的对是的领会的不确定性本身却是一种积极的现象,虽然这种现象还有待廓清。探索是的意义的工作不宜在开端处就来阐发这种现象。只有凭借成形的是的概念,阐释通常的对是的领会的工作才能赢得它所必需的指导线索。借助于是的概念以及这一概念本身所包含的明确领会这一概念的诸种方式,我们将能够弄清楚:变得晦暗的或尚未照亮的对是的领会意指什么?有哪些方式可能或必然使是的意义变得晦暗,可能或必然阻碍并鲜明地照亮是的意义?

平均且含混的是之领会复又浸透着流传下来的关于是的理论与意见。这些流传下来的理论作为这占统治地位的领会的源头,却又始终暗藏不露。——是的问题所寻求的东西并非全然陌生,虽然在最初的确完全无法把握它。(S.5-6)

这段话继续谈论是这个概念的不确定性,共分两小段。我们先看前一小段。这一小段主要说明对是的领会的不确定性乃是一种积极的现象,应该如何澄清这种现象。其中一些论述需要具体分析。

　　首先,这里只说对是的领会的不确定性乃是一种积极的现象,但是没有说明为什么这是一种积极的现象。难道是因为由此我们可以询问是的意义了吗?按照这里的论述,我们不能在一开始就阐述这种现象。这似乎是一个伏笔。

　　其次,阐述是的意义并非胡乱进行,而要有指导线索,这线索就是确立起来的是这个概念,也就是说,要借助是这个概念。这无疑再次以不同的方式重复译文9*提出的问题:询问是的意义,同时却要依赖于是的意义。

　　最后,即便如此,似乎海德格尔还是要求人们借助是的概念来澄清是的不确定性,从而搞清楚那些依然还不清楚的是的意义。在这一说明中,有一个提法值得注意,这就是领会是这个概念的"诸种方式"。海德格尔提出,澄清是的模糊意义,搞清楚哪些方式可能使是的意义变得晦暗或阻碍了是的意义明确地显示出来,哪些方式必然使是的意义变得晦暗或阻碍了是的意义明确地显示出来,不仅要借助是这个概念,而且要借助这个概念本身所包含的领会这一概念的各种方式。由此可见,无论是理解是的意义,还是澄清是的意义,是这个概念的诸种方式都是非常重要的。这样我们当然就要考虑,这些方式是什么?这使我们联想到译文8*的论述,那里说到发问涉及到"是怎么一回事"和"是如此这般",而且是"以某种方式'就……'的询问"。我们虽然不知道这些方式指什么,但是似乎它们与"是怎么一回事"和"是如此这般"相关。

　　第二小段依然谈论是的意义的不确定性,但是与前一小段不同。这里提到了流传下来的相关理论和意见,使我们很容易也很自然地想到译文3*至译文6*所说的那些偏见。"源头"和"暗藏不露"这样的比喻和描述说明,这些看法构成了人们理解是的意义的背景。特别是这里明确指出,尽管人们无法完全把握询问是的意义所涉及的问题,但是人们对这个问题还是有所了解的。根据前面的论述可以看出,所谓并非完全陌生乃是指人们已经有了许多相关的认识,比如关于是这个概念的普遍性的认识,关于这个概念不能定义的认识,关于这个概念自明性的认识等等。所谓无法完全把握它,指的大概就是前面所说的那些问题,比如是的普遍性并不意味着它的清晰性,是的不可定义性并不取消是的意义问题,是的自明性同时也包含着它的晦暗性,等等。由于有这些问题,因此是的意义乃是晦暗的,对是的领会也是不确定的。

【译文 11*】

在这个有待回答的问题中,被问的东西乃是是,这个是规定了是者为是者,无论我们可能会怎样去讨论是者,这个是总是已经被领会的。是者的这个是本身不"是"一种是者。哲学领会是的问题的第一步在于不 μυθον τιναδιηγεισθαι("叙述历史")①,也就是说,不要靠把一个是者引回到它所由来的另一是者这种方式来规定是者之为是者,就好像是具有某种可能的是者的性质似的。所以,是作为被问的东西要求一种本己的展示方式,这种展示方式本质上有别于对是者的揭示。据此,被问出来的东西,亦即是的意义,也要求一种本己的概念方式,这种概念方式也有别于那些用于规定是者的意义的概念。(S.6)

如果说前面的论述都是一些准备工作,甚至是铺垫的话,那么这段话确实进入了关于是的发问的讨论。我们可以很清楚地看到,这里谈到了被问的东西,即是,也谈到了被问出来的东西,即是的意义,还谈到了从哲学的角度谈论是的问题的方式。因此这些论述需要认真对待。

被问的东西乃是是,这一点不难理解。这从译文 9* 谈到的难点也可以看出来。对是发问,"'是'是什么?"不仅是一个普遍的问题,这个问题本身也表现出一种非常自然的询问方式。这种发问的方式使被问的东西对象化,这个具体的问题使是成为询问的对象,这种情况甚至仅从语言形式上就可以看出来。其中的主语乃是名词,它表明问句中被问的东西,而且为了强调,或者为了区别,海德格尔还用引号做出标示。因此被问的东西是清楚的。

被问的东西乃是清楚的,但是这还不够,随后还有两点说明。一点说明,这个是乃是规定是者的。什么叫"规定是者为是者"?这一点也许不太容易理解,但是我们至少可以看出,是与是者乃是不同的。另一点说明,在我们讨论是者的时候,我们已经领会了是。由于前面已经多次提到人们有对是的预先领会,因此这里的论述似乎不会有什么理解的问题。由此可见,这两点说明的主旨都集中在是与是者的区别上。看到这一点,后面一句"是者的这个是本身不'是'一种是者"也就没有什么理解的问题了。它是前面两点的总结说明,意思本身是清楚的。但是,这里的"是"用引号标出,意思是想告诉大家,即使说明是与是者的区别,人们也会用到"是"这个词,因此这样一个说明本身就预设了人们对是的领会。

---

① 柏拉图:《智者篇》242 c。——原注

接下来海德格尔对领会是这个问题做出说明。他把这种说明称之为哲学的领会。他的说明方式有两种,先以否定的方式,然后以肯定的方式。我们按照他的说明顺序,先看否定方式的说明。

在否定方式的说明中,海德格尔借助了说明是者的方式。这个说明牵涉到两个不同的是者,其中一个是另一个的来源。借助一个是者来说明另一个不同的是者,这样的方式也许可以用来说明是者为是者,但是不能用来说明是。海德格尔之所以不赞成这样,乃是因为他担心,这样会造成对是的曲解,因为这样做会使人把是与是者混淆起来。我想,海德格尔的这种担心是有道理的。既然对是发问,是似乎就变成一个是者,于是它似乎需要另一个是者来说明它。但是,是与是者不同,是不具有是者的性质,这一点一直是海德格尔强调的。因此不能以这样的方式来领会是。绝不能把是与是者混淆起来。这里关于是者的说明似乎有些含糊,但是联系前面的一些论述,似乎也是可以理解的。比如前面说过,定义是我们说明语词意义的一般方式,定义的方式是用属加种差,属加种差与种无疑不同,因此这实际上是用一个是者来说明一个不同的是者。但是不能用定义的方式来说明是。是的普遍性与种属的普遍性也不同。是与是者不同,因此不能用领会是者的方式来领会是。

是者有自己的展示方式。既然是与是者不同,自然也就不能用是者的展示来说明是。于是海德格尔指出,是要有一种专门独特的展示方式,因此,是的意义也要有专门独特的表达。姑且不论这种展示方式是什么,至少有一点非常清楚,是有自己的展示方式,而且是独特的。

我认为,这里有两点值得注意。一点是关于被问出来的东西的说明。海德格尔有两个说明。一个是把它解释为是的意义,另一个是说它需要专门独特的表达。这两个说明都没有展开,但是从中还是可以看出一些东西来的。

前面(译文8*)在谈论一般发问的结构要素时提出三种要素:被问的东西、被问及的东西和被问出来的东西。它们可以被看做是一般发问的结构。这里对是的发问乃是一种具体的发问,因而要符合上述的结构要素。从这里的谈论可以看出,被问的东西和被问出来的东西显然是发问中的两种要素。被问的东西乃是是,这一点已经得到明确的说明。被问出来的东西乃是是的意义,这一点现在也已经得到了明确的说明。由此我们也已经大致看出了对是这个问题发问的结构。

从对是的发问结构上明确了被问的东西和被问出来的东西,似乎可以确认海德格尔的意思,他似乎是想通过对是的发问而得到是的意义。但是,怎样表达是的意义，尚不清楚。我们只知道它需要有一种专门独特的表达（Begrifflichkeit）。而且，这是因为是本身需要有一种专门独特的"展示方式"（Aufweisungsart）。换句话说，由于是本身需要有一种专门独特的展示方式，因而是的意义需要有专门独特的表达。即使我们不明白这里说的究竟是什么意思，比如什么是展示方式，但是我们至少可以看出，是的意义依赖于是的展示方式。或者我们也许可以这样认为，从这里的论述我们只看出是的意义依赖于是的展示方式，但是我们看不出是的展示方式究竟是什么。这种展示方式也许是海德格尔突出强调的，也许是他引入了新的要素。因此在下面的阅读中，我们需要注意这个问题。

【译文 12*】

（1）是只要构成（ausmacht）被问的东西，而又总意味着是者之是，那么，在是的问题中，是者本身就是被问及的东西。（2）不妨说，要着眼于是者的是来询问是者。① 但若要使是者能够不经歪曲地给出它的是的性质，就须如是者本身所是的那样通达它。（3）从被问及的东西着眼来考虑，就会发现是的问题要求我们赢得并事先确保通达是者的正确方式。不过我们用"是"[seiend]一词可称谓很多东西，而且是在种种不同的意义上来称谓的。我们所说的东西，我们所意指的东西，我们这样那样对之有所关联行止的东西，这一切都是是的。我们自己是什么以及我们自己是怎样的，这些也都是是的。在是怎么一回事与是如此这般中，在实在、现成性、持存、有效性、此是（Dasein）中，在"有"[es gibt]中，都有是。（4）我们应当从哪种是者掇取是的意义？我们应当把哪种是者作为出发点，好让是开展出来？出发点是随意的吗？抑或在拟定是的问题的时候，某种确定的是者就具有优先地位吗？这种作为范本的是者乃是什么？它在何种意义上具有优先地位？（S.6-7，序号为引者所加，为的是下面讨论方便）

这段话谈论是与是者的关系，还谈到了被问及的东西。前面说过，《是与时》第二章主要探讨是这个问题的形式结构，海德格尔则指出发问的结构要素包括被问的东西、被问及的东西和被问出来的东西。在关于是的发问这个具体问题上，译文 11* 谈了被问的东西和被问出来的东西，译文 12* 是译文 11* 的继续，谈论被问及的东西，无疑是非常自然的，而且也是应该

---

① 这两句话的修正译文不只限于将"存在"改为"是"，因此与原译文出入较大。

的,因为这样就从一般发问的结构要素出发讨论了是的发问,并且没有遗漏。至于这里涉及是与是者的关系,似乎更为自然,因为在关于是这个问题的讨论中,至此海德格尔只谈到是与是者,至少主要谈论的乃是是与是者。这两点明确了,我们可以围绕它们做进一步的讨论。

我们先看(1)。是构成被问的东西,这一句不难理解。前面讨论过"'是'是什么?"这个问题。问号表明这是一个问句。其中的引号表明句子的主语,并且予以强调,因此被问的东西乃是是。而且译文11*对这一点也有明确说明。是意味着是者之是,这一句现在似乎也可以理解,因为前面已经说过,是规定了是者为是者(译文11*);从"是怎么一回事"和"是如此这般"来认识是者(译文8*),这些论述大致表明了是与是者有关。有了前面这些说明,这里的说法即使不是非常明确,似乎大体上也是可以理解的。即便第二句话的意思不是那样明确,若把第一第二两句联系起来,我们至少可以看出,前一句从形式结构方面论述是,后一句从意义方面论述是。至关重要的是,这两句还引出了一个结论:被问及的东西乃是是者。这样,是这个问题的三种结构要素就都说到了。

值得注意的是,被问的东西这种结构要素在这里是当做条件谈论的,而被问及的东西这种结构要素在这里是被当做结果谈论的。这样二者之间似乎也就有了一种条件和结果的关系,这里的"那么"(ergeben sich)一词明确表明了这种关系。字面上看,这种关系似乎是显然的,是乃是被问的东西,但是,是总与是者相关,这样,对是的发问就离不开是者,因此是者乃是对是的发问中要被问及的东西。

(2)进一步说明是与是者的关系。这似乎是顺理成章的事情:既然指出是与是者相关,那么当然应该说明它们之间是什么样的关系。前一句说要着眼于是来询问是者。无论这意思是不是可以理解,至少可以看出,这似乎是在说明是与是者的关系。后一句由两部分组成,而且这两部分具有条件和结果关系。从阅读和理解的角度说,若想搞清楚这种关系,首先要弄明白这两部分的意思。前一部分说,是者给出是的性质或特征(Charakter),并且没有歪曲。没有歪曲的意思不会有什么歧义,因此这里的关键在于理解什么叫是者给出是的性质或特征。我觉得这一点不太容易理解。字面上看,是与是者相关。难道因为是与是者相关,是者就会给出是的性质或特征吗?如同刚才谈到的着眼于是来询问是者一样,我们在这里只是清楚地看到是与是者相关,仅此而已。(2)的后一部分说,如同是者自身所是那样通达是者。这句话的意思大致是清楚的,它说明了两点。一点是通达是者,另一点是通达是者的方式。前面谈论询问是者,这里说通达是者,无论海德格尔想说明或暗含的意思是什么,比如是通过询问是者而达到是者,还是询问是者的目的是要对是者有所了解,而通达是者则是这种了解的具体体现,抑或还可能会有其他什么意思,我们至少可以理解,这里是对询问是者的进一步的说明。因为不管怎样,通达是者总算是对询问是者的一个交代。值得注意的是,"通达"(zugaenglich)一词是一种形象的说明,意思是可以接近,可以达到,引申一些,则表示可以得到、可以获得等等。单独理解,我们可能会觉得这个词有不太确定的含义,但是结合对是者的询问来理解,尽管仍然可能会有一些不太确定的意思,我们至少可以明白,所谓"通达是者"意思大致是说达到或获得对是者的理解。

无论是达到是者还是获得对是者的理解,肯定不能是随意的,一定要因循一定的方式。这里的说明是:如同是者自身所是的那样。这个说明很直白,意思也很简单。它不过是说,是者是什么样子,我们就如何达到它或理解它。看到这一点,我们似乎多少有些可以理解,为什么前面说要着眼于是来询问是者。人们回答问题无疑要根据自己的理解,而且答和问总是相应的,不能答非所问。既然回答关于是者的询问依赖于对是者的理解,而这样的理解即是按照是者所是的那样来理解是者,那么在这样的理解中,是乃是至关重要的。回答是如此,那么相应的问题当然也应该是如此。所以,着眼于是来询问是者,如同是者所是的那样来通达是者,表明了问和答的相应。其中,相应之处就在这个是上。

明白了这两部分的意思,也就可以讨论它们之间的关系了。根据这里的说明,前一部分是后一部分的条件,而且似乎是充分条件。换句话说,只有如同是者自身所是的那样理解是者,才会给出是者的是的性质,而且不会有歪曲。由此可以看出,如同是者所是的那样理解是者,乃是至关重要的。

从(1)和(2)的论述可以看出,谈论是的问题,被问的东西乃是是,被问及的东西却是是者,是与是者有非常密切的关系。因此,探讨是的问题,固然可以从被问的东西出发,似乎也可以从被问及的东西出发。(3)则开始从被问及的东西出发做进一步的论述。它的第一句话说明,是的问题要求首先获得通达是者的"正确方式"。这里只谈到是者和通达是者的正确方式,而没有谈到是。但是,由于这里依据被问及的东西这样一个前提,而被问及的东西是由被问的东西而引起的,因此这里实际上依然涉及是的问题。此外,所谓通达是者的正确方式,不过是指如同是者自身所是的那样去通达是者,也就是说,这不过是将(2)的表述换了一种说法。因此,(3)的第一句话似乎没有什么特别的意义,好像不过是强调了前面已经说明的东西而已。但是,正确(的通达)方式(rechten Zugangsart)毕竟含有一个评价,它与如同是者所是的那样通达是者这样单纯的描述和说明不同。因此,这里不仅是进一步的说明,而且由此也引出了下面的一系列问题。也许正是针对这里所说的所谓正确方式,下面的问题才显得更加是问题。

海德格尔对这些问题有两种说明,一种是一般性的说明,另一种是比较具体的说明。一般性的说明似乎很简单,不过是指出我们用"是"来称谓许多东西,而且在不同的意义上用"是"来称谓。但是这里实际上涉及两方面的东西。一个是语法方面,另一个是语义方面。从语法方面说,我们用"是"来称谓事物,这表明"是"乃是一个词,被我们使用,而且被我们用来表达事物。从语义方面说,我们可以在多种意义上用这个词称谓事物,这似乎表明这个词的意义不是确定的。这使我们很自然地想到译文6*。这里说的用"是"称谓许多东西,与那里说的在一切认识和命题中都用到"是",不是一回事吗?这里说的在多种意义上用"是"来称谓事物,与那里说的"是"的意义却是晦暗的,难道不是有些近似吗?而且,这里和那里不都是一般性的说明吗?

在比较具体的说明中,似乎又有两个不同方面的说明。一方面是与"我们"相关的,即我们所说的东西、我们所意指的东西、我们与之有如此这般联系的东西等等,另一方面似乎不是与我们相关的,而且在这方面又谈到许多情况,其中有些情况是以前说过的,比如是怎么一回事和是如此这般的,有些情况则是新提到的,比如实在、现成性、持存、有效性、此是(Dasein)、"有"(es gibt)等等。按理说,这些说明好像比较具体,因而应该比较容易理解。实际上却不是这样,因为它们并不是很容易理解。除了"有"这个表达指的是一个固定表达外(因为有引号表示),其他情况,比如实在、现成性、持存、有效性等等,究竟是什么意思,(如果不预设西方哲学知识)都需要专门的说明。联系译文6*则可以看出,这些论述与那里所说的对是者的一切联系、自身对自己的一切联系等等乃是近似的。不同之处在于,那里的说明虽然不清楚,但是给出了"天是蓝色的"和"我是快乐的"这样两个例子,借助它们大致可以使我们去体会那些不太清楚的论述究竟是什么意思。但是在这里没有举例,因此只能从字面上来理解。也许由于有了前面的说明,比如与是者的一切联系、是与是者的一切联系等等,这里的近似说明也应该是可以理解的。问题是,实际情况是不是这样?也许,在海德格尔看来,这样的说明已经够了,有了这样的说明,就可以完全理解用是来表达什么东西和有什么意思了。但是,如果不太谦虚,我们可以认为海德格尔的论述是不清楚的。如果自谦,我们则可以认为不是他没有说清楚,而是我们比较愚笨,跟不上他的思路。但是不管怎样,我们至少可以看出,他的意思是要说明,我们使用是的地方很多,使用是的方式也很多。看到这一点,这段话的意思似乎也就比较容易理解了。与前面的论述相联系,我们可以认识到,这些不同的方式大概就是是者所是的方式,通达是者就是获得对这些方式的正确认识。联系下文,我们则会明白,从是者获得是的意义,为什么会一下子有那么多问题。正因为用是称谓事物的地方多,方式多,因此与是相关的是者的情况就多,所以,从哪种是者出发,以此来获取是的意义就成了问题。

是乃是(3)中谈论的核心概念。值得注意的是,其中相应的德文是 seiend。这个词不同于名词 Sein,也不同于动词 ist。它是分词形式,但是又不同于分词的名词形式 Seiend。从对它的称谓说明来看,它与名词的区别是可以理解的,因为谈论的对象要以名词的方式出现,而称谓指的是对它的具体用法,因此不能是名词。但是从称谓的角度说,即从动词的角度说,为什么不像前面那样用 ist 这个词呢?在我看来,这里的区别在于,前面谈论 ist 这个动词乃是从"'是'是什么?"这个具体的问句出发的。这个问句中的动词是 ist,因此直接以它来谈论它,不仅可以,而且自然,也不会有什么问题。但是,译文 12*的语境不同,谈论的虽然是动词,却不是某一个具体句子中的具体的动词,而是具有一般性的。而且,其中有些论述已经表明,肯定不会是 ist 这个动词,比如"我们自己是什么"中的动词就是 sind。我们知道,德文 Sein 的动词形式有单数和复数的区别,有第一、第二和第三人称的区别,还有不同时态的区别等等。所以 Sein 的动词表现形式在不同语境中是多样的。因此,某一种具体的动词形式,比如 ist,尽管在某种程度上也可以说明这里所说的"称谓很多东西"意思,但是却不能体现这里所说明的所有这些意思。认识到这一点,也就可以明白,为什么海德格尔这里要用 seiend 这个词,并且加引号来突出和强调它。

谈论动词,当然也可以以名词的方式来谈论。seiend 是分词形式,只要把第一个字母大写,它就可以变为名词,因而在谈论的过程中使用它也就不会有什么问题。但是,这里并没有用 Seiend 这个词。这又是为什么呢?在我看来,这里可能主要是为了与"是者"这个词相区别。"是者"这个词的德文是 Seiend(e),虽然通过定冠词和词尾的语法变化可以做出一些区别,但是毕竟二者的字面形式差不多是一样的。而在这段说明中,是者又是谈论中不可或缺的概念,而且是会反复出现的概念。因此,(3)的谈论与其他几点相区别,是不是必要姑且不论,至少是可以理解的。而且,它们确实也是有区别的。

最后我们可以简要地看一下(4)。这里主要是提出了是者的优先性问题。基于(1)至(3)的论述,提出这个问题似乎是很自然的:既然是者有那么多不同的情况,而人们又要从是者来获取是的意义,那么从哪一种情况出发就是需要考虑的。因此,接下来似乎就需要考虑这个问题。

4."此是"——一种特定的是者

【译文13*】
如果我们确实应该突出地提出是的问题,并且充分透视这个问题,那么,依照前此所作的说明,可以知道:要想解决这个问题,就要求把审视是的方式解说清楚,要求把领会意义、从概念上把捉意义的方式解说清楚,要求把正确选择一种是者作为范本的可能性准备好,把通达这种是者的天然方式清理出来。审视、领会与形成概念、选择、通达,这些活动都是发问的构成部分,所以它们本身就是某种特定的是者的是之样式,也就是我们这些发问者本身向来所是的那种是者的是之样式。因此,彻底解答是的问题就等于说:就某种是者——发问的是者——的是,使这种是者透视可见。作为某种是者的是之样式,这个问题的发问本身从本质上就是由问之所问规定的——即由是规定的。这种是者,就是我们自己向来所是的是者,就是除了其它可能的是之方式以外还能够对是发问的是者。我们用此是[Dasein]这个术语来称呼这种是者。是的意义问题的突出而透彻的提法要求我们事先就某种是者[此是]的是来对这种是者加以适当解说。(S.7)

经过前面从被问的东西、被问出来的东西和被问及的东西出发进行说明之后,这段话明确指出要把是的方式说清楚。由于是的问题牵涉到是者,而且前面也已经说明要找到一种是者做出发点,因此这里明确提出一种特殊的是者,并且指出要用"此是"来称呼这种是者。这样就把是与是者的关系转换为是与此是的关系问题。大致的意思看清楚了,我们再来仔细看一看其中一些具体的论述。

首先可以看出,这里论述了明确提出是这个问题会涉及的一些情况:审视是的方式,领会意义的方式,从概念上把握意义的方式,准备好可以正确选择一种是者为范本,明确表达出通达这种特定是者的方式等等。这些情况不仅与是的问题相关,而且是提出和解决是的问题的条件,因此需要认真对待。这些情况表明,它们有些与是相关,有些与是者相关。其中所说的意义的方式,字面上不太清楚是不是指是的意义的方式。如果是,那么这里所说的领会和从概念上把握这样的事情也与是直接相关。如果不是,则需要考虑,意义指什么,它们与是有没有关系,有什么关系,这些关系是直接的还是间接的,等等。这里所说的是者,已经不是前面所说的一般的是者,而是一种特定的是者。这样就把是与一种特定的是者联系起来。此外,这里没有告诉我们这种特定的是者是什么,而是告诉我们要做好准备,以便有可能选择出这种是者,搞清楚通达这种是者的方式。值得注意的是这里的两点说明,一点是说这种选择要正确,另一点则说要选择出真正通达是者的方式。这两点说明似乎漫不经心,随意而为,而且也不会有什么理解的问题。但是它们似乎表明或者至少暗示,由于有这样的考虑和要求,因此随后的"选择"就是"正确的",随后所揭示的那种通达是者的方式就是真正的或"天然"的。问题在于,情况是不是如此?

其次我们看到,这里明确说明,提出是这个问题所涉及的这些情况(活动)本身都是发问的组成部分,因此本身就是某种特定的是者的是之方式。而且,这里对这种特定的是者有了明确的说明:我们自身就是这种是者。不仅如此,对这里说到的"我们"还有一个同位语"这种发问者"作修饰①。由此可以看出,关于是与是者和某种特定的是者的关系,这里的说明是这样的:是的发问要涉及的上述那些活动(或情况)是发问的构成活动,因此它们本身是某种特定的是者的是之方式。由于我们是发问者,因此我们自身是这种是者。这里显然隐含了一个前提,发问是我们的活动。有了这个前提,上述说明似乎也就可以理解了。由此也就可以得出一个结论:对是的发问要与我们这种发问者联系起来。

接下来我们看到一个结论性的论述:搞清楚对是的发问意味着揭示某种是者。这个论述也有两点补充说明。其一是"发问的是者",这是对发问的是者的补充说明。它似乎表明,所揭示的这种是者乃是发问者。其二是通过这种特定的是者"的是"(in seinem Sein)。前面曾经说过要着眼于是来询问是者,根据这样的理解,这里似乎是对揭示方式的说明,比如通过这种是者的是来揭示是者。有了这个结论,我们似乎可以知道,对是的发问依然与是者相关,但是现在已经成为与一种特定的是者相关,即一种发问的是者;依然还是要着眼于是来询问是者,但是现在变为着眼于这种特定的是者的是来询问是者。认识到这一点,随后的说明就比较容易理解:询问是这个

---

① 原文为"... des Seienden, das wir, die Fragenden, je selbst sind"(S.7)。

问题乃是一种是者的是之方式,正因为这样,这种询问本质上乃是由是规定的,因为要通过或着眼于是来进行这种询问。

经过以上说明,现在达到了这段话的最后结论:海德格尔把这种特定的是者称之为"此是"(Dasein)。关于这种是者,这里依然有两点说明:我们自身所是的是者;有可能对是发问的是者。这里也许有强调说明的意思,但是它们不过是重复前面的话,不会给我们带来什么新的认识,因此没有什么新意。这里至关重要的是明确提出以"此是"来称谓这种是者。我们看不出为什么要用"此是"来称谓这种是者。因为这里没有说明,也没有解释。但是从这里的论述却可以看出,今后要通过此是的是来说明这种是者。

关于是的发问,我们终于看出一些眉目来了。现在我们可以把前面的论述大致总结概括一下。海德格尔在说明发问的一般结构之后,开始探讨对是的发问。对是的发问乃是非常具体的:"'是'是什么?"。这与一般的提问方式相一致,它本身也是非常普通的提问方式。既然要对是发问,因此被问的东西乃是是。既然对是进行发问,就要获得对是的认识,要获得是的意义,因此是的意义乃是被问出来的东西。但是在对是的发问中,一如一般的发问结构含有被问及的东西一样,也涉及被问及的东西,这就是是者。因此对是的发问就涉及是与是者的关系。由于被问的东西乃是是,而问的活动乃是发问者的活动,因此是与发问者相关。由于我们是发问者,因此是与我们这种发问者相关。由于我们是一种特定的是者,因此,是与我们这种特定的是者相关。现在则要用"此是"来称呼这种特定的是者。

简单地说,从关于是的发问出发,借助发问的结构,谈到是与是者的关系。然后,通过对发问活动的说明,把是与是者的关系变为一种是与某种特定的是者的关系。最后,通过引入发问者,把这种特定的是者确定为发问者,或我们这种发问者。有了这样的说明之后,给这种特定的是者起了一个名字:此是。这样,就把是与某种特定的是者的关系转换为是与此是的关系。

(但是有一点必须注意,这里说的"此是"[Dasein]与译文12*中谈到的"此是"[Dasein]乃是一个完全相同的词。那里谈到它,说它里面有"是"[sein],把它与实在、现成性、有效性等等放在一起,这里则用它来指称一种特定的是者。我不想探讨这里会存在和涉及的问题,但是我要指出,我们是不是至少应该思考:这两个"此是"[Dasein]是相同的,还是相异的?海德格尔的这种论述方式有没有什么特别的意思?)

【译文 14*】

然而,这样做不是显然莽撞地堕入了一种循环吗?必须先就是者的是来规定是者,然后却根据此是这种是者才能提出是的问题,这不是兜圈子又是什么?只有这个问题的答案才能够提供的东西不是在解答这个问题的时候就被"设为前提"了吗?在原理研究的领域中,人们随时都能轻易地引出论据来指责研究工作陷入了循环论证;但在衡量具体的探索途径时,这种形式上的指责总是徒劳无益的。它丝毫无助于领会事情的实质,反而妨碍我们突入探索的园地。

何况,在问题的上述提法中实际上根本没有什么循环。是者满可以在它的是中被规定,而同时却不必已经有是的意义的明确概念可供利用。苟非如此,至今就还不可能有本体论的认识,然而实际上确有这种认识却恐怕是无法否认的。迄今为止的一切本体论当然都把"是""设为前提",不过却并没有把是当作可供利用的概念——并没有把是当作我们正在寻求的东西。是之被"设为前提"具有先行着眼于是的性质,也就是说,一旦着眼于是,给定的是者就暂先在它的是中得到解说。这种起引导作用的着眼方式生自平均的对是的领会,而我们自己就活动在这种平均的对是的领会之中,而且它归根到底属于此是本身的本质建构。这种"设为前提"同假设一个基本命题并由此演绎出一串命题之类的事情毫不相干。是的意义问题的提出根本不可能有什么"循环论证",因为就这个问题的回答来说,关键不在于用推导方式进行论证,而在于用展示方式显露根据。(S. 7-8)

这段话分为两小段。第一小段以假定的方式质疑前面的论述是循环的,然后一般性地、原则性地批评了这种质疑。第二小段则正面说明前面的论述不是循环的。我们重点讨论第二小段中关于以上论述没有循环的说明。

第一句说明,可以通过是来规定是者,但是同时却不必有一个明确的是的意义可利用。这个说明不过是重新表述前面的观点:人们用是来定义和规定,而是的意义本身却是晦暗的。

第二句说明,如果不是那样,就不会有本体论的认识,而现在有本体论的认识,所以是那样。这一步论证的方式是假言易位法,本身没有什么问题。但是这并不意味着这个论证的前提和结论就是真的。也就是说,我们可以问:为什么不是那样就不会有本体论的认识呢?这一点的理由是什么呢?也许海德格尔在其他地方会有对这一点的说明,但是在这里他没有这样的说明。这里我们只是看到,通过这个表面上好似论证的陈述,是与是者的问题又与本体论联系起来了。

由于有了以上说明,第三句堂而皇之地论述本体论,说它只把是作前提,却不利用是这个概念。这样也就表明了海德格尔的做法与它们形成对照,他把是当作被问的东西。

第四句指出,以是作前提具有一种特征,这就是优先着眼于是。这样做的结果是,预先给定的是者通过它的是被暂时明确表达出来。

第五句有两层意思。一层意思表明,着眼于是的方式乃是一种主导方式,它来自对是的领会。另一层意思对这里所说的领会作出两点进一步的说明:其一,我们生活在对是的领会之中;其二,对是的领会最终属于此是本身的本质建构。前一层意思明显在论述是,后一层意思则谈到我们,谈到此是。即使不明白这里所说的本质建构是什么意思,我们至少可以看出,对是的领会乃是一定要与此是相关的。在这样的说明中,我们还是看不到任何论证。也许在海德格尔看来,由于前面已经说明,我们乃是一种特定的是者,并且用此是称呼这种是者,因此,既然对是的领会与我们相关,当然就会与此是相关。可以看出,这里只有陈述,没有论证。

第六句是原则性的说明,指出前面所说的假设前提与推理无关。第七句是结论。一方面说明提出是的意义不会循环,另一方面说明,对这个问题来说,至关重要的是用展示方式显露根据。我们可能不知道什么叫展示方式,但是至少可以看出,我们需要说明提出是的问题的根据。

【译文15*】

是的意义问题里面并没有什么"循环论证",只不过在这里问之所问(是)明显地"向后关联到或向前关联到"发问活动本身,而发问又是某种是者的是之样式。是的问题最本己的意义中就包含有发问活动同发问之所问的本质相关性。但这也只是说:具有此是性质的是者同是的问题本身有一种关联,它甚至可能是一种与众不同的关联。然而,这样一来不是已经摆明了某种确定的是者具有是的优先地位吗?不是已经给定了那应当充任是的问题首须被问及的东西、作为范本的是者吗?前此的讨论还没有摆明此是的优先地位,也还没有断定它可能乃至必然充任首须问及的是者来起作用。不过,此是具有优先地位这一点已经初露端倪了。(S.8)

这段话是最后的总结说明,基本是重复前面的话,没有什么新的东西。

但是,在指出具有此是特征的是者与是的问题有关之后,海德格尔指出,此是具有优先地位。虽然他的论述有许多修辞上的技巧,比如他以猜测的口吻("甚至可能是")来突出和强调是与具有此是特征的是者之间的关系,他以问句的形式表示自己的断定,尽管他承认前面的论述还没有说明此是具有优先地位,但是他认为,这一点已经初步显示出来了。这样,下一步他论述此是在是的问题中的优先地位,似乎就是顺理成章的事情了。这样,此是似乎理所当然地成为优先要讨论的东西,因而堂而皇之地成为讨论的核心概念。

5. "此是"的两种特征

在《是与时》的导论中,海德格尔从人们关于是这个概念的一般偏见出发,说明了这个概念的重要以及围绕它存在的问题,经过分析和讨论,他最后指出,在论述是的过程中,此是具有优先地位。进入正文之后,海德格尔则直接从此是开始进行论述。由此可见,无论海德格尔前面关于此是的引入和讨论是不是有问题,此是这个概念对他非常重要,因为它是他讨论问题的出发点。换句话说,他不是从是本身出发来探讨是,而是从此是出发来探讨是。

《是与时》的正文分两篇。第一篇讨论此是的一些准备性的基础分析,第二篇是讨论此是与时间性。从这两篇的内容可以看出,第一篇是基础性的,对我们理解此是这个概念,因而理解是这个概念的帮助会更直接一些。第一篇的第一章主要说明该书的一项任务:关于此是的一种准备性分析。而这一章的第一节(即全书第九节)则直接论述关于此是的分析。因此,从理解此是这个概念的角度说,从理解与是相关的思想角度说,认真阅读和理解这些有关基础性的、准备性的论述是非常重要的。下面我们就以该书第一篇第一章第一节(全书第九节)为对象,逐段进行讨论。

【译文16*】
　　任务是分析是者,而在这里所分析的是者总是我们自己。这种是者的是总是我的是。在这个是者的是中,这个是者自身与它的是相联系。作为这个是的是者,它已被交托给它自己的是了。这个是乃是这样的,它总是与这样的是者相关。这样来描绘此是的特征,就引出了下面两点。(S.41-42)

这段话看似非常简单：它描述了是者与是的关系，并且指出这种是者就是我们自己；由此还表明，这样一种是者乃是一种特殊的是者，下面的特征也只是从这里的描述得出来的。但是在我看来，这个开场白却含有一些非常重要的信息，需要认真思考。

首先，我们可以看得很清楚，这一节要谈论的乃是此是。然而，这段开场白却不是直接从此是出发，而是从是者出发。这是为什么呢？一个理由可能与导论有关，因为这里的讨论基于导论。如前所述，导论主要讨论的乃是是，并且围绕着是的问题的结构进行了讨论。而从是的问题的结构可以看出，被问的东西乃是是，被问出来的东西乃是是的意义，而被问及的东西则是是者。因此导论要求，要正确地选择一种是者，从它出发来考虑是，亦即考虑这种是者的是之样式。导论明确地说，这种是者乃是我们自己向来所是的是者，要用"此是"来称呼这种是者。这里直接谈论是者，并说明我们自己就是这种是者，以此引出此是，这实际上是在重复导论的话。由于导论已经有详细讨论，因此这里不需要解释和说明；直接引出所要讨论的话题，似乎也就没有什么问题。

其次，我们自己是这里要分析的是者，这种是者又被称为此是，因此，此是其实是指我们自己。既然如此，为什么不直接谈论我们自己，而要绕一个弯子去谈论此是呢？如果说前一个问题只涉及导论和正文的关系，因此大体上还是比较容易理解的，那么这个问题似乎就不太容易理解了。在我看来，这大概与海德格尔所要谈论的东西有关。海德格尔要谈论的乃是是。在谈论是的过程中，虽然他通过是的发问结构区别出三种要素，并由此引出是者，因而通过我们自己来说明这种是者并且用此是来命名它，但是他要使自己的谈论始终与是相关。我们可以看到，"是者"这个名称与是相关，"此是"这个名称也与是相关，至少字面上相关，因为它们在字面上都含有"是"这个词。但是"我们自己"这个短语却不是这样。它字面上不含"是"这个词，因此不与是相关，至少字面上没有任何关系。从前面的论述可以看出，只是在说到它的时候，才与是相关。无论是在"我们这些发问者本身向来所是的那种是者"中，还是在"我们自己向来所是的是者"（译文13*）中，"我们自己"或"我们这些发问者本身"都不含是这个词，但是关于它们的描述，即"向来所是"，却含有是这个词，它们被描述而成的东西，即"是者"，也含有是这个词字。（至于是不是还有德文中一般所说的"此是"[Dasein]的意思可以利用，因而更有利于此后的讨论，则是进一步的问题。）由此可见，谈论"是者"和"此是"，即便说明是一种特殊的"此是"，与谈论"我们自身"也是有很大区别的，至少字面上有很大区别。至于说这里是不是还有其他什么意思,比如一种超出"我们自身"的含义,则不是仅仅从这些论述就可以看出来的,而要看海德格尔的其他论述。

认识到这一点,也就可以看出,海德格尔这里的论述,比如"这个是者的是"、"这个是者自身与它的是相联系"、"作为这个是的是者"、"它(这个是)总是与主要的是者相关"等等,无论是不是有道理,似乎字面上总还是可以理解的。正由于"是者"含有"是",因此谈论是者似乎就可以谈论是者的是,也可以谈论与是相关的是者,还可以谈论是者与它的是的联系。相比之下,假如谈论我们自身的是,与是相关的我们自身,以及我们自身与是的关系,不是说不可以这样谈论,但是可能需要许多说明和解释,并且需要时刻提醒读者不要忘记这些说明和解释,因为它们至少字面上没有任何联系。就是说,从"我们自身"出发,至少在字面上看不出与"是"的任何联系,也看不出它们可以有任何联系。

除此之外,这里还有一句孤零零的话:"这种是者的是总是我的是。"这句话似乎是从这种是者总是我们自己推论或引申出来的。这里的意思似乎是这样的:"我们"包含着"我",因此,既然这种是者总是我们,那么这种是者的是就总是我的是。我们不太明白为什么这里要引入"我",因而要谈论"我的是",但是至此我们多少已经发现并习惯了海德格尔这种公开或隐晦地不断引入新的概念、术语、谈论的因素和话题的方式,跟着往下看也就是了。由此可见,从是者的角度考虑是,现在不仅可以考虑"我们自身",而且也可以考虑"我",海德格尔大概就是要从这样的情况出发来描述此是的特征。

【译文17*】

1. 这种是者的"本质"在于它的去是(Zu-sein)。如果竟谈得上这种是者是什么,那么它的是什么(essentia)也必须从它的是(existentia)来理解。而本体论的任务恰恰是要指出:如果我们挑选存在这个用语来称呼这种是者的是,那么这个名称却没有而且不能有流传下来的existentia这个术语的本体论含义,因为,按照流传下来的含义,existentia在本体论上差不多等于说现成的是,即一种是的方式,它本质上和具有此是特征的是了不相干。为避免混乱起见,我们将始终用现成状态这个具有解释作用的表达式来代替existentia这个名称,而把存在作为是的规定专用于此是。

此是的"本质"在于它的存在。所以,在这个是者身上所能清理出来的各种性质都不是"看上去"如此这般的现成的是者的现成"属性",

而是对它说来总是种种可能的去是方式,并且仅此而已。这个是者的一切"如此这般的是"首先就是是本身。因此,"此是"这个被我们用来表示这个是者的名称,并不表达它的什么(如桌子、椅子、树),而表达它的是。(S. 42)

海德格尔描述了此是的两种特征,这里谈的是其中第一种特征。它主要说明,此是的本质在于它的存在。前一小段谈论"是"的歧义性,由此引出"现成的是"和"存在"的区别,后一小段基于这种区别说明此是表达的究竟是什么。这是开始处关于此是的论述,它们将直接影响到后面的论述,因此需要我们认真对待。

字面上看,这两小段话的第一句是不同的。第一小段的第一句是:"这种是者的'本质'在于它的去是。"第二小段的第一句是:"此是的'本质'在于它的存在。"但是,如果我们看到,"这种是者"指上段译文中的"是者",亦即我们自己所是的是者,而"此是"是用来称谓"这种是者"的,那么在"这种是者"和"此是"这里实际上没有什么区别,只不过后一小段直接从此是进行论述而已。认识到这一点,也就可以看出,这两句话的主要部分和意思其实差不多是一样的,区别仅仅在于关于本质的说明,即前一句话中的"去是"在第二句中变成了"存在"。因此,理解这段话,关键在于理解这个"存在"是从哪里来的,也就是说,从"去是"如何转变为"存在",为什么可以转变为"存在"。由此可见,理解第一小段是非常重要的。

在第一小段中,海德格尔首先指出,是者的是什么必须从是者的是来理解。在我看来,这句话在理解中起着非常关键的作用,因此让我们围绕它来进行讨论。

一个引人注目的地方是,这句话在"是什么"和"是"的后面以括号的方式加了两个拉丁文,前者加的是 essentia,后者加的是 existentia。后面关于现成的是与存在的区别就是从 existentia 的词义讨论得出来的。因此,关于这两个拉丁文词的理解和讨论似乎很重要。由于海德格尔没有讨论前一个拉丁文词义,而只讨论了后一个拉丁文的词义,并从它区别出两种不同的含义来,显然这个词对他来说具有非同寻常的意义。

假如我们不懂外文,由于看到这个拉丁文跟在"是"这个词的后面,我们就会认为,它是用来说明和解释"是"这个词的。根据海德格尔的解释,existentia 这个词有一种本体论的含义,差不多等于"现成的是",而"存在"这个词不能表达 existentia 的本体论含义,因此要用"现成状态"这个词来替代 existentia。这个说明是可以理解的。因为即使我们不知道什么是"现成的是",我们也可以看出,"存在"与"现成的是"明显是不同的,因为它们至少字面上是完全不同的。

特别值得注意的是,在说明了 existentia 的本体论含义之后,海德格尔进一步指出,这种现成的是与具有此是特征的是者无关。为了区别,要把存在专门用于此是。这表明,现成的是乃是一种是的方式,但是它不适用于此是,只有存在适用于此是。这个说明有两个问题。一个问题是,字面上看,存在也被用来说明此是。那么,存在是否也是一种是的方式呢?另一个问题是,现成的是为什么就不适用于此是呢?为什么只有存在适用于此是呢?对于这个问题,海德格尔没有任何说明。由此也就引发另一个问题:既然如此,对 existentia 的含义做出区别在这里又有什么意义呢?我的意思是说,一方面,存在的意义与 existentia 没有什么关系,而 existentia 的本体论含义与此是也没有什么关系;另一方面,存在与此是有关系,既然如此,为什么不直接说明要把存在作为是的规定专用于此是呢?

以上情况是在不懂外文的情况下发现的。那么,这些问题是不是由于我们不懂外文而造成的呢?换句话说,如果我们懂外文,是不是就不会有以上问题呢?

如果把外文放在一起考虑①,我们就会看到,existentia 是拉丁文,它所修饰的"是"这个词的德文是 Sein,而"存在"一词的德文是 Existenz。由此字面上就可以看出三点:

其一,Sein 与 Existenz 是两个不同的德文词,因而它们的意思是不同的。

其二,Sein 与拉丁文 existentia 不是同一个词,因而它们的意思肯定是不同的。

其三,Existenz 与拉丁文 existentia 是同一个词,因而它们的意思似乎本来应该是一样的。

但是,海德格尔说 Existenz 不能表达 existentia 的意义,反而是"现成的是"表达 existentia 的意思。"现成的是"的德文是 Vorhandensein,这是由形容词 vorhanden 和系动词 sein 组成的词,因而是 vorhanden sein(是现成的)的名词形式。看到这一点,就会明白,海德格尔在说明 existentia 的意义时,要借助 Sein 这个与它不同的词来表示它,而不用 Existenz 这个与它相同的词来表示它。这种说明难道不是有些奇怪吗?

---

① 这句话的原文是:"Das Was-sein(essentia) dieses Seienden muss, sofern überhaupt davon gesprochen werden kann, aus seinem Sein(existentia) begriffen werden."(S.42)

认识到 existentia 的含义和作用，我们也就可以来看一看 essentia 这个拉丁词的含义和作用。essentia 是由 esse 这个词演变而来，通常被翻译为"本质"。在这段话中，它所修饰的"是什么"一词的德文是 Was-sein。后者是一个组合词。其中的 sein 是系词，was 可以作疑问代词理解，在这种意义上，"是什么"具有疑问的意思。was 也可以作不定代词理解，它是 etwas 的简称或缩写，在这种意义上，它的意思是"某物"，因而这个组合词的意思可以是"是某物"。由此可见，Was-sein 要么是"Was is(das)？"的名词形式，即"（这）是什么？"，要么是"is (et)was"的名词形式，即"是某物"。这里，无论对"Was"做什么不同的理解，都离不开其中的那个 sein（"是"），而且，那个 sein（"是"）的意思是不变的。

看到这一点，我们其实可以发现，是者的"是什么（essentia）也必须从它的是（existentia）来理解"这句话其实是有问题的，而问题就出在引入的两个拉丁文上。无论这句话本身是不是有道理，从德文的角度说，"是什么"（Was-sein）要从"是"（Sein）来理解，至少字面上看是可以理解的。这是因为"是什么"这里确实有一个"是"。但是，从这两个拉丁文却看不出这样的联系，因为 essentia 和 existentia 乃是两个不同的词，至少字面上我们看不出为什么对前者的理解要依赖于对后者的理解。

现在我们可以说明这里的问题是什么了。一个问题是，一种字面上本来可以没有什么问题的说明，即一种涉及"是什么"与"是"的关系的说明，由于引入了 essentia 和 existentia 这两个拉丁词反而出了问题。另一个问题是，关于"现成的是"和"存在"的区别不是从"是"做出的，而是从 existentia 做出的。且不论这种区别是不是有道理，至少 existentia 的引入是有问题的，也就是说，这种区别的出发点是有问题的。如果出发点有问题，那么随后由此而产生的结果还会是可靠的吗？

在上面这句话（即是者的是什么必须从是者的是来理解）中，如果说拉丁文的引入引人注目的话，那么相比之下也有一个不太显眼的做法。这就是这句话直接规定了"是什么"与"是"的关系，即关于是的理解居先，关于是什么的理解在后。因此这种规定本身似乎就决定了"是"的理解的优先地位。有了这句话，以后似乎就可以直接探讨是，探讨是的居先性。这一点大致可以理解的，因为前面海德格尔明确说过这个是乃是我们理解的依据，比如"我们总已活动在对是的某种领会之中了"（译文9*），"无论我们可能会怎样去讨论是者，这个是总是已经被领会的"（译文11*）。因此，这里表面上谈论了"是什么"和"是"之间的关系，实际上却是以一种似乎非常自然的方式把"是"的居先性规定下来。这就说明，"是"这个概念乃是非常重要的。正因为这样，existentia 的讨论才是必要的。因为它涉及对"是"的解释，而且它确实带来一些与是的理解相关的问题。

顺便说一下，第一小段第一句话中的 Zu-sein 是由 zu 和 sein 组成的不定式短语的名词形式，字面意思依然是"是"。也许海德格尔想用这个表达式表明一种与 Sein 的区别。我们只是看到，这个表达式也含有 sein 这个词，它的意思主要来自于 sein，而且这一小段后来的讨论只与 Sein 相关，并与由它引入的 existentia 相关。第二小段虽然说到"去是方式"，但是那里其实不是以名词的形式表达的，而是以不定式的方式表达的，即 Weisen zu sein，因此意思不过是"是的方式"。而且，只有这一处可以算是与 Zu-sein 这个表达式相关。看到这些情况，我们就要考虑，为什么这里要用这样一个概念呢？海德格尔喜欢引入一些新的概念，甚至喜欢自己造一些概念。在我看来，这里重要的也许只在于要看到，Sein 乃是最重要的概念，而且始终是最重要的概念。

第二小段过渡到关于"存在"的讨论。如上所述，这个概念的引入是有问题的。现在我们大概多少可以明白，为什么会有以上问题，因为海德格尔需要这个概念。他要利用这个概念做一些讨论，而且他要做得好像是从关于是的讨论中顺理成章地得出这个概念一样。但是我们看到，即使在这第二小段，除了第一句话提到这个"存在"以外，剩下的讨论似乎也与它没有什么关系。无论是关于"作为现成物的是者"的讨论，还是关于此是，包括它究竟是表达是者的什么，还是表达是者的是，似乎都与存在无关。在这种情况下，难道我们真能够理解海德格尔关于现成的是与存在的区别吗？

如果我们再仔细分析一下，我们还会发现，这里谈到这种"是者身上"的"各种性质"与"可能的去是方式"之间的关系，还谈到如此这般的是与是本身的关系，而且这两种关系似乎是对应的。在这种情况下，我们能不能认为"是者身上"的"各种性质"与"如此这般的是"相对应，而"可能的去是方式"与"是"本身相对应呢？若是可以这样理解，那么也就可以看出这里的一个区别是明显的，因为如此这般的是（So-sein）与是（Sein）显然是不同的。这里的"如此这般"即是"性质"，由此也可以看出，它与前面说的"是什么"（Was-sein）也是不同的。看到这些区别之后，我们就会发现一个问题。我们可以理解最后的结论，即"此是"表达这种是者的是，而不表达它的什么。但是，这个结论所回答的实际上是第一小段区别出来的问题，因为那里区别出"是什么"与"是"，而这里所论述的则是"如此这般的是"与"是"的关系。因此我们不能理解，为什么论述的是"如此这般的是"与"是"的关系或区别，而断定的却是"是什么"与"是"的关系或区别呢？难道二者之间有非常密切的关系,甚至前者可以包含后者或后者可以包含前者吗?

综上所述,我们可以看到,海德格尔先用"此是"这个名称来称谓一种特殊的是者,现在又用"存在"来表示这种是者的是。我们还看到,在他的论述中,特别是在引入"存在"这一概念的过程中,其实是有许多问题的。为什么会有这么多问题,在我看来,原因主要在于"存在"与"是"乃是两个不同的词,因而表达两个不同的概念。这里我只能猜测,海德格尔需要"存在"这个概念,因此要引入它,而且他还要表明他是以一种似乎自然而然、毫无疑问的方式引入它。我不知道海德格尔是否认识到这里所涉及的这些问题,我也无法想象,他会如何看待这些问题。

【译文18*】

2. 与这个在其是中的是者相关的那个是,总是我的是。因而此是永不可能从本体论上被把捉为某种作为现成物的是者的属的一种情况和样本。这种是者的是对这种是者乃是"无关紧要的";或更确切些说,它"是"这样的:它的是对它既不可能是"无关紧要"的又不可能是"有关紧要"的。因此按照此是的这种向来我属[Jemeinigkeit]的性质,说到此是的时候总必须连带说出人称代名词来:"我是[ich bin]","你是[du bist]。"

而此是又总以这样或那样去是的方式是我的此是。此是以何种方式向来是我的,这无论如何总已决定好了。这个在其是中与这个是相关的是者把自己的是作为自己最本己的可能性来对待。此是总是它的可能性,并且它不仅有它,还把它作为一种现成的属性。而且,因为此是本质上总是它的可能性,所以这个处在它的是中的是者可以"选择"自己本身、获得自己本身;它也可能失去自身,或者说绝非获得自身而只是"貌似"获得自身。只有当它就其本质而言可能是本真的东西时,也就是说,可能是拥有自身时,它才可能已经失去自身,它才可能还没有获得自身。是有本真状态与非本真状态——这两个词是按照严格的字义挑选来作术语的——两种样式,这是由于此是根本是由向来我属这一点来规定的。但是,此是的非本真状态并不意味着"较少的"是或"较低的"是。非本真状态反而可以按照此是最充分的具体化情况而在此是的忙碌、激动、兴致、嗜好中被规定。(S.42-43)

这段话描述此是的第二个特征,分为两小段。第一小段说明,与是者相关的那个是总是我的是,因此相关表达会带出人称代词。第二小段进一步说明这种特征。

此是的这种特征与前一种特征明显不同,它在第一小段的第一句话表达得非常清楚:"……那个是,总是我的是"。这一句实际上是在重复译文16*中的话:"这种是者的是总是我的是。"在分析译文16*时我们曾经说过,这句话的意思似乎是推论出来或引申出来的:由于"我们"包含着"我",因此,既然这种特定的是者总是我们,那么这种是者的是就总是我的是。由于那句话是孤立的,因此我们在那里不太明白为什么要引入"我"。现在我们似乎有些明白了,原来海德格尔要谈论"我的是",并且由此得出一种所谓"向来我属的性质"。特别是,随着人称代词的引入,就要谈及"我的是","你的是"。我们终于明白,引入"我的是"的用意其实是在这里,即引入"我是"。这是包含在笛卡儿的名言"我思故我是"中的表达。这样一来,海德格尔关于此是的讨论似乎自然而然地把笛卡儿的论断涵盖进来。不仅如此,他的论述似乎还要更宽泛一些,因为还包括"你是",依此类推,也许还会有"他是"等等。

认识到这一点,我们可能还会忽然想到,也许最初的例子"我是快活的"(译文6*)也不是随意给出的:也许在那里,即在关于传统看法的论述中,就已经为这里谈论"我是"埋下了伏笔。

与此是这种是者相关的则是它与现成物这种是者的区别。这里似乎再次涉及前面提到的现成的是与存在的是的区别。由于这里提到"属"这个概念以及相应的情况,因此会使我们想到,与现成的是相关的似乎是一种是者与是者的关系。但是由于这里没有展开讨论,因此我们在理解它的时候不能走得太远。在相关说明中,"它'是'这样的:……"这句话值得注意。其中的"是"加了引号予以强调。在汉语中,"这样的"作系词"是"的表语,代表冒号后面的表达,即省略号所表示的东西。在德语中,这句话是这样的:es "ist" so, dass。其中这个 so 是代词,作系词 ist 的表语,dass 与 so 相应,引导一个句子。因此,无论在汉语还是在德语中,这都是一句很平常的话。但是,由于在"是"加了引号进行强调,这句话似乎就不是那样普通了。我想,大概是因为这句话所说明的那个"它"指的乃是一种是者,即此是,而这里又是在论述这种是者与它的是的区别,即此是与它的是的区别,所以要把这个"是"强调一下,以示区别。

第二小段进一步说明此是,实际上始终在论述此是和是的关系,比如其中谈到此是与是的方式、是者与是。其实它们是不同的东西,这一点是比较容易区别的。因为前面已经说明,是者与是乃是不同的。此是乃是一种特殊的是者,即我们自己所是的是者,因而此是与是不同。但是,这里的讨论加入了"我的此是",因而就要更加复杂一些。首先要把此是看做一种我的此是,就是说,这种此是不再是我们自己所是的此是,而是我的此是。由于说到这样的此是实际上是说"我是",因此这里牵涉到这样那样的去是的方式。如果说根据"我的此是"我们尚无法确定,此是会有什么样的是的方式或去是的方式的话,那么借助"我是"这个表达,我们则可以看出,只有补充了其中这个"是",我们才能够确定它会有什么样的是的方式或去是的方式。换句话说,假如"我是"是一个完整的表达,那么它的"是"就是确定的,因而也就不会有这样那样的是的方式或去是的方式。如果"我是"不是一个完整的表达,那么就可以对它进行补充。正是由于对它可以有各种不同的补充,因而它和不同的补充可以显示出不同的意义,因而可以表示各种不同的是的方式或去是的方式。

值得注意的是,这段话又引入了一些新的概念,比如"向来我属"的性质。由它一是带出"我是"这样的表达,二是对此是作出一些规定,比如"本真状态"与"非本真状态"。然后再从这些"状态"引出更多的东西,比如忙碌、激动、兴致等等。现在我们已经知道,海德格尔在论述中总要夹带、暗含一些新的概念,因此,即使看到这些与"是"无关的东西,似乎也就可以见怪不怪了。

【译文 19*】

此是的两种性质已经勾画出来了:一是它的 existentia 对 essentia 的优先地位,一是它的向来我属性质。这两种性质已经提示,在对这种是者进行分析时,我们面对的是一个独特的现象领域。这个是者没有而且绝不会有只是作为在世界范围之内的现成东西的是之方式,因而也不应采用发现现成东西的方式来使它成为课题。的确,如何正确地先行给出这种是者远不是不言而喻的,其实对这种先行给予者进行规定本身就构成了这种是者的本体论分析工作的一个本质部分。只有在正确可靠地给出这种是者的同时,才有可能领会这种是者之是。无论这一分析尚是如何地浅近,它总已经要求确保从正确的入手处入手了。(S.43)

这段话是对前面几段的总结。它明确地说明此是有两种性质,一种是 existentia 对 essentia 的优先性,另一种是向来我属性。关于这两种性质的论述,前面我们已经做了讨论。我们可以看出,这两种性质其实是有一些问题的。existentia 对 essentia 的优先性与"是"对"是什么"的优先性并不相同,至少字面上就不同。以括号加注拉丁文的方式固然可以引入 existentia 和 essentia 这两个词,但是由此是不是就引入并且也说明了前者对后者的优先性,显然还是有问题的。"向来我属性"与"我"直接相关,而"我"又是从"我们"推论出来的,因此,以向来我属性来论述此是或此是这样的是者,与前面所说的我们向来所是的那种是者,也已经有了很大的不同。在这种情况下,字面上依然是"是者",但是这里所说的是者的意思已然不同;同样,字面上还是"此是",但是这里所说的此是的意思却已经有了变化。不过,我们可以看得很清楚,变化归变化,这里所涉及的那个"是"却没有变。也许,这就是所谓的"万变不离其宗"。

尽管有以上问题,海德格尔却要从这两种性质出发来继续论述。在我看来,除了认识到这里存在的问题外,还应该看到,不管海德格尔本人是不是也知道上述问题,他毕竟非常明确地指出,我们面对的是一个独特的现象领域。这就说明,他已经把关于"是"的探讨具体化了。换句话说,他不像过去的哲学家,比如他所列举的那些哲学家那样一般性地探讨是这个概念,而是从一种具体的想象出来的概念来进行探讨。所不同的是,他的这种具体化是从关于是这个概念的一种最一般性的询问发展而来的。也许在他看来,这样的探究可以达到普遍性,即达到关于是这个概念的具有普遍性的认识。他是不是有这样的看法,这样的看法是不是有道理,乃是可以讨论的。这里,我暂时还不想探讨这些问题,我只想指出,海德格尔的探讨方式是什么,他的论述过程中有没有问题,有什么样的问题,并且我还想通过这样的思考来理解海德格尔的具体论述是什么。

有了前面的认识,也就可以看到,海德格尔的进一步说明实际上是对具有上述两种性质的现象领域的进一步说明。在这样的说明中,他提到了现成东西的是之方式,提到了在世界范围之内。对我们来说,现成东西的是之方式已经不是什么新的概念,因此与它相关的论述,比如现成东西、本体论分析等等,似乎也就不会有什么太大的问题。但是应该注意,"在世界范围之内"却是一个新引入的提法。它表明,在以后的论述中要加上与世界相关的考虑。"是"这个概念虽然抽象而宽泛,世界尽管广大,但是在关于是的说明中,加上世界作为说明,也就限定了一种是的范围。无论这样的限定有什么样的目的,毕竟把讨论的东西具体化了。而且,这样的具体化在海德格尔的论述中其实是一直在进行着。从一般的是者到一种特殊的是者,即我们自己所是的是者,再到依"向来我属性"而定的是者,再到在世界范围之内这样的是者,这种具体化的过程是非常明显的。同样,这样一种具体化的过程意味着,它所探讨的"是"乃是从一般的是者的是到一种特殊的是者的是,即我们自己所是的是者的是,再到依"向来我属性"而定的是者的是,再到在世界范围之内的这样的是者的是。无论海德格尔这样的探讨最终是不是可以把握是的意义,从而把握是,我们至少首先应该看到,这个探讨过程是这样的。

【译文20*】
这种此是总是从它所是的一种可能性,从它在它的是中这样那样领会到的一种可能性来规定自身为是者。这就是此是的存在建构的形式上的意义。但其中就有这种是者的本体论阐释所需的提示:要从它的存在的存在性(Existenzialitaet)中发展出它的是的问题的提法来。然而这却不是说,要用一个具体的可能的存在观念来组建此是。此是在分析之初恰恰不应在一种确定的存在活动的差别相中来被阐释,而是要在存在活动的无差别的当下情况和大多情况中来被发现。此是的日常状态的这种无差别相并非什么也不是,而是这种是者的一种积极的现象性质。一切如其所是的存在活动都是从这种是的方式中来而又回到这种是的方式中去。我们把此是的这种日常的无差别相称作平均状态(Durchschnittlichkeit)。(S.43)

如果说译文19*指出了正确认识此是的入口的话,那么这段话则进入了具体的论述。这里虽然再次提出了一些新的(译文中附有德文的)术语,比如存在性和平均状态,但是可以看出,主要还是在解释此是这种是者。由于这里不是仅仅谈及存在,而是围绕存在谈论此是、是者和是的关系,因而涉及许多问题,值得认真考虑。在我看来,这里主要有两方面的问题。

一个方面是在第一句话。首先,句首的"这种此是"(das Dasein)这个表达式有一个定冠词,因而类似于一个摹状词。这样,它表明不是任意的,而是有特定含义,或者有明确所指。联系上下文来看,它所指的是者要具备上述两种性质:existentia 对 essentia 的优先性和向来我属性。其次,句中"它所是的一种可能性"中的"是"加了着重号,因此这是海德格尔强调的地方。假如单看这一句尚无法理解它是什么意思的话,那么联系前面给出的例子则可以看出,这里似乎是指以"我是"这样的话所表达的东西。在这种情况下,至少"向来我属性"可以看得非常清楚。如果"我是"中的"是"不被理解为"系词",即一种省略的表达,而被理解为表示"存在",那么即使还看不出 existentia 对 essentia 的优先性,似乎至少也可以看出存在的性质。而且,这样的理解似乎也会符合上一段话的论述。就是说,虽然海德格尔的论述方式使他的论述好像还是一般性的,但是他所考虑的此是乃是一种比较具体的情况,并不是普遍的情况。

另一个方面涉及存在与是的关系。这一点似乎有些复杂,需要我们认真分析。一句比较直观的表达是:"要从它的存在的存在性中发展出它的是的问题的提法来。"是的问题乃是海德格尔要探讨的,这一点从到目前为止的论述可以看得非常清楚。这句话明确地说,要从"存在"(Existenz)的存在性来展开关于"是"(Sein)的疑难问题,显然是要借助关于存在的讨论来理解是。这就说明,是的问题以及是的含义是一回事,存在的问题以及存在的含义是另一回事,它们是两个不同的概念,具有不同的含义,涉及不同的问题。更确切地说,首先,是与存在乃是两个不同的词;其次,它们有不同的含义;第三,现在要通过关于存在的探讨来说明与是相关的问题。认识到这些区别,这段话的许多论述似乎也就比较容易理解了。

比如,第一句所说的"它所是的一种可能性","在它的是中这样那样领会到的一种可能性",显然是关于是的说明。而第二句中把这种可能性称之为"存在建构的形式上的意义",这显然是关于存在的说明,而且是把"是"的可能性解释为"存在建构"的意义。又比如,倒数第二句说的"如前所是的存在活动",似乎是对"是"的活动的一种解释,即把它解释为存在活动,而随后所说的"从这种是的方式中来而又回到这种是的方式中去"则显然是关于是的说明和解释。其中"是的方式"无疑与是相关。对于这样的说明,若是联系"我是"这个举例说明,似乎可以看得更加清楚。

值得注意的是,虽然上面那句话表达的意思比较直观,因而是比较清楚的,但是海德格尔随后还是做了进一步说明。这就表明,是与存在不仅是不同的概念,而且它们之间的关系非常重要。因此我们可以仔细看一看他的说明。

从存在的存在性来展开关于是的疑难问题,这句话无疑把存在提到一个非常重要的位置。但是,海德格尔马上指出,这并不是说要用一种关于存在的观念来构造此是。应该注意海德格尔关于这种观念的修饰说明:"具体的可能的"。这样就构成一个有趣的说明:一方面,要从存在来探讨此是的是;另一方面,又不能用一种具体的可能的存在的观念来构造此是。那么,一个不是具体的可能的存在观念会是一种什么样的东西呢?根据这样的说明,接下来的论述有的可以理解,有的则无法理解。可以理解的是:不应该在一种确定的存在活动的差别中解释此是,这一点符合后一个方面的说明。无法理解的是:要在存在活动的无差别的情况下来发现此是。这里问题在于,既然不能依据具体的可能的存在的观念来构造此是,那么这里所说的"存在活动"又是什么呢？如果没有具体的可能的存在的观念，"存在活动"这样的概念又是如何形成的呢？它又该如何理解呢？我们看到，海德格尔在这里悄悄引入了"差别"和"无差别"这样的术语和概念。这样，他似乎并不是在谈论存在活动，而是在谈论它的"差别"和"无差别"的情况。问题是，这样的谈论是不是可以解决我们在"具体的可能的存在的观念"上产生的那些疑惑？在我看来，这样的疑惑通过这样的谈论是无法消除的。

认识到这个问题，大致也就可以明白，为什么海德格尔接下来论述存在活动时要用"如其所是"这个说明，而且还把它解释为从是的方式来到是的方式去。这似乎是在告诉我们，探讨这种此是（一种特殊的是者）和是，即使牵涉到存在这个词和概念以及相关问题，也是在探讨是的问题，也要围绕着是来探讨。

【译文21*】

正因为平均的日常状态构成了这种是者在本体层次上的当下情况，所以它过去和现在都在对此是的解说中一再被跳过了。这种本体层次上最近的和最熟知的东西，在本体论上却是最远的和不为人知的东西，而就其本体论意义而言又是不断被漏看的东西。奥古斯丁问道：谁能揭开这个疑案？他不得不答：主，我正在探索，在我身内探索：我自身成为我辛勤耕耘的田地。这段话不仅适用于此是在本体层次上的及前本体论上的未被透视的情况，而且更适用于本体论的任务：不仅不可错过这个是者在其现象上的最切近的是的方式，而且还要通过正面的特征描述使得这种是的方式成为可以通达的。

但此是的平均日常状态却不可被单单看作它的一个"方面"。在平均日常状态中，甚至在非本真模式中也先天地具有存在论结构。即使在平均日常状态中，此是仍以某种方式与它的是相关，只不过这里此是处于平均日常状态的样式中而已，甚或处于逃避它的是和遗忘它的是等这类方式中。

但是，对处于平均的日常状态中的此是的说明所得出的并不仅仅是在摇摆游移的不确定性那种意义上的平均结构。凡在本体层次上是处于平均状态方式是的东西，在本体论上都满可以在一些适切的结构中被把捉到，而这些结构同此是的本真的是的种种本体论规定在结构上并无分别。（S.43-44）

这段话共分三小段。第一小段批评人们通常忽略了平均的日常状态，并借助奥古斯丁的话说明它的重要性。第二小段指出在这种平均的日常状态中有一种先天的存在性结构。第三小段对这样的结构又做了一些说明。由此可见，这段话主要是借助平均的日常状态来说明一种结构性的东西，也就是说，通过关于平均的日常状态的论述引入了关于结构的论述。

看到平均的日常状态成为讨论的重点，也就可以明白，这是一个比较重要的概念。它来自上一段译文，由此可见，译文 20* 所说的日常状态和平均状态并不是随意的，而是有意的。现在回过头去再仔细阅读译文 20*，我们就会发现，"日常状态"是在解释存在活动的无差别的当下情况和大多数情况时引入的，并且在引入时与"无差别相"结合在一起使用，由此可见，它是用来说明"无差别相"的。"日常状态"本身似乎是一个自明的概念，应该不会有什么歧义。但是，如前所述，它所说明的"无差别相"却是一个新引入的概念，而且意思并不清楚。在这种情况下，"日常状态"的意思是不是清楚就值得考虑。我的意思是说，通过这个表达，我们是不是可以理解"无差别相"是什么意思？难道说它只是一种日常状态，一种什么状态呢？难道与它相对照的"差别相"就不是一种日常状态吗？如果二者都是日常状态，那么区别何在？经过思考，我们还会发现，"平均状态"本身也是一个貌似清楚的表达。"平均"的意思本身是清楚的。由于"日常"的意思是清楚的，因此把以"日常"称谓的东西换作以"平均"来称谓，意思似乎也应该是清楚的。但是实际上情况并不是这样，因为"日常状态"这个表达只是看似明白，其实并不明白。在这种情况下，给它换一个名称，意思又怎么会清楚呢？由此可以看出，海德格尔在这里借助"日常状态"这个概念引入了"平均状态"这个概念，实际上是借助一个貌似清楚而实际上并不清楚的概念引入了另一个貌似清楚而实际上同样不清楚的概念。

尽管如此，到了译文 21* 这里，平均状态和日常状态又组合成一个表达，而且似乎是自明的。在这种情况下，我们也只得暂且假定它是自明的，继续看关于它的论述。这样一来，一些难以理解的问题也就出现了。

一个问题是，海德格尔批评说平均的日常状态在对此是的解说中被忽略了。由于我们不太清楚这种平均的日常状态是什么，因此也就不太明白，它为什么被忽略，以及为什么会被忽略。在我看来，一个不太清楚的东西，被忽略不是很正常的吗？有什么好指责的呢？还有，此是乃是海德格尔用来称谓我们自己所是的东西，引申一些，这大概是称谓人的。但是，在论述过程中，他已经把此是具体化了，把它看作是一种我的是，因为只有在这样一种此是中，才会有他所区别出来的 existentia 对 essentia 的优先性和向来我属性。也只有基于这样一种区别，才会产生他所说的那种存在的存在性，并由此出现至此所说的差别性和无差别性,以及随之而来的日常的平均状态。认识到这些情况,并且假定海德格尔的论述是清楚的,我们就会看到,他似乎是在说,在关于"我是"的论述中,人们忽略了这种日常的平均状态。如果把这看作是对笛卡儿的论述及其相关论述的反思,岂不是忽略了笛卡儿之前的本体论历史吗?而从前面海德格尔所总结的那些所谓偏见可以看出,他显然是把这个历史放在自己的视野之内的。这样的矛盾又该如何理解呢?在这种前提下,我们又该如何理解这里所说的"是的方式"以及与它相关的东西呢?比如,什么是"这个是者在其现象上的最切近的是的方式"?什么是"通达"这种是的方式的"正面的特征描述"呢?

另一个问题是此是的平均日常状态中先天具有的存在性的结构。这里的"存在性的结构"显然是一个重要概念。前面曾经出现过结构这个概念,比如一般发问的结构,是的发问的结构等等。我们已经看到,通过关于结构的讨论,海德格尔会使一些讨论具体化,并且获得自己需要的东西,比如"此是"这个概念就是通过"结构"的讨论引入的,即用它来称谓一种结构环节。这里则引入"存在性的结构"。这个结构与前面所说的结构显然不同,因此值得我们认真对待。问题是,平均的日常状态这个概念若是不清楚,我们如何能够获得其中的东西呢?而所谓存在性的结构恰恰是在平均的日常状态中的!我们看到,海德格尔用了"先天的"这样一个词来修饰这种结构。它字面上似乎表明,这种结构是非常重要的,潜台词则似乎是说,不管你知道不知道,懂不懂,它都是存在的。尽管如此,我们真能知道或明白它吗?

还有一个问题是"存在性的结构"与是的方式之间的关系。这里虽然提出存在性的结构,但是论述的却依然是"是的方式"。比如,此是以某种方式与它的是相关,此是处于平均的日常状态的样式中,处于逃避它的是和遗忘它的是等方式中,甚至还要突出和强调在表述中使用的"是"这个词,并且在这里也提到方式,尽管是平均的日常状态的方式。由此似乎给人一种感觉,存在性结构与是相关,与是的方式相关。且不论存在性的结构是什么,是的方式又是什么,至少我们会问,它们是如何相关的呢?何况这里还要区别本体层次和本体论层次上的东西,在这种意义上,谈论结构和方式,难道不值得重视吗?它们的意思难道不应该说清楚吗?

【译文22*】

从对此是的分析而来的所有说明,都是着眼于此是的存在结构而获得规定的,所以我们把此是的是之特性称为存在论性质(Existenzialien)。非此是式的是者的是之规定则称作范畴。这两者须得加以严格区别。这里所用的"范畴"这个术语始终取其本来的本体论含义。古代本体论把在世界之内照面的是者拿来作为它解释是的基本样本。νοειν 或 λογος 则被认为是通达这种是者的方式,而是者就在其中来照面。但是这种是者的是必须在一种与众不同的 λεγειν(让看)中才成为可把捉的,结果这个是——作为它所是的而且在任何一个是者中已经是的东西——先就变成可理解的了。在关于是者的谈论(λογος)中总已谈及是,这就是 κατηγορεισθαι。这首先意味着:公开告发,当大家的面责问一个人。这个术语用于本体论意义下就是说:仿佛是责问是者,责问它作为是者向来已经是什么,也就是说,让所有人就其是来看是者。κατηγοριαι 就是在这样的看中被看到和可以看到的东西。Λογος 以各自有别的方式就其是说及是者,而种种范畴就概括了可以这样说及的是者的一切先天规定。存在论性质与范畴乃是是的性质的两种基本可能性。与这两者相应的是者所要求的被问及的东西一上来就各不相同:是者是谁(存在)或者是什么(最广义的现成状态)。只有在已经澄清的是的发问的视野上才能讨论是的性质的这两种样式的联系。(S. 44-45)

这段话总结了关于此是的说明。首先它表明,存在结构与至此所有关于此是的分析相关,这样,由此就产生一个新的名字:存在论性质。这个名字命名的东西乃是此是的是之特性。然后它表明,还有一种是者与此是不同,这种是者的是之规定沿用了传统的"范畴"概念。后者是传统的本体论的意思,与前面所说过的三种偏见相应,与关于 existentia 中的相关区别也相应,没有什么理解的问题。前者与至此关于此是的论述相应,假如没有前面所说的那些问题,则这里也不会有什么问题。但是前面已经说过,在与此是的相关论述中,问题非常多。不过,这些问题已经不是这段话的问题,而是前面的问题了。我们只能说,它们会影响到我们对这段话的理解。而从海德格尔的论述来看,它们似乎已经成为自明的概念了。

这里我们仅就字面上考虑其中的一句话,即"是者是谁(存在)或者是什么(最广义的现成状态)"。按照海德格尔的说明,这是与被问及的东西相关的两种方式。此是乃是通过分析被问及的东西而引入的,因此基于前面的讨论,这里由被问及的东西而谈到"存在",乃是可以理解的。值得注意的是,这里的"存在"不是直接给出的,而是以注解的方式加在括号中;直接说明中给出的则是"谁"(ein Wer)。与此相对应,关于另一种方式直接说明给出是"什么",在括号中补充注解的是"最广义的现成状态"。这两种说明方式是清楚的。但是对比这两种说明方式,却会感到一些难以理解的问题。

直观上看,"是什么"没有什么理解的问题,它的注解也没有什么理解的问题,因为前面在区别 existentia 的时候已经说过。此外,这段话前面也有相关解释,比如关于是者的谈论要谈及是,问它向来已经是什么,让人就它的是来看它等等。若是结合德文,我们还可以看得更清楚,这里与"什么"相应的德文乃是"ein Was",它表达的其实是"一种(个)什么"。所以,说它是最广义的现成状态,是有道理的,也是容易理解的。相比之下,"谁"却有理解的问题。一个问题是,字面上我们可以理解它是什么意思,但是"存在"这个注解该如何理解呢?这个"谁"怎么就表示"存在"呢?结合德文可以看到,这里与"谁"相应的德文乃是"ein Wer",它表达的其实是"一个(种)谁"。问题是,海德格尔已经用此是来命名"我们自己所是的是者",并且由此引出"我的是"以及"向来我属性"。在这种情况下,这里所说的"谁"究竟是指任意的"谁",还是指"我"或任意的"我"呢?无论如何,这里如何能够使人与"存在"联系起来呢?也许,如前所述,它可以使我们想到"我是",并由此联想到笛卡儿的名言以及相关讨论。如果是这样,我们大致可以认为,这里似乎是用"存在"为"我是"的"是"做了一个注解。问题是,这样的理解是不是有道理,对不对呢?这样的理解是不是符合海德格尔本人的意思呢?

由于是总结性的论述,因此这里关于此是的说明特别值得我们重视。在我看来,其中的两个说明尤其重要。一个是关于范畴的解释:在谈论是者的时候总是谈及是。围绕这个说明我们可以清楚地看到,海德格尔所谈论的这个"是"乃是语言中的东西,也是通过语言所表现出来的东西,而且他自己对这一点有明确的认识。这一点从"谈"这个词可以看出来,无论是"谈论"还是"谈及"。如果结合外文来考虑,这一点可以看得更加清楚。"谈论"和"谈及"的德文分别是 Besprechen 和 Ansprechen,它们的词根都是 sprechen,即"说",而括号中起注解作用的 λογοζ 这个希腊文即是人们通常所说的"逻各斯",字面上直接也有"话语"的意思。除此之外,我们还看到,这段话中还出现类似的论述,比如"以各自有别的方式就其是说及是者"。这里的"说及"与前面所说的"谈及"(和"谈论")意思差不多是一样的。如果结合德文来考虑,则会看到,它的相应表达是 in verschiedener Weise an- und besprechbachen Seienden,这里与"说"相关的表达虽然是以形容词的形式出现的,但是连接短线可以使我们清楚地看出 an 这个词头,因而相应地看出 be 这个词头,再看到 bach(en) 这个形容词词尾,我们就可以清楚地看出,这个表达的词根是 sprechen,因此这个表达与此前所说的 Ansprechen 和 Besprechen 是相应的表达。

另一个说明是关于"看"的解释:在"让看"中,这种是者的是被把握。既然说到"看",我们就要思考,是者如何会被看到,是又如何会被看到。"让看"大概意味着可以被看。就"是"而言,这究竟是什么意思?若是结合德文来看,问题也是一样的。sehen lassen 没有什么特别的意思。在我看来,"看"表达感观的感觉,而且是具体的。在谈论是的时候用这样一个表达,意思大概是告诉我们,"是"乃是可以看到的。这样大概有助于我们认识到,这个是乃是具体的东西。若是这样来理解,其实也就可以发现,"谈"(说)同样是具体的。既然"是"可以被谈及和谈论,它本身一定是一个词,而且它一定是由词所表达的。这样,借助"看"和"谈"这样的性质,我们可以更好地理解是者和是。

【译文 23*】

在导论中已经提示过:在此是的存在论分析工作中,另一个任务也被连带提出来了,其迫切性较之是的发问本身的迫切性殆无逊色。要能够从哲学上对"人是什么"这一问题进行讨论,就必须识见到某种先天的东西。剖明这种先天的东西也是我们的迫切任务。此是的存在论分析工作所处的地位先于任何心理学、人类学,更不消说生物学了。如果同这几种可能的关于此是的研究划分开来,那么我们这个分析课题就会得到更为鲜明的界说。这同时也将更进一步证明这一分析课题的必要性。(S.45)

这是第九节的结束语。大体上没有什么理解的问题。值得注意的是其中提到"人是什么"这个问题,并且还提到了心理学、人类学和生物学。"人是什么"这个问题使我们想到康德提出的问题,而其他这些学科的名称则可以使我们联想到更多的东西。按照海德格尔的论述方式,不断地引入新的东西,无论是名词、概念,还是思想和学科,大概是很自然的。不断引入新的东西,是他论述的需要。问题是,这样的做法有没有什么问题?关于这一点,我暂时不准备讨论。这里我只想指出,"人是什么"这个问题本身是一个典型的与是相关的问题。用海德格尔的话说,它是一个范畴表达。我想问的是,它与存在有什么关系?离开关于存在的探讨,难道真就无法探讨这个问题了吗?换句话说,即使考虑存在,对探讨"人是什么"又会有什么帮助呢？或者，在关于"人是什么"的探讨中，"存在"会占据一个什么样的位置，又能起什么作用呢？

与"人是什么"这个问题相关，这里再次提到某种"先天的东西"，并且指出必须认识这种先天的东西。前面曾经提到先天的结构，这里虽然没有提到结构，但是提到了存在分析的优先地位。这样，在关于此是的探讨中，似乎会涉及存在、结构和先天的这样一些东西。对这三者进行思考，我们就会发现，"先天"不是具体的东西，它只是一种性质。"结构"则是一种具体的东西，是可以看得见的东西。"存在"肯定不是具体的东西，那么它是什么呢？它是性质吗？我认为，在关于此是的探讨中，这些问题是值得思考的。

6. 关于"在—世界—之中—是"

经过第一章关于此是的准备性论述，《是与时》第二章进入关于此是的正式讨论。这一章的题目是："一般的'在—世界—之中—是'——此是的基本建构"。从这个题目可以看出，它要讨论的乃是此是的基本建构，而且它把"在—世界—之中—是"作为这样一种建构来讨论。这一章共有两节。第一节（即全书第十二节）是"依循'在—之中—是'本身制订方向，从而草描出'在—世界—之中—是'"。第二节是"以一种另有基础的样式为例说明'在—之中—是'。对世界的认识"。从这两节的题目可以看出，第一节大体上给出了此是的基本建构。和前面一样，下面我们逐段讨论这一节。

【译文 24*】

在准备性的讨论（第九节）中我们已曾把是的某些基本性质崭露出来。这些性质应当照亮进一步的探索；同时，它们又将在这一探索过程中获得结构上的具体化。此是乃是这样一种是者：它在其是中有所领会地与这个是相关。这一点提示出了存在这个形式概念。此是存在。另外此是又是我自己向来所是的是者。存在的此是包含有向来我属性，那是本真状态与非本真状态之所以可能的条件。此是向来存在在这种或那种样式中，或存在在这两种样式未经分化的状态中。

但我们现在必须先天地依据于我们称为"在—世界—之中—是"的这一是之建构来看待和领会此是的这些是之规定。分析此是的工作的正确入手方式即在于这一建构的解释中。(S. 52-53)

这是第二章第一节(即全书第十二节)的开场白。它包含两方面内容。一方面,它概述了此是的一些基本性质,即前面讨论过的那些东西。另一方面,它提出新的任务,即从结构上进一步具体地讨论这些性质。这些意思非常明确,但是有两个细节值得注意。

一个细节是关于此是的说明。我们看到,由于有了此前第九节的讨论,这里的这部分内容不仅直接谈论此是,而且直接谈论存在、向来我属性,并且基于这样一种区别来谈论此是。特别是,这里把它们作为自明的东西来谈论,并且说明这些性质在进一步的探讨中要起引导作用;而且似乎这样的谈论不再会有什么理解的问题。尽管如此,这里的谈论方式还是值得注意的。

这里有两个关于此是的说明。一个说,此是乃是某种在其是中有所领会地与自身相关的是者。另一个说,此是乃是我自己所是的是者。前面我们曾经讨论过海德格尔从我们所是的是者到我的是这种是者的过渡,因此这里的后一个说明直接谈论我自己所是的是者,似乎不会有什么问题。我们重点看第一个说明。

这个说明的限定比较多。一个限定表明,此是乃是是者。这从前面的论述来看是显然的,因为海德格尔明确地说要用此是来称谓一种特定的是者。现在直接说此是乃是是者,似乎也就不会有什么问题。另一个限定表明:这种是者与是相关。直观上看,是者与是相关,这是海德格尔一直在论述的东西,而且字面上似乎就是清楚的。再一个限定表明,这种是者在它的是中与这个是相关。第九节一开始曾经说过,"在这个是者的是中,这个是者自身与它的是相联系"。这个说法与这里的表达显然是一样的。因此在这里,"在它的是中"似乎已经成为一个自明的表达。还有一个限定表明,这种是者与它的是不仅相关,而且是有所领会的相关。前面多次说过我们"生活在对是的领会之中"(译文 6*、9*、10*、14*),因此,这里说到"有所领会",似乎意思也应该是清楚的。综上所述,这些限定说明在前面的论述中都可以找到根据,因此,限定虽然多,似乎却不会有什么歧义,因而不会有什么问题。

但是值得注意的是,上述说明并没有完。它还引出了另一个说明,即由此表明了"存在"这个概念。这里我们可以看出,存在这个概念有如下几个特征。其一,它是从关于是的说明中引出的。其二,它被说成是一个形式概念。"形式概念"是什么意思?它为什么被说成是"形式概念"?由于这里忽然出现"形式"这样一个说明,使人有些无法理解。它的意思不太清楚。其三,"存在"这个概念被用来表达或断定此是,即"此是存在"。这句话的意思显然是说,有此是,或者,有此是这样的东西。若非这样来理解这句话的意思,我不知道是不是还有其他方式的理解,还可以怎样理解。在我看来,在以上几个特征中,最重要的是第一个特征,它表明存在与是的关系。因为它告诉我们,存在这个概念是从此前所说的"在其是中"、"与这个是相关"等等显示出来的。

从这两个说明可以看出,它们所论述的性质其实就是前面所说的存在性和向来我属性。换句话说,前面是通过区别 essentia 和 existentia,并通过分析 existentia 而得到这样两种性质。这里则是把这两种性质当做自明的东西直接论述。从理论上说,这样的论述方式似乎不会有什么问题。不过如果我们仔细分析一下,却会发现一些问题。

一个问题是这里的说明与前面的说明似乎是有出入的。前面我们看到,海德格尔在说明此是的过程中区别"是什么"和"是",并在区别时引入了 essentia 和 existentia 这两个拉丁文。前面我们还看到,existentia 这个词是放在括号中引入的,是为"Sein"("是")做注解的,而存在性和向来我属性则是随后在对 existentia 的分析中区分出来的。这就表明,存在性和向来我属性不是从"是"本身区别出来的,而是从 existentia 区别出来的。那里只是因为用 existentia 来补充解释"是",因而似乎从它而得出来的区别也就可以用来说明"是"。无论海德格尔的这种区别是不是有道理,至少我们可以看出,它是间接的,而不是直接的。相比之下,译文 24* 这里关于存在的说明却与 existentia 再也没有什么关系了,而是直接与是相关,比如在显示出存在性质的前一句话中,"在其是中"、"与这个是相关"等等显然是关于是的表达。认识到这一点,就会产生一个问题:究竟是因为有了前面关于存在性的说明,因而也就可以有这里关于存在的说明呢,还是直接就可以有这里关于存在的说明?若是前一种情况,则可以看出,这其实是有问题的。这些问题前面已经说过,因此我们不用重复。换句话说,即使这里字面上没有什么问题,实际上也隐含着一些问题,即前面论述中存在的问题。此外,这里的论述与前面的论述是不是相符,有没有矛盾,也是值得考虑的。而若是后一种情况,前面的区别和说明不就是多余的吗?它们不是就没有什么用了吗?既然如此,前面为什么还要煞费苦心绕了一个弯子做那样的说明呢?

还有一个细节是第二小段中关于结构的说明,这在直观上非常清楚。"在—世界—之中—是"中的小横线表明,这是一个由"在—世界—之中"和"是"组成的表达式,显然有一种结构。而"在—世界—之中"本身则是一个由"世界"和"在……之中"组成的表达式,因而也有一种结构。海德格尔把它称之为"是之建构",肯定是在强调其中凸显出来的这个"是"。因此可以理解,从结构的角度说,这个表达式中的"是"乃是最重要的。

除此之外,这一小段对这个结构本身还有两点说明。一点要求我们先天地依据这种结构来进一步探讨此是。另一点指出,对这个结构做出正确解释会正确地引导我们来分析此是。从这两个要求可以看出,海德格尔实际上把这个结构看做自明的,没有任何问题的。此外,从前面的论述可以看到,这里说的"先天"和"世界"也不是第一次出现的概念。现在我们可以更加清楚地看出,前面那些"伏笔"性的论述无论是不是清楚,不管是不是有道理,至少为这里的论述做了铺垫和准备。而且,即使前面的论述不清楚,有问题,到了这里,似乎也已经成为过去,因为这里的论述本身似乎都已成为自明的了。

【译文 25*】
"在—世界—之中—是"这个复合名词的造词法就表示它意指一个统一的现象。这一首要的实情必须作为整体来看。我们不可把"在—世界—之中—是"分解为一些复可加以拼凑的内容,但这并不排除这一建构的构成环节具有多重性。事实上可以从三种着眼处来看待这一术语所提示的现象。如果我们在先行把定了现象整体的前提下来研究它,那我们就可以摆出:

1. "在世界之中"。从这一环节来看,我们的任务是追问"世界"的本体论结构和规定世界之为世界这一观念(见本篇第三章)。

2. 向来以在—世界—之中—是的方式而是的是者。这里要寻找的是我们在问"谁?"的时候所追问的东西。在现象学的展示中应予规定的是:谁是在此是的平均日常状态的样式之中(见本篇第四章)?

3. "在—之中—是"本身。有待提出"在之中性"本身的本体论建构(见本篇第五章)。在这些建构环节中摆出任何一项都意味着摆出其它各项,这就是说:各自都是整体现象的寻求。诚然,在—世界—之中—是必然是此是的先天建构,但这还远远不足以充分规定此是的是。在以专题方式分别分析上面摆出的三种现象之前,我们应先尝试描述一下最后提到的这一建构环节,藉以制定方向。(S. 53)

这段话集中讨论"在—世界—之中—是"这个表达式,并由此标明后面相应的讨论内容。从给出的(以阿拉伯数字标明的)三点说明来看,相应说明的是三种情况,即以这种方式而是的是者、"在世界之中"和"在—之中—

是"。现在让我们来具体地讨论这段话。

第一小段谈到"在—世界—之中—是"是一个符合构成的表达。这个表达式的德文是 In-der-Welt-sein。字面上看，它是 ist in der Welt(是在世界之中)这个表达的名词形式。由此可以看出，它主要是由系词 ist(是)和介词短语 in der Welt(在世界之中)构成的。当然，如果再做进一步的分析，还可以看出，其中这个介词短语乃是由介词 in(在……之中)和跟在它后面的宾语 Welt(世界)组成的(后者的定冠词 die 相应也变格为 der)。看到这一点，也就可以明白，系词和介词短语组成的结构乃是这个表达中最主要的结构。在这种情况下，系词"是"被凸显出来，由此也就可以看到它的重要性。因而我们可以理解，为什么海德格尔在译文 24* 中把"在—世界—之中—是"称之为"是之建构"。

认识"在—世界—之中—是"这个表达式的结构是重要的，因为随后 1、2、3 点论述都是从它的结构并且围绕着它的结构说的。直观上看，1 和 3 非常清楚。"在世界之中"是其中的介词加宾语的表达式，"在—之中—是"则是介词加系词的表达式。相比之下，2 不是特别清楚，但是深入思考也会看到，如前所述，"在—世界—之中—是"乃是"是在世界之中"的名词形式，而后者显然不是一个完整的表达。它缺乏的部分是句子中的主语。也就是说，这个表达式没有说明，"谁"或"什么"是在世界之中。认识到这一点，大概也就不难理解 2 的说明，这是一种特定的是者，即问"谁"时所追问的东西。换句话说，2 所说明的实际上相应于整个表达式所缺乏的那部分东西。认识到这些情况，大致也就可以理解，为什么海德格尔说"在—世界—之中—是"本身是一个整体，表示一种统一的现象。因此，对它们分别进行探讨，实际上也就是对整体的探讨。

在我看来，以上意思是比较清楚的，但是有两点值得注意。一点是"在—世界—之中—是"被海德格尔称为此是的先天建构。这就表明，我们必须要对它进行考虑。但是为什么会是这样，其实并不明确。我们只是直观上觉得这似乎没有什么问题。另一点是 1、2、3 关于三种结构要素的说明，它使我们可以从这三点进行深入的探讨，同时又保证我们始终是在探讨这个表达式所表达的整体。比如在 1 中，既然着眼于"在世界之中"，当然最主要探讨的就是"世界"，因此"世界"的本体论结构、世界本身这样的观念就会成为讨论的重点。比如在 3 中，由于从"在—之中—是"这个角度入手，"在—之中"这个介词的重要性就凸显出来，因此要围绕它所表达的东西进行讨论，即要讨论"在之中性"。这样做是不是有道理姑且不论，但是它至少提供了一种深入探讨的方式和角度，用海德格尔自己的话说，这就使关于是的探索"获得结构上的具体化"。

还有一点必须指出,在三种结构要素中,海德格尔首先选择了"在—之中—是"来探讨。与上述两个结构要素相比,这个结构要素的独特之处在于它含有"是"。确切地说,它的结构要素中有"是",而其他两个结构要素中没有"是"。这在字面上是非常清楚的。当然,反过来也可以看出,"在世界之中"有"世界",而"在—之中—是"没有"世界",由此也构成区别。但是我们应该看到,海德格尔首先从"在—之中—是"出发来展开论述,并且说要以此来"制定方向",这就大体上表明,"是"这个结构要素非常重要。这一点不难理解,因为他要探讨"是",因此无论从什么角度出发,关于"是"的讨论都是必不可少的,或者说,突出这个"是"总是不错的。我认为这一点非常重要,这至少向我们表明,从结构上,我们不仅可以探讨这个是,而且至少可以首先看到这个是。

【译文26*】

"在—之中—是"说的是什么?我们首先会补充这个词,使它成为"在世界之中"的"在—之中—是",并倾向于把这个"在—之中—是"领会为"是在……之中"。这个用语称谓着一种是者的这样一种是之方式——这种是者乃是"在"另一个是者"之中",有如水是"在"杯子"之中",衣服是"在"柜子"之中"。我们用这个"在—之中"意指两个"在"空间"之中"广延着的是者就其在这一空间之中的处所而相对具有的是的关系。水和杯子、衣服和柜子两者都以同一方式"在"空间"之中"处"于"某个处所。这种是的关系可以扩展开来。例如:椅子在教室之中,教室在学校之中,学校在城市之中,直到椅子"在宇宙空间之中"。这些是者可被确定为一个是"在"另一个"之中"。它们作为摆在世界"之内"的物,都具有是现成东西的是之方式。一个东西是"在"某个现成的东西"之中",一个东西同某种具有相同的是之方式的东西在某种确定的处所关系的意义上乃是共同现成的,我们把这些本体论性质称为范畴性质,它们属于这样的是者,后者的是之方式与此是的特征乃是不同的。(S.53-54)

这段话主要解释"在—之中—是",并且给了一些具体的例子。从理论的角度说,"在—之中—是"乃是一种是之方式,即一事物是在另一事物之中。从具体例子来看,比如水是在杯子之中,衣服是在柜子之中,椅子是在教室之中,等等。由于海德格尔在论述过程中把"在—之中"用引号标出,因此它们的结构特征一目了然。基于这样的说明,我们大致可以理解,"在—之中—是"所表示的乃是两个事物之间的关系,用海德格尔的话说,则是一个是者的一种是之方式。这样的是之方式就是一个是者是在另一个是者之中。由于这段话既有理论的说明,又有例子,因此很容易理解。

尽管这段话很容易理解,却有几点不容忽视。第一,以"世界"来补充"在—之中—是"。这就说明,3所说的这个结构可以容纳1所说的"在世界之中",只不过由于没有把"世界"说出来,因而不会像前者那样考虑到"世界"。特别是,在这一说明中,海德格尔说要把"在—之中—是"理解为"是在……之中"。无论他有没有专门的用意或有什么专门的用意,从他的解释我们至少可以看出,一方面,"在—之中"的结构特性是什么。从语言形式上,它要带一个宾语,而从表达的意思上,它要引入一个特定的东西。如果说这一点单从"在—之中"还看得不是那样清楚的话,那么在"在……之中"则可以看得非常清楚。另一方面,"在—之中—是"乃是"是在……之中"的名词形式。这一点我们在前面讨论"在—世界—之中—是"的时候曾经分析过,这里我们看到了海德格尔自己的论述,而且它是用"是在……之中"解释"在—之中—是",由此我们可以更加清楚地看出这种结构要素究竟是什么,它所表达的又是什么。

第二,谈论"是"的关系的扩展。椅子是在教室之中,无疑是具体的例子,也是感官可感觉的例子。但是,这里所谈到的是的关系乃是可以扩展的,而且我们看到,通过教室、学校、城市等等,这种一个是在另一个之中的关系,一直扩展到了宇宙空间。这样,一个具体事物的扩展最终与世界联系起来。由此我们看到了"在—之中—是"与"在世界之中"的联系。这使我们可以理解,"在—之中—是"虽然从结构的角度提供了更为具体化的谈论的可能,但是它与"在世界之中"并没有完全割裂,二者依然是一个整体。

第三,区别范畴的是与此是。经过理论的和举例的说明,我们看到一种关于是之方式或是之关系的说明,这就是一事物是在另一个事物之中。海德格尔把这种意义上的东西称之为范畴性质,并且进一步指出,具有这种性质的是者的是之方式与符合此是的是之方式乃是不同的。范畴这个概念是前面说过的,这里的说明所涉及的一些概念,比如现成的东西,也是前面说过的,因此它们的意思是清楚的,至少海德格尔把它们当做清楚的概念来使用。此外,此是这个概念也是清楚的,即用来称谓一种特定的是者。因此,这里的说明大致是清楚的。它表明有两种是者,一种是具有范畴性质的是者,另一种则是此是这样的是者。它们之间有明确的区别,这就是:前者的是之种类与后者的是之种类不同。值得注意的是,这里只是指出这种不同,同时只说明前一种是之种类具有范畴性质,而后一种是之种类具有什么样的性质并没有说明。但是联系到前面的论述,我们大致可以想到,这里所说的此是的是之种类大概指的是存在,因为前面论述中与范畴相区别的乃是存在,因而与范畴性质相区别的乃是存在性。认识到这一点,也就可以看出,这里的例子可以帮助我们更好地理解被称之为范畴的东西和与之相关的情况。

【译文27*】

反之,"在—之中—是"意指此是的一种是之建构,它是一种存在论性质。但却不可由此以为一个身体物(人体)"在"一个现成的是者"之中"而是现成的。"在—之中—是"不意味着现成的东西在空间上"一个在另一个之中";就源始的意义而论,"在—之中"也根本不意味着上述方式的空间关系。"在—之中"[in]源自 innan-,居住,habitare,逗留。"an(于)"意味着:我已住下,我熟悉、我习惯、我照料;它具有 colo 的如下含义:habit-[我居住]和 diligo[我照料]。我们把这种含义上的"在—之中—是"所属的是者标识为我自己向来所是(bin)的那个是者。而"bin"[是]这个词又同"bei"[在(……这里)]联在一起,于是"我是"复又等于说:我居住在、逗留在世界的……这里,这个世界被当作如此这般熟悉的东西。若把是领会为"我是"的不定式,也就是说,领会为存在论环节,那么它就意味着:在……这里居住,对……是熟悉的。因此,"在—之中—是"乃是此是的是的形式上的存在论术语,而这个此是具有在—世界—之中—是的本质性建构。(S.54)

这段话论述"在—之中—是"的存在论性质,它与前一段所说的范畴性质不同。基于前面关于范畴与存在的区别,看到这里从存在的角度来论述"在—之中—是",我们不会感到奇怪。前面是从 existentia 这个词出发,区别出两种不同的意思,一种叫范畴性质,另一种叫存在性。这里则是从"在—之中—是"这种结构要素出发来论述这种区别。或者,由于前面有了范畴性质和存在性质的区别,因此这里也需要或者也就可以从这两种性质来讨论"在—之中—是"这种结构要素,因此这里的论述与前面的论述完全不同,我们同样不会感到奇怪。尽管如此,这里的说明还是值得我们注意的。

这里的说明方式是否定的,它表明这种存在性的理解与前面那种范畴的理解不同。因此它要从不同的角度来进行说明。我们看到,这里的论述主要在于分析其中的介词"在—之中"。根据这里的解释,"在—之中"的原初意思根本不是一事物在另一事物之中这样的空间关系,因此,"在—之中—是"也不是这样的空间关系。这样的说明在字面上似乎是容易理解的。既然"在—之中—是"乃是由"在—之中"这个介词和"是"这个系词组成的,那么其中一部分所没有的意思,整个表达式当然也不会有。因此,这里的关键在于对"在—之中"的解释,即为什么它没有这样的空间关系。于是,对"在—之中—是"的说明就集中到了"在—之中"上。

在关于"在—之中"的说明中,我们又看到海德格尔关于语词的解释,而且和通常的做法一样,他的解释不仅有关于德文的,而且有关于拉丁文的,即引入拉丁文并对拉丁文的意思进行了讨论和解释。概括地说,这里他主要讨论了两个词,一个是"在—之中—是"的"在—之中",另一个是"我是"中的"是"。下面我们分别来看他的论述。

在关于"在—之中"的解释中,他引入了拉丁文 innan 和 habitare,并且通过这两个词的意思来说明 in(在—之中)的意思;此外,在这样解释的过程中,他又引入了 colo、habito、diligo 这些拉丁文,但是没有解释它们的意思。如果仔细看一下,其实可以看出,他只从 an 出发进行了解释,因此似乎对 innan 有所解释,而对 habitare 没有任何说明。面对这样的语言解释,我们会问,既然引入了那么多拉丁文,怎么有的作出解释,有的没有作出解释呢?既然开始给出 innan 和 habitare 这两个词作解释,为什么只解释一个词,而对另一个词丝毫也不考虑了呢?也许,有了一个词的说明就够了,是这样吗?也许有了开始对两个拉丁文的解释,对后来在讨论中再引入的拉丁文就不用解释了,是这样吗?

再进一步,字面上看,an 是 innan 这个词的一部分,而 innan 含有 in,因此 an 与 in 似乎有一些联系。而 habitare 既不含 in,也不含 an,因而与它们没有任何关系。在这种情况下,只通过对 an 的说明难道真的就够了吗?此外,即使我们不懂外文,仅从字面上也可以看出这里的一些问题。比如,in 的含义是不是来自 innan 和 habitare?即使 innan 含有 in,因而似乎可以认为 in 来源于 innan,那么 habitare 与 in 却没有丝毫相同之处,难道这二者也有什么关系吗?而且,即使 innan 字面上含有 in 和 an,它是不是就是由 in 和 an 组合而成的?即使它是这样组合而成的,把它分解开来,从其中的 an 获得的意思是不是也可以用来单独解释 in 的意义呢?在我看来,海德格尔这里的语词解释究竟是不是有道理,乃是可以讨论的。若想真正弄清楚这里的问题,大概需要从词源学的角度进行探讨。不过,我们可以暂且把这些问题放置一边,只看海德格尔由此得出了什么,这样我们至少可以看到,他这样做的目的是什么。

非常清楚,无论对 an 做什么解释,这里得到了"我住下"、"我熟悉"、"我习惯"、"我居住"、"我照料"等含义。它们含有一个共同的成分"我"。这样,海德格尔似乎可以顺理成章地得出他的结论,这就是用"在—之中—是"来表示我自己向来所是的那种是者。

顺便说一下,这里引入的拉丁文 habito 和 diligo 虽然没有什么解释,但是根据译文则可以理解,它们含有"我",因此似乎可以说明与"我"相关的一些情况。假如懂拉丁文,则可以看出,它们虽然是动词,却是第一人称单数形式,因此字面上就含有"我"的意思,因此似乎暗含着关于此后的"我"的说明。特别是,habito 是 habitare 的第一人称单数形式,因此至少这两个词是有联系的。由此似乎可以看出,海德格尔并不是随意给出这些拉丁文的。它们给人的感觉似乎是这样的:innan 和 habitare 是差不多的,都可以说明 in 的原初意义;habito 和 habitare 是同一个词根,由于 habito 与"我"相关,因而 habitare 也会与"我"相关;再由于 innan 和 habitare 的关系,因而 innna 也会与"我"相关。

我认为,海德格尔的这些解释是很成问题的。把 innan 和 habitare 一起并列地给出,它们是不是就有什么联系?habito 固然是 habitare 的第一人称单数形式,但是这种形式是不是就与 innan 相关?或者,我们也可以换一个角度来考虑这里的问题。无论 innan 与 in 是不是有关系,至少字面上似乎还是有关系的,因此我们可以理解通过 innan 对 in 的说明。但是,既然 habitare 与 in 字面上就没有什么关系,又怎么能够通过它来说明 in 的原初意义呢?不管 habitare 是不是含有"我"的意思,至少它与 habito 这个词有关,因而它至少可以间接地与"我"相关。或者,按照海德格尔的说法,至少在说到具有向来我属性这种性质的此是时,就要连带说出人称代词,因而要说到 habito。但是,这种与我的相关性会与 innan 有联系吗?而此前所说的与 in 的联系会与这里所说的 habito 有联系吗?还有,且不论 in 与 innan 是不是有关系,有什么样的关系,把 innan 分解,从其中的一部分 an 得出来的意思是不是可以用来说明其中的另一部分 in 呢?也许在有些人看来,这些不是什么大不了的问题。但是在我看来,这些问题对于理解海德格尔本人的思想,即他所要说明的东西也许微不足道,但是对于他的思想的阐述和论证却是至关重要的。如果一个理论在论述过程中存在许多问题,那么这个理论还是有道理的吗?即使人们认为它有道理或者哪怕是有一定道理,问题是它是靠得住的吗?

若是没有以上分析,也可以这样来评价:无论海德格尔的论述是不是有问题,它的结果最终使"在—之中—是"与我向来所是的那种是者联系起来了。这才是关键所在。前面说过,此是这种特殊的是者有两点特征非常重要,一点是存在性,另一点是向来我属性。现在要从结构上具体地说明这样的性质,当然首先要使给出的结构能够与这样的性质联系起来。所以,尽管有以上那些问题,但是最终的联系却得到了。只是在我看来,联系固然是得到了,可上述这些问题该怎么办呢?也就是说,这样得到的联系难道是可信的吗?

用"在—之中—是"来表示我自己向来所是的那种是者,使海德格尔可以直接谈论 bin,即"我自己向来所是"这个表达中的那个"是"。从语言和语法的角度说,中文看不出区别,但是德文却不同,bin 乃是 Sein 这个词的第一人称单数形式,与复数形式、其他人称形式都不同。比如,与第三人称单数形式的 ist 截然不同。因此,谈论 bin 这个词,虽然也是在谈论是,却不是在谈论任意的是,而只是在谈论"我是"的"是"。这自然会使我们联想到译文 18* 说到的"我是",同时我们还会联想到,那里还同时说到"你是",而后者在这里不见了,在其他地方似乎也很少见。这使我们认识到,海德格尔想说的主要是"我是",译文 18* 中的"你是"大概只是陪衬性地出现一下,无关紧要。由此也就更加印证了我们前面的那些想法。

值得注意的是,在引入 bin 之后,海德格尔并不是直接讨论它,而是又引入了 bei 这个词,并且围绕这个词进行讨论。在德文中,bei 是一个介词,有多种含义和用法。海德格尔这里给出的用法似乎与表示处所相关,因此意思是"在……这里"。按照这里的说明,"我是"(ich bin)的意思是"我居住在世界的(某个地方)这里"。这些说明似乎没有什么问题,也不难理解,但是字面上我们看不出 bin 与 bei 的联系,因为我们不明白为什么"是"要与"在……这里"联系起来。我的意思并不是说"是"不可以与"在……这里"联系在一起,问题在于"是"为什么一定要与"在……这里"联系在一起呢?难道这是唯一可以与"是"联系的东西吗?难道不可以有其他表达与"是"联系在一起吗?我之所以提出这样的问题,是因为我们应该思考,海德格尔所说明的"是"与"在……这里"的这种联系是不是独特的?它是不是能够反映"是"的性质和特征?

还值得注意的是,这里根据"我是"的不定式而把"是"解释为"在……这里居住"。按照这里的说明,所谓不定式似乎可以假定指存在的东西。这样,由此就可以有"在这里居住"的意思。但是这个解释有些令人困惑。在德文中,不定式乃是指一个动词的通常称谓形式,通俗地说,就是一个动词最一般的名词形式。因此,若是从不定式来看,ich bin 中的 bin 只能是

Sein,也就是说,"我是"的"是"只能是"是"。但是在这里,按照海德格尔的假定,它表示存在,就是说,它的意思是存在。但是,这个"是"怎么能够表示"在……这里居住"呢?刚刚说过,"是"与"在……这里"相联系,因而表示"我居住在世界的……这里",因此,所谓在某个地方实际上是通过"在……这里"而表示的,即它的表述离不开那个 bei。怎么单独一个 bin 就能够表示"在……这里居住"了呢?认识到这一点,我们就会发现,这里的另一个说明,即"对……熟悉",似乎也是有问题的,因为在它这里,根本就没有"在……",也没有"居住"。当然,前面在说明"居住在世界的……这里"的时候,曾经顺便说出这个世界是"熟悉"的,而这里则在"在……居住"后面又加了一个说明:"对……是熟悉的"。这里的结构表达似乎是相似的,都有一个空位,但是表达中的介词是完全不同的,动词也是不同的。由此我们看到,后一个表达的意思肯定也是引申的,至少字面上不会有什么联系。但是难道这里就没有什么问题吗?如果"是"这个词不含"在……这里"的意思,那么这里涉及不定式的说明难道不是有问题的吗?因为根据这里的说明,"是"似乎包含了"在……这里"的意思。"是"若是包含"在……这里"的意思,那么前面关于"是"与"在……这里"的联系的说明还有什么用呢?难道它还会有什么意义吗?

这段话得出的结论是:"在—之中—是"乃是关于此是的是的形式存在的表达。所谓"存在的"表达,意思大致是可以理解的,即表示存在。此前说的"在世界这里居住"大概就是这样的意思。但是,什么是"形式的"的表达,尤其是"形式的存在的",意思却不那样清楚。而且,由于有以上那些问题,因此这里得出的结论也不会是没有问题的。换句话说,我们大致知道海德格尔想说些什么,但是实际上,他的论述却有许多难以理解的问题。

7. 基于"在—之中—是"的解释

【译文 28*】

"是在"世界这里,这其中可更切近一层解释出的意义是:消散在世界之中。在这种意义下,"是在"世界这里乃是一种根基于"在—之中—是"的存在论环节。我们必须依照此是源始的是的结构的现象内涵来勾画是这个概念,而在这些分析中,问题就在于看到此是源始的是的结构。因为这一点,也因为流传下来的本体论范畴原则上把握不住这种结构,所以应当更切近地考察这个"是在(某处)"。我们选择的展示途径又有别于范畴上的是的关系,那是一种在本体论上有着本质不同的是的关系;但我们表述这种是的关系的语言手段是相同的。必须这样明确地从现象上再现出易遭抹杀的基本本体论的差别;甚至不惜冒险讨论"自明的东西"。本体论分析的现状表明,我们对这些自明性的解释还远远不到"了如指掌"的程度,更难得涉及到它们的是的意义;至于用可靠的构词来获得适当的概念结构,那就更谈不上了。(S.54-55)

非常清楚,这段话谈论的乃是"是在(某处)",或者,从"是在(某处)"这个表达式出发来论述"在—世界—之中—是"。由于上一段谈到了bin与bei的结合,由此谈到"我是"(ich bin)的意思包含着"在世界的……这里",因此这里似乎可以谈论"是在世界……这里"。区别仅仅在于,这里从谈论"我是"的"是"转变为一般的"是"。这些意思似乎是可以理解的。但是,"是在"毕竟是一个新的表达,而且是一个与"在—世界—之中—是"不同结构的表达。此外,字面上一眼就可以看出,关于这个表达式的谈论至少有两段(还有下一段译文29*),这似乎表明这个表达式还是很重要的。因此我们需要对"是在"这个表达式做一些分析。

与"在—世界—之中—是"相比,"是在"这个表达式有一个明显的区别:它有两种不同的出现方式。一种方式与前者相同,比如这段话中间处说的"考察这个'是在(某处)'"。这里,"是在"的前面有指示代词"这个",该指示代词起定冠词的作用,由此使"是在"成为一个名字。这显然是把"是在"当做一个对象来谈论的。无论是不是有指示代词,"在—世界—之中—是"和"在—之中—是"基本上也是这样被谈论的。在这种意义上,"是在"与"在—世界—之中—是"乃是相似的。除此之外,"是在"还有另一种不同的表现方式。

当"是在"第一次出现的时候,它不是作为谈论的对象,而是作为句子中的成分。当然,即使是作为谈论的对象,也会是句子的一部分,比如是主语、宾语或表语。所谓不是作为谈论的对象,我的意思是说,"是在"这个表达本身虽然在引号中,却不是像一个名字那样表示一个对象,因而不是一个名字或名词;相反,它要与它衔接的表达联系在一起,它所表达的意思要与同它衔接在一起的词语所表达的意思联系在一起,融为一体,共同构成句子的意义。因此,它本来是什么意思,在引号中还是什么意思,而且这种意思没有因为引号而阻断,与句子的意义还是一体的。以译文28*中第一句话为例,在"'是在'世界这里……"中,"是在"显然不是一个单独的成分,因而不是谈论的一个单独对象,因为它与引号外面的"世界这里"不仅字面上联系在一起,而且意思上也是相联系的。离开了"世界这里",无法理解这里所说的"是在"乃是什么意思,离开了"是在",也无法理解这里所说的"世界这里"乃是什么意思。因此,后面做出的解释既不是仅仅关于"是在"的,也不是仅仅关于"世界这里"的,而是关于"'是在'世界这里"这整个表达的。不仅如此,随后第二句话也是以这样方式表达的。也就是说,"'是在'世界这里……"这样的表达一开始就连续出现了两次。这样的表达方式,与后来所说的"考察这个'是在(某处)'"无疑不同,与"在—世界—之中—是"或"在—之中—是"显然也是不一样的。

对照这两种表达方式,我们可以看出,"是在"这个表达似乎离不开引号外的东西,它似乎本该是"是在世界这里"。因此,即使它单独成为谈论的对象,我们也应该想到引号外跟在它后面的东西,即"世界这里"。在这种意义上,"是在"好像也表现出一种结构。但是,这不是海德格尔所要谈论和正在谈论的结构,即不是"在—世界—之中—是",也不是"在—世界—之中—是"中的一部分"在—之中—是",而是在解释后者的过程中谈论的东西。特别是,我们已经看到,它是从解释"我是"而引发出来的东西。因此,一方面,它要与所谈结构相符,另一方面,它还要谈出一些不同的东西来,这样它才能保证通过这样的结构谈论使关于是的讨论更加具体、更加深入。所以,在这个谈论中,与世界的联系乃是自然的,突出"是"的结构要素也是必要的,但是还要有新的东西。所以,"是在"以引号的方式出现,可以突出"是"的结构要素,以此表明,这样的东西与"在—世界—之中—是"和"在—之中—是"的主要结构乃是一样的,即都有一个共同的"是";同时还表明,它们之间也有不同的成分,即"在"(bei)与"在—之中"(in)乃是不同的。在我看来,这一点大概是至关重要的。这从关于"'是在'世界这里"的如下两个说明可以得到解释。

一个说明是,这是一种基于"在—之中—是"的存在论环节。既然基于"在—之中—是",那么突出"是"的结构要素就是可以理解的,与它有所不同也是可以理解的。

另一个说明是给出考察"是在"的两个原因。一个原因大概在于要看到此是原初的是的结构。不管这个结构是什么,是不是原初的,无论关于是在的解释——比如消散在世界之中——是不是有道理,至少"是在"含有"是",因而不仅表现出与"在—之中—是"共同的结构要素,而且表现出与此是共同的概念要素。另一个原因大概在于要解决历史遗留下来的问题。

在海德格尔看来，传统看法只提供关于范畴的看法，这样的看法无法使人们把握此是原初的是的结构。关于范畴的看法，前面已经谈过许多，这里不用重复。范畴性质与存在性是海德格尔区分出来的有关是的两种特征。传统看法与是的范畴性质相关，而忽略是的存在性。这里的"是在"则要说明是的这种存在性。所以，海德格尔在这里称二者的区别为"本体论上有着本质不同的是的关系"。

在我看来，在说明第二个原因的过程中，一些提法特别值得注意。一个提法与语言相关。海德格尔明确说道："我们表述这种是的关系的语言手段是相同的。"这里谈到表述、语言手段和是的关系，因此至少谈到两种不同的东西，一种是语言所表达的东西，另一种是用来表达的语言。前者乃是这里说的是的关系，后者则是这里说的语言手段。所谓用来表述的语言手段相同，一定是指用同样的字、词或词组。正是在这种意义上，我们看到，因而也可以明白，为什么海德格尔一直在强调"是"，无论是"在—世界—之中—是"或"在—之中—是"，还是在"是在"世界这里或"是在"，都离不开这个"是"。换句话说，是这个表达可以有不同的含义，比如范畴性质或存在性，但是这些不同的意义都要用这个是，都要通过这个是表达出来。

另一个提法与"自明的东西"相关。这里涉及两个有意思的说明。一个是讨论这样的东西有些冒险，另一个是这样做的原因旨在把容易抹杀的本体论区别展示出来。海德格尔对"自明的东西"打了引号，因此一定不是随意的，而是有特定的含义。这使我们想到前面的有关论述。在概述关于是的传统看法时，海德格尔说，"'是'乃是自明的概念"，因此"我们向来已经生活在一种对是的领会之中"，但是，由于"是的意义却隐藏在晦暗中"，因此要"重提是的意义问题"（译文6*）。那里还给出"天是蓝的"和"我是快乐的"这样的例子来说明是的自明性，因而说明它的可理解性。这里重提自明的东西，正好与那里的论述相呼应。为什么这样的讨论是冒险？因为这似乎有些违反常识：自明的东西本来是用不着讨论的。前面海德格尔曾经说过，在探讨这个概念的时候，"求助自明性就实在是一种可疑的方法"（译文7*），这表明他不认为这种自明性是可靠的。现在他说必须要在是的表达中揭示一种根本的本体论的区别，而且是很容易被抹杀的区别。这似乎表明，他认为这个工作是非常不容易的，因此即使冒险也要讨论。

这些论述表明，海德格尔在讨论是的意义的过程中始终面临两个问题，一个是说明是的意义，另一个是拥有可以用来说明这种意义的概念。在某种程度上，重要的其实只是后一个问题。因为只有当有一些概念可以使用时，才可以说明是这个概念。而就拥有与是不同的概念而言，无非是或者利用已有的一些概念,或者自己构造一些概念。这似乎是一种创造性的构造。这一段的最后两句话表明,在关于是的问题上,无论从是的意义的角度,还是从构造概念的角度,海德格尔对已有的状况都极为不满。而从他所做的工作来看,他一直在构造一些新的概念,并且利用一些新的概念来说明是的意义。认识到这一点,也就可以看出,"是在"(这里)这个概念不过是众多新概念中的一个而已。

此外,由于这段话的论述明显可以同前面的一些相关论述联系起来,因此这里关于相同的语言手段的说明也会使我们联想到更多的东西。它说明,同样一个"是"字可以表达出不同的意思,比如范畴的意思和存在的意思。前面给出的例子是"天是蓝的"和"我是快乐的",范畴的性质表示一个是在另一个之中,比如衣服是在柜子之中,那么存在性是如何表示的呢?从这里的论述似乎给人一种印象,"是在"世界这里所表达的乃是存在性。由于它是用来说明"我是"的,难道"我是"中的"是"就表示存在吗?在日常语言中,没有什么人这样说话。在哲学中,只有笛卡儿的"我思故我是"乃是这样表达的。前面我们曾经说过,谈论"我是"可以使人们联想到笛卡儿的论述。难道海德格尔所说的就是笛卡儿这句话所涉及的意思吗?至此海德格尔没有明确地这样说,我们充其量也只能这样猜测一下而已。但是,海德格尔有两点意思还是比较清楚的,一点乃是此是的存在性,另一点则是此是的向来我属性。而这两点相结合就使"我是"出现在有关是的讨论之中。现在我们终于看到,为什么关于"是在"的讨论会涉及存在性了,为什么意义不同,而表达意义的语言手段是相同的。而且我们也可以明白,且不论这些词本身有什么意思,意思是不是清楚,即使仅从海德格尔的讨论本身来看,也还是有许多问题的。比如,为什么"是在"世界这里就是表示存在了呢?这怎么就表示存在了呢?

【译文 29*】

"是在"世界这里,作为存在论环节,绝非意指一些现成物体的在一起的—现成的—是。绝没有一个叫作"此是"的是者同另一个叫作"世界"的是者"比肩并列"那样一回事。当然我们的语言习惯有时也把两个现成东西的在一起表达为:"桌子立'在'门这里","凳子'触着'墙"。严格地说起来,这里没有"触着"这回事。这倒不是因为要精确考察起来在凳子与墙之间其实总可以确定一个间隙,而是因为即使间隙等于零,凳子原则上也不可能触着墙。这件事的前提是:墙能够"为"凳子来照面。只有当一个是者本来就具有"在—之中—是"这种是的方式,也就是说,只有当世界这样的东西借助这个是者的"此—是"已经对它揭示开来了,这个是者才可能接触在世界之内是现成的东西。因为是者只能从世界方面才可能以接触方式公开出来,进而在它的现成的是中成为可通达的。如果两个是者是在世界之内现成的,而且就它们本身来说是无世界的,那么它们永不可能"接触",它们谁也不能"是""在"另一个那里。"而且它们是无世界的"这个补充句子是不可或缺的,因为那种并非无世界的是者,譬如说此是本身,也"在"世界"之中"是现成的;说得更确切些就是:它可以在某种限度内以某种理由被看作仅仅现成的东西。为此必须完全不计或根本不看"在—之中—是"的存在论性质。但我们不可把将"此是"看作某种现成的东西或某种仅只现成的东西这种看法同此是特有的"现成性"方式搅在一起。要通达这种现成性,忽略此是的特殊结构是不行的,而只有靠事先领会这些结构才行。此是在某一种"事实上现成的是"的意义下领会着它最本己的是。然而,独特的此是这一事实的"事实性"在本体论上却根本有别于一块石头事实上搁在那里。每一此是总是实际此是,我们把实际此是的事实性称作此是的实际性。要想把这一是的规定性的盘根错节的结构哪怕作为一个问题提出来加以把握,也得先在已清理出来的此是的存在论上的基本建构的亮光朗照下方可进行。事实性这个概念本身就含有这样的意思:某个"在世界之内的"是者在世界之中的是,因而这个是者能够领会到自己在它的"天命"中已经同那些在它自己的世界之内向它照面的是者的是缚在一起了。(S.55-56)

这段话继续谈论"是在"。与上一段一样,它依然从"'是在'世界这里"出发,围绕着这个表达来谈论是的存在性的意思。但是这里的论述与上一段又不相同。它首先以否定的方式来论述,即说明这个表达式没有什么样的意思。这就表明,这个表达式容易给人一种印象,使人们误以为它有一种它本来不会有的意思,因而造成误解。为了避免歧义,也为了后面的论述,这样一种否定的说明似乎是必要的。因此我们应该认真理解这个说明。在我看来,理解这一说明至少有两个作用。一个作用是告诉我们,这个表达式可能会给我们造成什么样的误解。另一个作用是告诉我们,这个表达式本来应该表达什么意思,即海德格尔想以它告诉我们一些什么样的意思。所以,认真理解这个表达式的意思,有助于我们理解海德格尔的思想。

与这个否定的说明相关,我们至少可以看出有如下几步:第一步指出,

"'是在'世界这里",作为存在性的东西,指的不是如下情况:一些出现的东西的在一起的—现成的—是;第二步进一步解释,不会有两个是者并列在一起的事情;第三步举例说明第二步的解释。此后的说明是否可以算作接下来的几步,尚不十分清楚。因此我们先分析这前三步。

从第一步可以看出,"'是在'世界这里"有一种结构的特征,它是用引号体现的;而一些出现的东西"在一起的—现成的—是"也有一种结构的特征,它是用连接短线体现的。对比这两种结构要素,可以看出它们的共同之处。

在前一个表达中,结构特征通过引号中的"是"和"在"被凸显出来。前面我们说过,"在"所表达的其实是"在……这里",因此它与引号外的"这里"实际上是一体的。看到这一点,也就可以看出,"是"和"在"这两个表达式其实是把"世界"容纳进来了。如果我们认识到,"'是在'世界这里"本身并不是一个完整的表达,它还有省略的部分,即它没有表明是什么东西在世界这里,那么我们还会看到,"是在"的前面还有一个空位,这也是这个表达的一种结构要素。因此,这个表达实际上可以表示这样一种意思,即某事物是在世界这里。这样,"是在"的结构要素告诉我们,至少有两个东西,一个是这里没有说出的某事物,另一个是这里没有说出的世界。

在后一个表达中,结构特征通过"在一起的—现成的—是"被展示出来。前面已经谈过"现成的是",这里无非是在"现成的"和"是"之间加一条连接短线。这样做只是凸显这个表达的结构特征,并不会改变前面所说的意思。但是,这里还通过连接短线凸显了另一个结构要素"在一起的"。"在一起的"这个结构是通过"在"和"一起的"组合形成的。这显然表明至少要有两个东西。这从这个表达式前面的表达"一些出现的东西"(现成物体)也可以看得非常清楚。

对照这两种结构特征,我们可以看出,"是在"世界这里与一些现成的东西"在一起的—现成的—是"显然有共同的结构要素,这就是其中的"是"和"在"。但是它们也有一些不同的东西,这就是前者中的"世界"和后者中的"现成的"。因此,第一步的意思是清楚的,也是可以理解的,因为"'是在'世界这里"与一些出现的东西"在一起—现成的—是"至少字面上就是不同的。

从第二步可以看出,"在一起"似乎被解释为一个是者与另一个是者的"并列"。当然,这里对所说的是者乃是有规定的,一个被称之为"此是",另一个被称之为"世界",因此这里所说的是者并不是任意的,而是有特指的。从字面上看,这似乎是说,两事物的并列要排除"此是"和"世界"这样的东西。这样,由于"'是在'世界这里"与世界相联系,而这里说的"并列"要排除"世界"这样的是者,因此有关"在一起"的说明与"'是在'世界这里"似乎就是不同的。

从第三步可以看出,海德格尔似乎觉得第二步的说明还不够清楚,还需要进一步说明,因此他举了两个例子。他似乎是想通过这两个例子来进一步说明前两步的意思。下面我们就来看一看海德格尔的举例说明。

首先可以看到,这两个例子中都有一个被强调的要素。在"桌子立'在'门这里"中,强调的是"在"这个词,而在"凳子'触着'墙"中,强调的是"触着",它们都被引号括起来,以示强调。由此来看,似乎前一个例子与此前的说明相关,而后一个例子与此前的说明无关。因为前者含有"在",而"立'在'门这里"与"'是在'世界这里"尽管有所不同,但是似乎仍有相同的结构,即"'在'……这里"。而后者则与"'是在'世界这里"没有任何共同的要素。因此,作为例子而言,前一个例子显然与前两步相关,至少字面上就有一些相关的因素,而后一个例子似乎与前两步无关,至少字面上没有什么直接的关系。

其次可以看到,海德格尔举了两个例子,但是在说明中只解释了一个例子。由此可见,这里虽然举了两个例子,但是海德格尔只是利用了其中一个例子。而且,他不是利用前一个,而是利用后一个例子。也就是说,他没有利用那个与"'是在'世界这里"有相同要素、因而与它相关的例子,而是利用了那个与它没有相同要素、因而似乎与它无关的例子。这样的举例说明不能不说有令人费解之处。

第三,通过第二个例子说明的是凳子和墙接触不到。由此似乎说明,在语言表达中,凳子接触到墙,而实际上,凳子是接触不到墙的。按照这样的解释,我们大致也可以推测一下前一个例子说明的是什么:在语言表达中,桌子靠着门,但是实际上,桌子靠不着门。如前所述,由于前一个例子与前两步有联系,而后一个例子与前两步似乎没有联系,因此这里的举例说明似乎有不太容易理解的地方。假如可以按照后一个例子的方式来解释前一个例子,我们似乎也可以按照前一个例子的方式来解释后一个例子。这样,后一个例子相当于说:"凳子立'在'门这里"。假如是这样,后一个例子也就会与前两步相关了。这里的区别在于,"'在'……这里"可以表示出"并列",但是表示不出"触着"。而从海德格尔的解释来看,他似乎是想说明"触着"这样的情况,而不是解释"并列"。"并列"与"触着"无疑是有区别的。

接下来,海德格尔进一步说明为什么凳子不可能触着墙。他首先假定,凳子若是能够触着墙,就会有一个前提:对于凳子来说,墙能够被碰到;然后他进而说明,如何才能满足这个前提。正是在这后一个说明中,他又回到"在—之中—是"这个结构。

引人注意的是这里关于世界的论述。首先,谈论"在—之中—是",比较容易谈论世界,因为这个结构实际上是"在—世界—之中—是"的结构要素,是从它出发去掉其中的"世界"而得到的。不仅从前面的论述可以看得很清楚,而且前面在论述"在—之中—是"的时候还说过,可以补充这个词,使它成为"在世界之中"的"在—之中—是"。因此,重新谈论"在—之中—是"这个结构,谈论世界乃是自然的。这样就把是者的接触与世界联系起来。

其次,围绕着世界来谈论是者的接触,就把世界作为参照系。无论海德格尔的论述是不是有道理,我们至少看到,他谈到"从世界方面"、"在世界之内"、"无世界的"等等,并且以此为标准来说明是者的接触与否以及接触方式。这样似乎确实得出一些区别,比如从世界出发怎样,在世界之内怎样,在无世界的情况下又怎样,这些情况不同似乎也是可以理解的。

第三,一个明确的结论是,两个是者若是在世界之内是现成的,自身又是无世界的,则不可能接触,而且一方不可能"是""在"另一方那里。这个结论虽然明确,却有些费解。在世界之内的东西怎么会是无世界的呢?由于"无世界的"这个词以加着重号(原文以斜体)的方式出现,因而似乎有专门的含义(或者有强调的意味)。我们只有假定它有特定的含义,因而这样的表达是成立的,不矛盾的,只不过我们理解不了罢了。从这个结论可以看出,"接触"与"是""在(……那里)"确实是相关的,因此上述例子是用来说明、也是可以说明"'是在'世界这里"的。值得注意的是这里的表达方式。"是"和"'在'……这里"乃是分别用引号括起来分开表述的。这与此前所说的"'是在'世界这里"既有相似的地方,也有不同之处。如果结合德文,则可以看出,这是因为句子中有 kann(能)这个词,因此系词 sein 必须放在句尾,从而导致 sein 与 bei 分开。若是没有 kann 这个词,这句话大概就会是"它们谁也不'是在'另一个那里"(keines 'ist bei' dem andern)。这样的话,这里的表达也就会与"Sein bei"("是在"……这里)一致了。不管怎样,通过这个具体的结论,我们可以看得更加清楚,"是在"世界这里,这个表达说的究竟是什么意思。

在谈论世界的过程中,这里还谈到"现成的东西",因而谈到"现成的是"。前面曾经说过,"现成的是"乃是从谈论 existentia 区别出来的东西。与它相区别的则是存在,后者专门用来说此是。但是,这里却说可以把此是看做是某种现成的东西,因而忽略"在—之中—是"的存在性质。而且这里还结合现成的是谈到此是的一种区别:一方面,此是可以被看做某种现成的东西,尽管有所要求,比如"在"世界"之中"是现成的;另一方面,此是具有一种专门的现成性;二者不能混淆。这样,我们就有了无法理解的问题。既然存在是专门用来说此是的,怎么又不考虑存在性质了呢?既然通过"在—之中—是"这种结构来说明此是,怎么能够不考虑它的存在性质呢?"'是在'世界这里"乃是在说明"在—之中—是"的过程中引入的,而且是在说明它的一种存在性质时引入的,怎么竟然又不考虑其中的存在性质了呢?为了把这种区别搞清楚,海德格尔提出必须事先领会此是的特殊结构。但是在这样的描述和说明中,我们能够知道此是的特有结构是什么吗?

在接下来的论述中,海德格尔又引入了"事实"及其相关概念,比如"事实上现成的是"、"事实的'事实性'",并且区别出此是的事实和石头的事实。"事实"本身似乎是一个自明的概念,即事物自身是怎么样就是怎么样,事情是怎么一回事就是怎么一回事,一如海德格尔前面曾经说过的,如其所是。因此,引入事实这个概念,包括引入实际性来称谓实际此是的事实性,似乎是为了说明此是的结构的客观性,亦即此前所说的"先天"性。而且海德格尔自己也说,从事实性这个概念可以得出某个"在世界之内的"是者的"在—世界—之中—是"。这样,强调重视和领会此是的这些结构似乎就是天经地义的。这样的论述和强调似乎是可以理解的,但是,经过前面的诸多论述,经过引入如此之多的要素,我们是不是已经知道什么是此是的特有结构?具体一些说,从"在—世界—之中—是"出发,通过对"在—之中—是"的讨论,再通过对"是在"(世界这里)的讨论,我们是不是达到了对此是的特殊结构的认识?或者退一步,我们是不是找到了如何领会这种结构的途径?在我看来,我们大致多少可以看出或猜测到,海德格尔想就 existentia 区别出两种不同的东西,一种乃是现成的是,另一种是存在;并且试图围绕"在—世界—之中—是"来说明这种区别,尤其是以此来说明此是的独特性,并且通过此是来说明是的意义。问题是,他的具体论述有如此之多的问题,有如此之多令人无法理解的问题,结果我们不仅无法理解他本来想要说明的东西,而且会常常感到困惑。

顺便说一下,这段话有"此—是"这样一个表达。此前说过"此是",并且明确地说用它指一种特定的是者,这里的"此—是"与此前的"此是"显然是不同的。从字面来看,它们都是 ist da(是在那里)的名词形式。它们之间的区别在于,一个用连线将 Da 和 sein 这两个词分开,另一个没有这样分开。分开大概是为了更好地表示它们的原本形式。认识了"此—是"这个词组的这种特征和性质,大概也可以有助于我们理解"此是"的含义,尽管后者被说成是专门用来称呼一种特殊的是者。

【译文 30*】
第一步就应当看到作为存在论环节的"在—之中—是"与作为范畴的现成东西的一个对另一个的"在里面"[Inwendigkejt]这两者之间的本体论区别。我们用这种方式把"在—之中—是"划分出来,却并不是说此是不具有任何种类的"空间性"。相反,此是本身有一种切身的"在—空间—之中—是",不过在这种空间中是唯基于一般的在—世界—之中—是才是可能的。人们或许会说:在一个世界之中的"在—之中—是"乃是一种精神特性,而人的"空间性"是其肉体性的一种属性,它同时总是通过身体性"奠定根基"的;这种说法却也同样不能从本体论上澄清"在—之中—是"。因为这样一来,人们见到的又是一个具有如此这般属性的精神物同一个身体物的共同的—现成的—是,而这个如此这般合成的是者本身的是却依然晦暗莫测。只有领会了作为此是本质结构的在—世界—之中—是,我们才可能洞见此是的存在论上的空间性。这种洞见将保证我们不会根本看不见或事先抹杀这一结构。这种抹杀的动机不是本体论上的,而是"形而上学的"——人们有一种天真的意见,认为人首先是一个精神物,事后才被放"在"某种空间"之中"。(S.56)

这段话进一步论述在"在—之中—是"上做出的区别。一方面是存在性的意义,另一方面是范畴性质的意义,二者具有本体论方面的区别。前面已经说过,尽管细节论述问题很多,但是存在性与范畴性之间这种区别我们大致已经可以体会到。所以这里的区别本身不用再做什么讨论。

需要讨论的是这里引入的两个表达式,一个是"在里面",另一个是"在—空间—之中—是",而且它们都以引号的方式得到强调。字面上看,"在里面"用来称呼范畴性质的东西,牵涉到事物相互之间的关系,似乎意思也比较直观。此前海德格尔曾经谈到过"在世界之内",也论述过"在世界之中"的"在—之中—是",还举过"衣服是在柜子之中"这样的例子。不知道这里所说的"在里面"与前面所说的这些内容是不是相关,意思是不是相近。同样,"在—空间—之中—是"似乎也牵涉到事物之间的关系,而且这显然是在"在—之中—是"这个结构上增加"空间"这个要素。此前海德格尔也谈到空间关系,比如用"在—之中"指两个"在"空间"之中"具有广延的是者之间的关系。因此,"在里面"和"在—空间—之中—是"似乎有相似之处。但是在这里,海德格尔似乎并不想用这样两个表达式表示它们的一种相似性,而是要表达一种区别,而且,他似乎是想通过它们的相似性来表达一种关于此是的区别。

从海德格尔的论述可以看出这里的论述步骤。首先是区别"在—之中—是"的存在性和范畴性。在这一步,他利用了"在里面"这个表达式来说明范畴性质,以此与存在性相区别。然后,他进一步说明此是的存在性。在这一步,他不说此是具有"在里面"的性质,显然他也无法这样说,而是说它具有"在—空间—之中—是"的性质,尽管对这种性质有所限定,比如"切身的",必须基于一般的"在—世界—之中—是"等等。问题是,不管有什么样的限定说明,此是毕竟还是有了"在—空间—之中—是"的性质。而一旦具有这样的性质,此是的存在性质又如何能够与范畴性质区别开来呢?换一个角度,我们则可以这样问:"在里面"与"在—空间—之中—是"难道是完全不同的吗?在我看来,它们不仅在字面的意义上不是完全不同的,而且在海德格尔本人的论述中也不是完全不同的。因此,这样的区别,以及以这种方式做出的区别,又该如何理解呢?

在接下来的讨论中,海德格尔围绕着空间性谈到了精神和物体的区别。应该看到,他不是直接谈论这个问题,而是借助"人们或许会说"的方式引入这个话题。在这种情况下,他并没有直接并明确地说,他关于"在—之中—是"的论述,他关于存在性和"在里面"的区别,他关于空间性的解释,如何能够说明这个问题,是不是说明了这个问题。相反,他只是说,用精神与物体的区分并不能说明这里的问题。比如他谈到这可以使人们看到精神与物体的东西的"共同的—现成的—是",但是无法使人看到这种具有精神和物体的是者的是。这样的谈论方式,一方面似乎非常自然地引入了传统的二元论问题,从而使自己的讨论似乎可以轻易涵盖这方面的问题,一如前面曾经谈论"我是",因而引入笛卡儿的问题;另一方面也给人一种暗示,好像这种谈论方式也可以解决二元论及其相关问题,因为这里要解决的乃是关于是的问题,而不是关于某一方面的问题,比如关于精神的问题或物体的问题。

经过上述讨论,海德格尔做出断定,只有领会作为此是本质结构的在—世界—之中—是,才能洞见此是的存在性的空间性。这个断定本身没有什么问题。它的意思是说,如果不领会作为此是本质结构的在—世界—之中—是,就不能洞见此是的存在性空间。所以,从提出此是的本质在于它的存在,然后把关于此是的探讨具体化到在—世界—之中—是这样一个先天结构,然后集中谈论其中的在—之中—是,并且由此谈论此是的存在性和向来我属性,区别"在—之中—是"的存在性和范畴性质,以至谈到这里所说的空间性,不都是为了说明此是的本质及其结构吗?问题是在经过这么多说明之后,我们对此是的这种结构是不是有了明确的认识?即使尚未有明确的认识,我们是不是有了比最初的相关认识更明确一些的认识?这些问题都是值得认真思考的。

在我看来,上述问题告诉我们,理解海德格尔的著作,必须看到两个方面。一个方面是他的论述方式,另一个方面是他想说明的问题。只有看到海德格尔的论述方式是什么,即他是怎样进行论述的,我们才能更好地理解他所要说明的问题。只有看到他想要说明的问题是什么,即他通过那些独特的论述方式所要说明的问题,我们才能更好地理解他所进行的论证。当然,由此也就产生出进一步的问题:海德格尔的论述方式是不是最终说明了他想要说明的问题?

【译文31*】

此是的实际状态是:此是的在—世界—之中—是向来已经分散在乃至解体在"在—之中—是"的某些确定方式中。我们可以通过下面列举的例子指出"在—之中—是"的这些方式确是形形色色:和某种东西打交道,制做某种东西,安排照顾某种东西,利用某种东西,放弃或浪费某种东西,从事、贯彻、探查、询问、考察、谈论、规定,诸如此类。"在—之中—是"的这些方式都具有操劳的是的方式,而对这种是的方式我们还将深入描述。操劳的方式也还包括:委弃、耽搁、拒绝、苟安等残缺的样式,包括一切"只还"同操劳的可能性相关的样式。"操劳"这个词首先具有先于科学的含义,可以等于说:料理、执行、整顿。这个词也可以意指"为自己弄到某种东西"。我们还把这个词用在一种很能说明问题的句子里:我操劳的是这件事情会弄不成。"操劳"在这里差不多意指担心恐怕之类。同这些先于科学的本体层次上的含义相反,在这部探索中"操劳"一词是作为本体论术语(存在论环节)使用的,它标识着一种可能的在—世界—之中—是的是。我们选用这个名称倒不是因为此是首先与通常是经济的和"实践的",而是因为应使此是本身的是作为"操心"映入眼帘。我们且必须把"操心"这个词把握为本体论上的结构概念(见本篇第六章)。这个词同在每一个此是的本体层次上都可以发现的叫"沮丧"和"生计操心"完全不是一码事。只因为此是在本体论上被领会为操心,所以诸如此类的东西以及反过来像

"不操心"和"欢快"这样的东西在本体层次上才是可能的。因为此是本质上包含着在—世界—之中—是,所以此是的朝向世界的是在本质上就是操劳。(S.56-57)

这段话直接论述此是,这也是它与前面几段话不同的地方之一。前面几段论述无疑是为了说明此是的特征,但是它们要么从"在—世界—之中—是"出发,要么从"在—之中—是"出发,要么从"是在"出发。这段则不同,它的第一句话就直接论述此是的实际状态,它的最后结论也直接与此是相关,而且说的还是它的本质,尽管加了"朝向世界的是"这样一个限定说明。当然,在论述过程中它利用了前面讨论的那些东西,比如通过"在—世界—之中—是"和"在—之中—是"来说明此是。也许有了前面那些从结构角度的具体说明,这里就可以直接论述此是了。

这段话最引人注目的是引入了"操劳"这个概念,并由此还引入了"操心"这个概念。这里明确地说要把"操心"作为本体论上的结构概念来把握,并且表明以后要专门探讨这一点。因此,这里除了有一个引入新概念的问题之外,还有或者说还暗含着另一个问题,这就是从"操劳"到"操心"的过渡或转变。尽管我们已经熟悉了海德格尔不断地、悄悄地引入概念的方式,但是为了理解他的思想,我们还是不得不弄清楚这两个概念是如何引入的,它们是什么意思。

引入"操劳"这个概念乃是为了说明"在—之中—是"的一些方式,称这些方式为操劳的是的方式。因此,理解这里的操劳,就需要知道那些"在—之中—是"的方式是什么。在这里,海德格尔给出了一系列描述,不仅通过举例说明了具体地做些什么事情,并且以"诸如此类"这一表达方式似乎表明,这样做事情的方式是无穷多的。这使我们可以大致理解,"操劳"只是一个抽象的表达,它集中体现和概括了所有这些描述。然而,这还不够。海德格尔进一步说要深入描述操劳的方式,并且确实说出了一些操劳的方式。在这进一步的说明中,虽然只具体说明了四种,但是由于明确地说了"包括一切'只还'同操劳的可能性相关的样式",因此似乎也就穷尽了关于操劳方式的说明。这样,我们在操劳这个概念上似乎看到了两个层次。一个层次是,它是对"在—之中—是"的一些特定方式的称谓。另一个层次是,它自身还有一些特定的方式,即只与它的可能性相关的方式。除此之外,我们还看到,通过"操劳"与"在—世界—之中—是"的关系,比如"它标识着一种可能的在—世界—之中—是的是",似乎最终也说明了此是的性质,并且是与世界相关的性质,即这段话最后的结论。所以,在说明此是的这种性质的过程中,操劳这个概念并不是无关紧要的。

但是,如果我们仔细分析,就可以看出,这个概念的引入并不是非常自然的。不是说不能把这里描述的那些行为活动称之为操劳。问题是用操劳来命名的那些事情本身是不是没有问题。比如,它们为什么会有操劳的是的特征?更进一步,它们为什么会是"在—之中—是"的特定方式?在我看来,这里描述的被称之为操劳的所有事情,从前面关于"在—世界—之中—是"以及"在—之中—是"的论述中,无论如何是看不出来的。因此,把这样的事情以及"诸如此类"的事情称之为"在—之中—是"的方式是不容易理解的。

也许,这里需要我们做一些引申的理解。"此是"指的是一种特殊的是者,如前所述,指的是我们自己所是的是者,并且在谈论过程中指的是我自己所是的这种是者。因此,这里字面上说的是"此是",但是实际谈论却是我们或我这样的东西。这里描述的那些事情,其实就是我们或我所做的事情,因此,操劳也就是我们自己或我自己的事情。由于我们或我自己乃是在世界之内的,因而是在—世界—之中的,我的这种"在—世界—之中—是"的"在—之中—是"就具有范畴性质和存在性,但是首先具有存在性。基于前面的论述,这些大致是可以想到的,因而似乎也是可以理解的。但是,即便有了这些理解,我们就能够理解上述那些事情是"在—之中—是"的方式了吗?它们又是怎样成为在—之中—是的方式的呢?这样一种理解到底是如何形成的呢?这个问题搞不清楚,关于操劳的第二层意思大概也不会是清楚的。

看到在操劳这个概念上存在着问题,我们也就会认识到,从操劳转换为操心也一定会有问题。然而在我看来,即使在操劳这个概念上没有问题,这个转换也是有问题的。海德格尔是在解释为什么选用操劳这个概念的时候引入操心这个概念的。他的意思是说,选用"操劳"这个表达是因为应该使人们看到此是本身作为"操心"的是。这就表明,操心比操劳乃是更根本的,所以他说要把操心这个词作为本体论上的结构概念来把握,以后要专门讨论它。这就表明,操心这个词可以解释操劳这个词。这里,我们也许不太明白,为什么"操心"会比"操劳"更根本,为什么前者可以解释选择后者的原因,但是我们至少可以看出,操心这个概念乃是随机引入的,引入它是为了解释为什么选用操劳这个概念。

若是结合德文,也许可以比较好的理解这里的问题。"操劳"这个词的德文是 Besorgen,"操心"的德文是 Sorge。即使我们不明白这两个词是什么意思,字面上也可以看出,Sorge 乃是 Besorgen 的词根。由于 Besorgen 这个词是通过在 Sorge 这个词上加了词头 be 而构成的词,因而有了一些引申的意思,但是它的根本意思还是来自 Sorge。这样我们就可以明白,为什么海德格尔说选用 Besorgen 的原因在于应该使人看到此是本身作为 Sorge 的是。这是因为,从 Besorgen 可以非常清楚地看到 Sorge。

应该指出的是,即使我们可以看到"操心"(Sorge)与"操劳"(Besorgen)的关系,因而可以明白为什么会先引入操劳,再引操心,并且如上说明这里的原因,但是这里仍然有一个不太清楚的问题。"操心"怎么会成为此是的是呢?"操心"与"操劳"在结构上倒是有关系的,而且这种关系大体上也是清楚的,但是这样的结构概念怎么会成为本体论上的结构概念呢?在本体论的结构概念的意义上,它与此是,以及与此是的是,又是如何联系起来的呢?

若是不计较这些含糊之处,我们则可以看出,这段话较之前面的论述又进了一个层次。前面说过,此是的本质在于它的存在。这里则通过论述此是的实际状态而明确地说,此是朝向世界的是在本质上就是操劳。这样,如同前面可以谈论存在一样,这里则可以进一步论述操劳,而且很明显,这样的论述要与世界相联系。

【译文32*】

按照我们上面所说的来看,"在—之中—是"不是此是时可有时可无的属性,好像没有这种属性与有这种属性可以是几乎一样的。人不"是""世界",此外,人与他碰巧有的这个"世界"还有一种是的关系。此是绝非"首先"是一个仿佛"在—之中—是—自由的"是者,仿佛它有时心血来潮才接受某种对世界的"关系"。只因为此是乃是如其所是那样在—世界—之中—是,所以它才能接受对世界的"关系"。这种是的状态不是这样建构起来的:仿佛在具有此是性质的是者之外还有另一种是者是现成的,并同具有此是性质的是者聚会在一起。相反,这另一种是者之所以能够"同"此是"聚会",只因为它能够在一个世界之内从它本身方面显现出来。(S.57)

这段话重新论述"在—之中—是"的性质,因而论述它与此是的关系。这一点很容易理解。但是有几点值得我们注意。

一点是"在—之中—是"与此是的关系。前面论述此是,主要是通过"在—世界—之中—是"这样一种结构而使关于它的讨论具体化。在这个过程中,主要又是通过"在—之中—是"这一结构要素进行论述,并由此引申出许多内容,比如关于"是在(……这里)"的讨论。但是,所有这些讨论归根结底都与此是相关。因此,现在谈论"在—之中—是"与此是的关系,不仅可以,而且似乎还带有总结的性质。

另一点是这里又引入了"自由"这个新概念,并且谈到"在—之中—是—自由的"是者,尽管只是以否定的方式谈论。"自由"是一个平常的概念。这个概念不会有什么歧义,因此本身不会有什么理解的问题。但是这里引入它的方式不一般:似乎把它作为一种结构要素而引入,并且用它来说明人与世界的关系。这样它似乎就有了非同一般的意义,比如我们是不是会由此想到康德的论述;这样一来,海德格尔的这种结构讨论是不是可以涵盖更为广泛的内容,如此等等。

还有一点是在论述"在—之中—是"和"在—之中—是—自由的"之间忽然谈到人,并且谈到人与世界的关系。我们看到,与"在—之中—是"相关,谈论的乃是此是,与"在—之中—是—自由的"相关,谈论的也是此是。偏偏在此之间插入了关于人与世界之间关系的论述。这说明,海德格尔所说的此是乃是人,他所说的人与世界的关系乃是通过此是与"在—之中—是"的关系而体现的。由此我们也可以更清楚地理解,此前海德格尔用此是命名一种特殊的是者,即我们自己所是的是者,后来又由此得出我自己所是的是者,并且由此得出此是的存在性和向来我属性,并且在这样的基础上谈论"在—世界—之中—是"以及"在—之中—是"。由此我们可以看出,他所说的此是就是人,或者,不过就是人而已。既然如此,为什么不直接谈论人呢?比如,这里直接谈论人与世界关系的这一句,难道不比前后其他谈论此是和是者的那几句更清楚,更容易理解吗?

认识到这几点,我们自然也就会思考,为什么海德格尔不直接谈论人与世界,不直接谈论自由,而是谈论此是和此是的结构,并通过这样一种谈论方式,即似乎是兜了一个圈子来谈论人与世界等等这样的东西和事情呢?非常明显的是,谈论此是和是者乃是围绕着是进行的,因而可以把"是"凸显出来。这样似乎可以避开谈论像人和世界这样的具体问题,因而可以回答关于是的发问。但是,假如这样的此是仅仅是人的代名词,所谓"在—之中—是"这样一种结构要素不过是与世界相关的东西,那么这样得到的说明或结论,尽管字面上是关于此是的,因而似乎是与是相关的,但是实际上还会是关于是的问题的说明吗?还会是关于是的意义的说明吗?除此之外,这里还会有一些具体的问题。比如,我与我们是不是相等?我自己所是的是者是不是相当于人?我们自己所是的是者是不是相当于人?从关于我所得到的东西是不是相当于从关于我们得到的?一句话,这样得到的关于是这个问题的说明会是一种具有普遍性的说明吗?

【译文 33*】
如今人们常说"人有他的环境(周围世界)"。但只要这个"有"仍未加规定,那么这句话在本体论上就等于什么都没说。"有"就其可能性而言根基于"在—之中—是"的存在论建构。因为此是本质上是"在—之中—是"这种方式的是者,所以它能够明确地揭示从周围世界方面来照面的是者,能够知道它们利用它们,能够有"世界"。"有一个周围世界"这句话在本体层次上已是老生常谈,在本体论上却还是个问题。解决这个问题所要求的无非是先从本体论上充分规定此是的是。虽说人们——尤其是自贝尔[K. E. v. Baer]以来——在生物学中常用到这一是的建构,我们却不可因为对这种是的建构在哲学上的利用而推想到"生物主义"上去。因为,既然生物学是一门实证科学,也就是说,生物学必须以这种结构为前提并不断地利用到它,那么即使作为生物学专题对象的先天条件,这种结构本身也只有先被理解为此是结构才能在哲学上得到解说。要这样理解本体论结构并依之制订方向,则只有通过褫夺之途才能先天地界说"生命"的是的建构。无论在本体层次上还是在本体论上,作为操劳的在—世界—之中—是都具有优先地位。这一结构将通过对此是的分析而获得彻底的解释。(S.57-58)

这段话继续论述人与世界的关系。我们前面提出的问题在这里愈发明显。"人有他的环境(周围世界)"乃是自明的,这句话使人与世界联系起来,字面上就是自明的,因为其中"周围世界"一词包含着"世界"一词。我们不明白,为什么要对其中的"有"加以规定,这句话才会有本体论的意义。或者我想问:谁能够明白,如何对"有"加以规定,以便使这句话具有本体论的含义?我们也不明白,为什么"有"会根据它的可能性而建立在"在—之中—是"的存在性建构的基础之上。或者我想问:谁能够明白,"有"的可能性会是什么,"有"如何建立在"在—之中—是"的存在性建构的基础之上?更明确地说,关于这些问题,海德格尔告诉我们了吗?换句话说,他确实谈论了此是的性质,谈论了"在—之中—是"的存在性建构,但是从他的论述我们可以看出这里的"有"是如何像他所说的那样建立起来的吗?

值得注意的是,这里提到了与操劳相关的优先地位。此前"优先地位"只给予存在性,而在这里则给予了操劳。从海德格尔的论述来看,既然前面可以从"此是的'本质'就在于它的存在"过渡到"此是朝向世界的是在本质上就是操劳",这里说"作为操劳的在—之中—是都具有优先地位"似乎也就没有什么不可以,而且前面已经说过"操劳"一词是在本体论环节上使用的。看到这段话关于"有"的说明,我们似乎也可以问,既然是在本体论意义上使用的,那么这种本体论意义究竟是什么?因而有了这种本体论意义限定的"操劳"又是什么?即使假定"操劳"一词的意思是没有什么歧义的,我们也会看到,由于前面说了许多非常具体的操劳方式,而且还从两个不同层次谈论了操劳(译文31*),因此这里所谈的有关操劳的优先性就不会是像前面说的关于存在的优先性那么简单。我们至少可以把那么多具体的东西,即所谓具有操劳的是之方式,都看做是优先的。在这种意义上,优先性还会有什么意义吗?即使有,它的意义还会有什么特别之处吗?

这段话还谈到生物学,因而涉及海德格尔所谈的东西与生物学的关系。关于这一点,他没有展开,我们也就不必深究。但是有一点还是需要指出的,这里实际上涉及哲学与其他学科的关系问题,因此谈论优先性似乎并不是偶然的。

【译文 34*】

然而,开篇至此对这种是的建构提供的规定不全都是些否定命题吗?我们听到的始终不过是:这种据说如此基本的"在—之中—是"不是这个不是那个。确实如此。但是否定的描述方法这样占了优势不是偶然的。毋宁说,它倒宣泄出这种["在—之中—是"]的现象的特殊性质,因而它在一种适应于这种现象本身的真切意义下是肯定的。在—世界—之中—是的现象学展示具有斥伪去蔽的性质,因为在每一此是中,在—世界—之中—是这种现象总已经以某种方式被"看到"了。在—世界—之中—是的现象之所以已被"看见",是因为——就其随着此是的是向来已经展开了对此是的是之领会这一点而言——它构成了此是的基本建构。但是这种现象通常也总已经同样根本地被误解了,或者它所得到的解释在本体论上是不充分的。不过,这种"以某种方式看见然而通常却都误解"其本身就恰恰奠基在此是本身的这样一种是的建构之中——按照这种是的建构,此是在本体论上首先从那种它自身所不是的但却在它自己的世界之内来照面的是者方面及其是方面来领会它自己本身,也就是说,领会它的在—世界—之中—是。(S.58)

这段话从前面谈论的方式进一步论述此是。首先,它告诉我们,前面的谈论方式只说明"在—之中—是"不是什么。然后,它肯定这种论述方式的积极意义,认为它表达了"在—之中—是"这种现象的独特性。这样,就使"在—之中—是"与现象联系起来,甚至可以称它为一种现象。第三,从现象的角度来论述"在—之中—是"。由于现象是可以看到的,因此它说"在—世界—之中—是"这种现象总会被看到,并且解释说,这是此是的基本建构。第四,它批评过去人们对这种现象的误解,并且阐述这种误解的原因。应该说,这几层意思大体上还是清楚的。但是一些细节值得认真思考。

一个细节是关于否定方式的说明。这相当于说,至此关于"在—之中—是"的讨论并没有说明它是什么。若是这样,我们该如何理解前面关于"在—之中—是"的那些论述呢?比如,我们该如何理解围绕它所做出的关于范畴性质和存在性的区别呢?难道这些区别不是以肯定的方式阐述的吗?又比如,我们该如何理解像"在—之中—是"乃"是一种存在论性质"(译文27*)这样的陈述呢?难道这也是以否定的方式阐述的吗?

另一个细节是引入"现象"和"看"这个概念。海德格尔总是在论述中不断引入一些新的概念,以此不断扩大他的讨论范围。他的这种论述方式我们已经非常熟悉了。这也使我们想到了此前海德格尔谈过的"让看"(译文22*)。区别仅仅在于,那里的"看"不是单独引入的,而这里的"看"却是单独引入,因而是直接谈论的。"看"这个概念非常具体,而且是一个与我们的感官相关的概念。如何把它与关于是的讨论联系起来,大概是需要想一些办法的。"现象"大概是这样一个概念,因为现象似乎是可以看的。问题是这里把"在—之中—是"直接称为"现象",没有任何解释,没有任何强调。这似乎表明,现象乃是一个自明的概念,不需要任何说明。相反,"看"反而不是一个自明的概念,或者说它有特殊的意义,需要专门的说明或强调。至于二者之间的关系,为什么要这样引入这两个概念,由于这里没有展开论述,我们也就不必深究。尽管如此,我还是想指出,我们应该看到,"现象"一词的引入是在谈论了人、世界和自由之后,而且,海德格尔在论述过程中还告诉我们展示现象对于理解"在—之中—是"的作用。这里是不是有与现象学相关的一些思考,也许尚不清楚。但是,我们至少可以看出,这里至少是可以暗含着有关现象学的思考的。

【译文35*】

在此是本身之中和对于此是来说,是的建构总已经以某种方式是熟知的。但现在若要认识这种是的建构,认识活动就突出出来,而它作为对世界的认识这样的任务恰恰把它自己弄成了"心灵"对世界的关系之范本。因此,对世界的认识(νοεω),或仅着眼于"世界"谈及"世界"(λογοζ),就作为在—世界—之中—是的首要样式来起作用了,虽然在—世界—之中—是之为在—世界—之中—是还没有得到理解。因为在本体论上还始终无法通达在—世界—之中—是这种是的结构,而它在本体层次上却已被经验为是者(世界)与是者(灵魂)之间的"关系";又因为人们在本体论上执拗于是者从而把是首先领会为世界之内的是者,于是,人们就立足于这两种是者,就它们的是的意义来尝试着理解上述是者之间的那种关系,也就是说,把这种关系理解为现成的是。虽然人们对于"在—世界—之中—是"有先于现象学的经验和熟悉,但由于本体论上不适当的解释,在—世界—之中—是却变得晦暗不明了。直到如今人们还在这种不适当的解释的阴影下来认识此是的建构,非但如此,人们还把它当作某种自明的东西呢。于是乎,这种不适当的解释就变成了认识论问题或"知识形而上学"问题的"明白确凿"的出发点。因为:一个"主体"同一个"客体"发生关系或者反过来,还有什么比这更不言而喻呢?必得把这个"主客体关系"设为前提。虽说这个前提的实际性是无可指摘的,但它仍旧是而且恰恰因此是一个不祥的前提,因为人们一任这个前提的本体论必然性尤其是它的本体论意义滞留在晦暗之中。

　　人们往往专拿对世界的认识作为范本来代表"在—之中—是"这种现象——这还不仅限于认识理论,因为人们把实践活动领会为"不是理论的"和"非理论的"活动。因为这种情况,也因为认识的这种优先地位把对认识的最本己的是的方式的领会引入迷途,所以我们应该从认识世界这一角度更尖锐地提出在—世界—之中—是的问题,把在—世界—之中—是作为"在—之中—是"的存在论"样式"收入眼帘。(S. 58-59)

　　这段话是第十二节的结束语,共分两小段。说的还是此是、是的建构等等。引人注目的是,这里引入了"认识活动",因而从它进入关于认识世界的讨论,并且把关于"在—世界—之中—是"的讨论置于认识世界这样的角度之下。由此我们可以看出,海德格尔关于是的讨论并不是任意的、没有意义的,而是与认识世界相关的。有了前面的说明和讨论,这段话的意思是结论性的,比较容易理解。但是在我看来,有两个问题还是需要说一说的。

　　一个问题是心灵与世界的关系。这里谈论认识活动,由于认识活动是人的活动，而且是认识世界的活动，因而牵涉到心灵与世界的关系。这一点是容易理解的。但是这里的"心灵"与"世界"都以引号的方式得到强调，似乎表明它们有专门的意义。这就有些不太容易理解。不知是不是因为要从"在—世界—之中—是"出发来理解，因而它们有了一些独特的意义。不管怎样，引入了心灵与世界，实际上就牵涉到传统的与二元论相关的讨论，而且这里最后把它们称为"主体"和"对象"（客体）的关系，无疑也强调了这种二元关系。由于在相关讨论中谈到现象，因此似乎可以看出，上段话引入的"现象"概念并不是随意的，而是有特殊意义的。尽管这里的论述没有展开，我们还是可以看出，现象与心灵和世界、主体和对象的二元论形成鲜明的对照，由此也就凸显出现象学的意义。

另一个问题与涉及现象的解释有关。在相关解释中，海德格尔指出，由于解释不当，"在—世界—之中—是"变得"晦暗不明"，而且人们至今还以为这是"自明的东西"。海德格尔的解释一直基于"在—世界—之中—是"，由此出发来阐述此是，并且试图通过这样的说明来揭示是的意义。他在解释过程中指出人们看不到的一些东西，因而得出这样的结论，乃是自然的。但是仔细分析，这里却有值得思考的地方。字面上看，"晦暗不明"和"自明的东西"这两个概念会使我们联想到前面关于"是"这个概念的一些论述。在指出有关"是"这个概念的三种传统看法的时候，海德格尔曾经使用过"自明的东西"和"晦暗的"这两个概念（译文6*、7*）。那里他曾经说过，人们以为理解了"是"这个概念，以为它是自明的，其实它的意义隐藏在晦暗之中。参照前面的论述，这里不过是再次使用了这两个概念，不应该有什么理解的问题。但是，我们发现，在译文35*这里，"晦暗不明"和"自明的东西"这两个表达的方式是不同的。前者以加着重号的方式被强调（原文是斜体），而后者却没有这样的强调。这是为什么呢？我们说过，海德格尔在讨论中总是不断引入新的概念，因此他使用的新概念，包括以引号、加着重号（斜体）以及其他这样那样的方式引入的概念，就值得我们特别注意。联系德文则可以看出，"自明的东西"与前面所说的"自明的东西"乃是同一个词，它是"自明的"这个形容词的名词形式。由于不是第一次出现，因此不用专门强调。"晦暗不明"的德文是unsichtbar，字面意思是"不可看见的"。它与前面所说的"晦暗的"（dunkel）不是同一个词。所以，在这里它实际上是一个新引入的词，需要有所表示。但是如果我们仔细分析，这个词可以有两个意思。其一，它的词根是Sicht，即由动词sehen演变而来的名词形式。sehen的字面意思是"看"。因此，这个词与"看"相关。此前我们说过，海德格尔引入了现象，并且专门谈到"看"，因此这里以这种方式使用这样一个概念,大概不会是没有用意的。其二,"不可看见的"虽然与"晦暗的"不是同一个词,但是意思上也不是不可以有联系的,比如,晦暗的大概是不可看见的,或者,之所以是不可看见的,乃是由于是晦暗的。

这里的分析似乎表明,我要说明"不可看见的"乃是一个新引入的概念。事实上不是这样。我想强调的其实不是这个新引入的概念,尽管由此可以同"看"联系起来,因而同现象学联系起来。在我看来,重要的是在"自明的东西"这个概念上。同样是谈论"自明的东西",意思其实是有变化的,似乎也是可以有变化的。前面说的乃是"是"这个概念的自明性,而这里所说的则是"在—世界—之中—是"的自明性。前面说的乃是传统的认识和偏见,这里说的则是海德格尔自己的看法,而且是经过他自己关于"在—世界—之中—是"的众多说明之后的看法。我强调这一点以及这里的区别,主要是想指出,海德格尔所论述的这个是乃是始终如一的。它在传统认识中和在海德格尔的论述中乃是同一个东西。从前面所概括的三种关于"是"的看法,到海德格尔自己的关于是的论述,包括从关于是的发问出发,进而从"在—世界—之中—是"这样的结构出发来具体探讨这个概念,包括具体到"在—之中—是"以及"是在"(……这里),他所谈论的那个"是"始终没有变。在他的谈论中,尽管出现了关于"是什么"和"是"的区别,出现了关于 existentia 的解释,并由此区别出范畴性质和存在性,但是所有这些都是关于是的解释,是关于是的不同意义的解释。因此,看到海德格尔说要从认识世界的角度来看待"在—世界—之中—是",并且从"在—之中—是"来探讨,我们就应该清楚地认识到,无论他说的是不是有道理,或者我们至此是不是完全明白他所说的那些东西,至少最核心的东西应该是清楚的,这就是"是",即由"在—世界—之中—是"和"在—之中—是"凸显出来的那个"是"。

第三章 为什么是"是",而不是"存在"?

在本书第一章,我们从海德格尔的著作 *Sein und Zeit* 的中译本《存在与时间》出发,将该译本导论第一章第一、二节(亦即全书第一、二节),第一部第一篇第一章第一节(即全书第九节)、第二章第一节(即全书第十二节)分为 35 段译文,逐段进行了分析和讨论,指出并讨论了其中有关"存在"的一些无法理解的问题。

在本书第二章,我们把海德格尔这部著作的题目翻译为《是与时》,即把该书最主要的概念 Sein 翻译为"是",并对本书第一章所讨论的四节 35 段译文做了相应的修正,然后逐段进行了分析和讨论。

现在,我们可以基于前两章的工作进一步讨论,为什么海德格尔所说的 Sein 乃是"是",而不是"存在"。

1. 讨论问题的出发点

从前面的讨论可以看出,《是与时》的正文是从探讨 Dasein(此是)开始的。因此,表面上看,Dasein 乃是讨论的核心概念。但是,这个概念并不是从一开始就出现的。也就是说,全书并不是从探讨这个概念开始的。这样,直观上就有一个问题,这个概念是如何出现的? 它是如何形成和产生的? 在这种意义上,导论对于理解正文的讨论就是非常重要的,因为它向我们交代了为什么 Dasein 这个概念会成为讨论的出发点,它是如何成为出发点的。

前面我们看到,导论的讨论不是从 Dasein,而是从 Sein(是)开始的,因而从 Sein 到 Dasein 就有一个过渡,这样就需要有一些步骤。从前面的论述大致可以看出这样几步:

第一,从关于 Sein 的传统认识出发,指出其中的问题,同时提出这个问题的重要性,因而形成了关于 Sein 的问题;

第二，从一般的发问出发，得出关于一般发问的结构，并且从这种结构出发探讨关于 Sein 的发问的结构，进而探讨 Sein 的意义问题；

第三，在关于 Sein 的发问结构中区别出 Seiende 和 Sein，并且谈到发问者，后者又被称之为一种特殊的 Seiende；

第四，用 Dasein 来称呼这种特殊的 Seiende，并且认为它有优先地位。为了说明这一点，还讨论了这一论述过程并不存在循环论证的问题。

经过这样几步，海德格尔就从 Sein 出发，最终确立了 Dasein 的优先地位。因此在正文中就可以从 Dasein 开始进行论述了。

经过前面的讨论可以看出，《存》这部中译著作告诉我们，海德格尔的讨论是从关于"存在"这个概念的传统看法出发，一步一步进行，最后在关于存在的发问结构中区别出"存在者"和"存在"，并且用"此在"来称呼那种进行发问的特殊的"存在者"。修正的中译文则告诉我们，海德格尔从关于"是"这个概念的传统看法出发，一步一步进行讨论，最后在关于"是"的发问结构中区别出"是者"和"是"，并且用"此是"来称呼那种进行发问的特殊的"是者"。比较这两种理解的对错或合适与否，即海德格尔所说的究竟是"存在"，还是"是"，需要我们逐步看一看海德格尔的论述，或者说，只要逐步看一看海德格尔的论述就可以了。

这些其实也正是本书前面讨论所涉及的问题。在以上几步中，第一步显然非常重要。它不仅是海德格尔讨论问题的出发点，还向我们展示了他所讨论的这个问题不是凭空产生的，不是他自己挖空心思想出来的，而是有历史渊源的，包括从柏拉图、亚里士多德，经中世纪，到康德、黑格尔。因此下面我们首先专门考虑这一步，也就是说，我们围绕译文 1—7 及其修正译文 1^*—7^*，探讨一下为什么海德格尔说的不是存在，而是是。

海德格尔把关于 Sein 的传统看法概括总结为三类。第一类认为 Sein 乃是最普遍的概念，第二类认为 Sein 乃是不可定义的概念，第三类认为 Sein 乃是自明的概念。因此，我们的讨论可以集中在关于这三类看法的论述上，具体地看一看，它们说的究竟是存在，还是是。

在海德格尔关于上述三类看法的说明中，最清楚的是关于第三类的说明，其次清楚的是关于第二类的说明，不太清楚的则是关于第一类的说明。让我们先从第三类看法开始讨论。

在关于这类看法的说明中，既有一般性的描述说明，也有具体的举例说明，因此字面上应该是清楚的。其中，虽然描述说明是一般性的，但是如果我们仔细分析，其实还是可以看出一些非常具体的线索。如前所述，也许我们并非特别明白，"对是者"和"对自身"的"关联行止"究竟是什么意思，但是我们至少清楚什么是认识,什么是命题。因此,在一切认识中,在一切命题中都用得着Sein,这个说明对我们不会、也不应该有什么理解的问题。它首先表明,Sein是一个具体的词,是语言中使用的东西;其次还表明,这个词的使用非常多,具有普遍性。说得通俗一些,Sein是一个经常使用的词,一个人们离不开的词。认识到这一点,我们也就可以看出,"是"乃是这样一个词,具有这样的性质,而"存在"不是这样一个词,不具有这样的性质。因此,海德格尔这里所谈论的Sein只能是是,而不能是存在。

在举例说明中,"天是蓝的"和"我是快活的"这两个例子都包含着"是",因此非常明确地告诉我们,"是"不仅经常被使用,而且它的意思谁都懂。假如结合德文,则可以看出更多一些的东西。前一个例子中的"是"乃是ist,后一个例子中的"是"乃是bin。这就告诉我们,ist是Sein的第三人称单数形式,bin是Sein的第一人称单数形式。或者简单地说,Sein在语言中可以有不同的形式,但是意思是一样的。所以,Sein有不同表达形式,它是所有这些不同表达形式的总称。从这两个例子可以看出,海德格尔所说的Sein,无论是第三人称还是第一人称,都是是,而不是存在。

举例是为了更好地说明理论层面上所要说明的东西,因此所举的例子必须与所要说明的东西一致,或者至少应该与所要说明的东西相匹配。以上论述表明,海德格尔所要说明的乃是"是",而他举的例子含有"是",因而可以说明"是"。这样,他所举的例子与他所要说明的东西乃是一致的。

假如他所要说明的乃是"存在",而他举的例子也含有"存在",因而有助于说明他所要说明的东西,那么他所举的例子与他所要说明的东西也会是一致的。但是实际情况却不是这样。我们看到,在译文6中,他所要说明的东西乃是"存在",而他举的例子不含"存在",只含有"是"。因此他举的例子与他所要说明的东西不一致,无法说明他所要说明的东西。所以在前面我们批评中译文给我们带来无法理解的问题。假如这会是海德格尔的本意,那么他所举的例子就会无助于说明他所要说明的东西,因而从方法论的角度看,他的论述就会存在严重的问题。

这里也许涉及翻译的问题,比如Sein有多种意思,能不能改变例子中ist和bin的翻译,使它适合于"存在"呢?比如,"天**在**蓝","我**在**快活"。在我看来,这样一来,就会涉及其他一些问题。一个问题是,这里出现的乃是"在",而不是"存在"。因而我们要考虑,"在"与"存在"是不是同义词?含有"在"的例子能不能说明"存在"?另一个问题是,"我在快活"似乎是一个符合中文习惯的句子,但是它与"我是快活的"(ich bin froh)的意思是不是一样?这样就有一个问题,海德格尔这里所说的意思究竟是哪一个?还有一个问题是,"天在蓝"是不是合适的、符合习惯的中文表达?它与"天是蓝的"的意思是不是一样?当然,这里同样也有海德格尔本人是什么意思的问题。引申一步,"在"是不是一个在一切认识中、在一切命题中都用得着的词?在我看来,这些问题其实是显然的,因此用不着多做讨论。

此外,中文的"是"有一个特征,这就是它不一定非要表达出来。比如,"天蓝"和"我快活"也是符合中文习惯的表达。在这种意义上,它并非是一个在一切认识中在一切命题中都用得着的词。但是在这里,我们应该注意一个问题,这就是,我们是在理解海德格尔的思想。因此我们不仅应该认真考虑他所说的 Sein 和他相应给出的例子,而且还应该注意他的论述方式。我们看到,在他给出例子的时候,其中的 ist 和 bin 都得到强调,这就说明,它们不仅是重要的,而且是必要的。由此表明,它们与 Sein 是相应的。因此,我们必须理解它们的重要性和必要性,而且也应该使这种重要性和必要性在表达中体现出来。因此,在这两个例子中,"是"乃是不能省略的。由此也就可以看出,它们与海德格尔所要说明的东西一定是相符合的。因此,海德格尔所要说明的,一定是是,而不是存在。

现在我们看第二类看法。这个看法认为 Sein 乃是不可定义的。与此相关,这里提到了定义、定义方法和传统逻辑等等这样一些概念。由于这段话只有一般性的说明,没有举例说明,因此直观上看,它不如第三类看法那样清楚。

字面上看,这里借助定义和定义方法这样的概念来说明 Sein,因此这里所说的 Sein 的意思就要牵涉到对定义的理解。假如人们不知道定义所说的是什么,那么就无法理解这里所说的 Sein。正因为这样,我们才说关于这类看法的论述不如第三类看法清楚。但是,如果知道定义所说的是什么,我们也就可以理解这里所说的 Sein 是什么意思。或者我们至少可以说,对定义的认识会有助于我们对这里所说的 Sein 的认识。

所谓定义,乃是指以"是如此这般"这样一种方式表达的东西。所谓定义方法,指的是传统逻辑提供的一系列如何下定义的方法。其中最主要的、最具代表性的就是属加种差的方法。这种方法告诉人们,对一事物下定义,首先要给出它的属,即说明它是什么样的一类东西,然后再给出它的种差,即说明它在这个属下的专有性质是什么。而且,人们一般认为,这样一种定义的方法揭示事物的本质,说明一事物究竟是什么。基于上述关于定义的认识,现在我们来看一看,海德格尔所说的 Sein 究竟是什么。

Sein 之所以不能下定义。其中一个理由是对它不能使用定义方法,因为既不能从更高的概念导出它,也不能由较低的概念来表现它。这说明,不能找出一个可以作为它上位的属概念,也不能给它找出一个下位的种概念,比如"动物"可以作"人"的上位概念,"人"可以作"动物"的下位概念。由此可以看出,Sein 不是一种类概念。可用 Sein 来表述的东西被称之为 Seiende。根据定义所涉及的种属可以看出,可以表达为种和属的东西可被称之为 Seiende,而它们之间的关系要通过 Sein 来表述。因此 Sein 与 Seiende 不同。从这个角度看,Sein 当然是"是",而不是"存在"。因为在表达一事物是什么的时候,比如人是理性动物,这个"是"起联系主语与表语的作用,而主语与表语则是 Seiende,即是者。

有人可能会认为,上述考虑尽管有道理,但是也不能说这样的考虑就不适用于存在。也就是说,从能不能用更高或更低的概念来表述这一点来考虑,并不能说明这里所说的 Sein 就不是"存在",因为用种和属这样的概念似乎同样无法说明"存在"。但是我们应该看到,这里主要是在谈论定义,并且通过定义方法来论述 Sein。而从定义的角度来看,定义方法与"是"相关,却不会与"存在"相关。熟悉传统定义方法的人都知道,它与存在没有任何关系。因此,在涉及定义的时候,所谈的 Sein 只能是是,而不能是存在。

特别需要注意的是,在论述第二类看法的时候,海德格尔还加了一个注释。而且,这个注释只是一段引文,没有他自己的任何说明。这就表明,为了说明他自己关于 Sein 的不可定义性的看法是有道理的,海德格尔在这里引用了别人的话作为佐证。因此,考虑海德格尔关于定义的论述,一定要结合这段注释。从译文 5 和译文 5* 可以看得非常清楚,这段注释说的恰恰是定义的方式,它表明,要确定 Sein 的意义,就要使用"这是"这样的方式来表达,即要说"这是"。这样就相当于说"是是",因而会陷入矛盾。这是因为,要定义的乃是"是"这个词,而在定义它的过程中却使用了它。借助关于定义的知识我们可以明白,这其实是指犯了循环定义的错误。因为按照定义的规则,定义项中不能含有被定义项,否则就是循环定义。从这里的注释可以看得非常清楚,由于定义要用"是"这个词,因此对 Sein 下定义就会陷入矛盾,因为要用到这个词本身。所以,海德格尔这里所说的 Sein 只能是是,而不能是存在。

需要指出的是,注释中(译文 5*)引用的是帕斯卡的一段话,原文是法文。其中所谈的"这是",原文乃是 c'est。其中所说要定义的"是",原文乃是 l'etre。后者是不定式,相当于德文中的 Sein,前者是第三人称单数形式,相当于德文中的 ist。结合注释,尤其是结合外文来看正文中的论述,我们可以更加清楚地看出,海德格尔所说的 Sein 乃是是,而不是存在。

最后我们来看第一类看法。这类看法认为，Sein 乃是最普遍的概念。海德格尔把这类看法总结表述得非常简单，但是对它的解释却比较复杂。他的解释可以分为两步。第一步是从种属的角度区别 Sein 和 Seiende，说明二者不同，因而说明 Sein 的普遍性不是 Seiende 的普遍性。仅从这些说明，我们尚不能看出这里说的 Sein 究竟是什么，比如，它究竟是"是"，还是"存在"。第二步似乎是从哲学史的角度进行说明。在这一步的说明中，海德格尔谈到柏拉图、亚里士多德、托马斯·阿奎那、司各脱、黑格尔等人，显然是在借助他们的相关论述和观点。由于对这些人的相关论述没有详细说明和讨论，因此这段话所说的 Sein 究竟是什么意思，似乎也是不清楚的。比如，无论是海德格尔自己总结出来的"'超乎'一切族类的普遍性"，还是他引用黑格尔所说的"无规定的直接性"，从这些论述出发我们即便可以理解 Sein 具有普遍性，大概也无法看出，这里所说的 Sein 究竟是"是"，还是"存在"。

必须指出，关于第一类看法的说明不是那样清楚，并不是说这里的说明根本无法理解，而是说仅从字面上我们尚无法看出其中所说的 Sein 究竟是"是"还是"存在"。第一步说明牵涉到种属及其相关的东西，因此为了理解这里的论述，我们需要理解种属及其相关的东西。恰恰在海德格尔关于第二类看法的说明中可以获得相关的理解。如前所述，Seiende 指的是可以用 Sein 表述的东西，即"是者"，而 Sein 乃是用来表达的，即"是"。也就是说，随着海德格尔的进一步解释，即随着他论述第二种看法，我们可以明白，第一步所说的 Sein 指的是"是"，而不是"存在"。如果说第一步的说明需要结合关于第二类看法的说明才能理解，那么第二步的说明则需要结合柏拉图、亚里士多德、托马斯·阿奎那、司各脱、黑格尔等人的相关论述才能理解。在我们所引的 35 段译文中，我们看不到这样的论述，因此无法得到相应的理解。但是，既然他提到这些人的看法，我们还是可以有办法获得相应的理解。比如，我们可以进一步阅读海德格尔的著作，找到他关于柏拉图、亚里士多德、托马斯·阿奎那、司各脱、黑格尔等人关于 Sein 的论述，从中获得相应的理解；或者，我们可以直接阅读柏拉图、亚里士多德、托马斯·阿奎那、司各脱、黑格尔等人的著作，从他们关于 Sein 的论述中直接获得关于 Sein 的理解和认识。不过，既然这里海德格尔没有说，我们也就点到为止，不做进一步的讨论。

综上所述，在海德格尔总结的关于 Sein 的三类传统看法中，其中两种非常清楚或比较清楚地告诉我们，它们所说的 Sein 乃是"是"，而不是"存在"。只有一类没有如此清楚地告诉我们这样的结论。但是，如果超出它本身的论述，比如联系关于第二类看法的论述，我们还是可以看到，这类看法所说的Sein乃是"是"。最保守地说，即使从有关柏拉图、亚里士多德等人的论述得不出这样的结论，我们大概也同样看不出这里所说的Sein就是"存在"。认识到海德格尔是在论述同一个东西，看到以上结果，我想，我们在这里可以做一个谨慎的推论，这里所说的Sein乃是"是"，而不是"存在"。

以上讨论基本是字面上的，现在我们可以作更进一步的讨论。从我们论述这三类看法的次序可以看出，第三类看法的范围最广，可以说与语言和日常表达相关，因为它谈到"一切认识"、"一切命题"，举了"天是蓝的"这样的例子，还指出我们生活在对是的领会之中。第二类看法的范围不是那样广泛，因为它谈到定义，谈到传统逻辑。这显然是局限在某一个领域和范围之内。第一类看法则既不像第三类看法那样广泛，又不像第二类看法那样狭窄，而是着眼于哲学史。认识到这三类看法的区别，也就可以看出海德格尔本人的论述特点：先从哲学史的角度出发，然后从某一个具体范围出发，最后从日常和普遍的表达出发；或者，从哲学史的角度出发，然后过渡到某一比较具体的范围，而后又过渡到日常和普遍的表达。这样的论述不管出于什么考虑，我们至少可以看到其中一个明显的特点，这就是从一般性的哲学探讨进到比较具体的某一学科的探讨，再扩展到最一般性的探讨。这样，关于Sein的看法的探讨的重要性就显示出来了。关于Sein的探讨与逻辑相关，哲学家们在探讨Sein的问题时重视从逻辑来考虑它，说明了这个问题重要。关于Sein的问题的探讨与日常和普遍的表达相关，说明了这个问题的普遍性，因而说明了它的重要性。认识到这一点，我们也就可以看出，在探讨Sein的问题、考虑它究竟是什么意思的时候，必须注重逻辑对它的考虑，必须注重它在日常表达中的意义。

假如海德格尔没有我们说的这些考虑，而只是一般性或随意的总结概括，那么我们至少可以看出，从传统的看法出发，在哲学中，在逻辑中，在日常表达中，Sein的问题不可或缺，占据非常显著的地位，得到人们的关注。否则海德格尔也不会有这样的总结概括。由此可见，在考虑Sein的时候，逻辑的考虑，日常表达的考虑，乃是不可或缺的要素。

因此，无论怎样，探讨Sein的问题，逻辑的角度和日常表达的意义乃是必须要考虑的。而只要结合这两点来考虑，我们就可以看出，Sein指的不可能是"存在"，而只能是"是"。因为传统逻辑（包括定义）所考虑的乃是"S是P"这样的东西，而在日常表达中，"S是P"也是最普遍的表达方式。与此形成鲜明对照的是，"存在"在传统逻辑中没有地位，不被考虑；而在日常语言中,它也不是具有普遍性的表达:如前所述,"某物存在"或"存在某物"这样的表达既不多见,也不常用。

为了更好地说明这里的问题,我们还可以引申一步,结合海德格尔在其他地方的论述来看一看这里的问题。

在《现象学的基本问题》中,海德格尔在谈论 Sein 这个问题的时候提到如下四个论题:其一,康德的命题:"Sein 并不是实在的谓词";其二,中世纪基于亚里士多德的本体论论题,包括"是什么"(Was-sein[essentia])与"是现成的"(Vorhandensein[existentia]);其三,近代的本体论论题:Sein 的基本方式乃是自然的 Sein(das der Natur[res extensa])和精神的 Sein(das Sein des Geistes[res cogitans]);其四,最广义的逻辑论题:一切 Seiende,无论其各自 Sein 的方式如何,都可以通过"ist"来称谓和谈论,即系动词的 Sein。①

对照《是与时》中所说的三类看法(以下简称"三类看法")与《现象学的基本问题》中所说的四个论题(以下简称"四个论题"),我们可以看到一些明显的不同之处。首先,三类看法虽然谈到康德,却是在谈论自明性的时候谈到他,因而只是间接的,而且没有提及康德的论题;虽然谈论到黑格尔,因而从时间上涵盖了关于二元论的论述,但是没有谈到精神与自然的二元区别。四个论题没有提及三类看法所提及的许多哲学家,比如根本没有提及黑格尔;而且,虽然提到亚里士多德,却仅仅是把他作为中世纪的思想来源而已。

其次,四个论题明确把"逻辑论题"作为论题之一,却没有提及定义方法,三类看法明确谈论定义方法并提到传统逻辑。因此,虽然都谈到逻辑,二者还是有明显区别的。

还有,四个论题谈论一切 Seiende 的 Sein 的方式,并且明确提到"系词"作为对 Sein 的说明,但是没有举例说明,而三类看法谈到一切认识和一切命题,并且通过举例来说明,却没有提及系词。这当然也是不同的。

我们知道,《是与时》完成于 1926 年,发表于 1927 年。《现象学的基本问题》则是基于 1927 年马堡大学同名课程的讲义编辑而成。从时间上看,这两部著作几乎是同时完成的。《是与时》说,"只有澄清和解答有关是(Sein)的问题为前提,古代本体论本身才能得到充分的阐释"(译文 2*),因此谈论三类看法,以便"让人明见重提是(Sein)的意义问题的必要性"(同上)。而《现象学的基本问题》提出这四个论题也是为了让人们"先大体

---

① 参见 Heidegger, M., *Die Grundprobleme der Phänomenologie*, Vittorio Klostermann, Frankfurt am Main, 1975, S. 20

熟悉一下关于 Sein 的探讨"①。由此可见,谈论三类看法和四个论题的动机和目的差不多是一样的。按理说,在几乎相同的时间之内,本着相同的目的和动机,关于同一个问题的看法本该是一样的,可是关于 Sein 的论述怎么会有这么多不同之处呢?因此,对于这里的区别和问题,我们需要认真考虑。

以上区别是明显的,相应的问题也是直观可见的。在我看来,这里实质性的问题主要有两个。一个涉及逻辑与哲学的关系,另一个涉及逻辑与语言的关系。下面我们就来分析一下这两个问题。

三类看法和四个论题都提到逻辑,因而关于 Sein 的哲学讨论会涉及与逻辑的关系,乃是显然的。这一点似乎甚至用不着多说。我强调这一点,只是想提醒人们注意它背后的问题:海德格尔讨论 Sein 为什么会涉及逻辑?为什么谈论 Sein 一定要从逻辑的角度或结合逻辑来考虑?不这样难道不行吗?我之所以提出这样的问题,实际上是希望人们看到,逻辑的考虑有时候似乎并非一定恰当。比如从四个论题来看,它的分类标准显然是有问题的。前三个论题是从哲学史上的问题出发的,而第四个论题却不是,它似乎是从学科分类出发的。无论是康德的论题,还是中世纪的论题,还是身心二分的认识论问题,都会涉及逻辑的问题,都不会与逻辑没有关系。甚至海德格尔本人也说,这些论题彼此之间有着密切的内在联系②。因此,前三个论题并列在一起没有什么问题,但是,逻辑论题怎么能够作为一个单独的论题而与其他三个论题并列在一起呢?仅以这里所涉及康德的论述为例。他在《纯粹理性批判》中提出要从成熟的科学,即从逻辑和数学出发,在谈论 Sein 不是谓词的时候,明确谈到系词③,因此,康德的论题固然可以作为四个论题之一,但是它又怎么可能与逻辑的论题、包括与其中所提到的系词没有关系呢?所以,即使不专门谈论逻辑论题,论述中也会牵涉到逻辑,也会与逻辑相关。但是,有了逻辑论题,四个论题的谈论方式从分类的角度看反而会出问题。既然如此,为什么不直接谈论 Sein 的问题,而是一定要专门谈论逻辑或从逻辑的角度来谈论呢?

三类看法和四个论题都提到逻辑,但是,如果我们足够仔细,还是可以看出一些区别来的。一个非常明显的区别是,三类看法谈的是"传统逻

---

① 参见 Heidegger, M., *Die Grundprobleme der Phänomenologie*, S.20。
② 同上。
③ 我曾详细讨论过这个问题。参见王路:《"是"与"真"——形而上学的基石》,第258—260页;《逻辑与哲学》,第三章;《康德的"'是'不是谓词"之说》,载《外国哲学》第22辑,商务印书馆,2012年。

辑",四个论题说的却是"最广义的逻辑"。同样是修饰词,"传统"与"最广义的"的意思却完全不同。"传统"只是表明逻辑的一种时代特征,而且"传统逻辑"已经成为一个固定表达,类似一个专名,它指基于亚里士多德逻辑而形成的逻辑,或者指自亚里士多德以来、在现代逻辑产生之前的逻辑,因而"传统"这个修饰并不会改变逻辑本身的意义。但是,"最广义的"一词却与"传统"不同,它不具备时间性的说明,因而无法表达"传统"所表达的意思。相应地,"最广义的逻辑"也不像"传统逻辑"那样类似一个专名,指某一种特定的逻辑。因此,尽管我们不知道海德格尔这里是不是有什么特别的含义,但是我们至少可以看出,增加了这个修饰,就使逻辑一词的意义发生了变化,由此也就形成了与三类看法所说的逻辑的区别。这就是说,四个论题所说的逻辑与三类看法所说的逻辑不同,是有区别的。

如果说以上区别只是从名称看出来的,似乎带有推论的性质,因而并不是非常清楚,也不一定可靠,那么我们还可以看一看具体的相关论述。与逻辑相关,三类看法讲的是定义和定义方法,四个论题谈论的则是一切 Seiende 的 Sein 的方式。这两种内容显然是不同的。前者是逻辑的内容,后者却不是,至少可以不是。这是因为逻辑固然可以谈论 Sein 的方式,但是其他学科也可以谈论,比如哲学中谈论的范畴方式,语言学所谈论的主系表结构等等。换句话说,谈论 Seiende 的 Sein 的方式大概不会使我们想到定义及其方法。如果可以与三类看法发生联系,它大概会使我们联想到其中第三类所说的"一切认识"和"一切命题"。前面我们说过,这类看法说的是 Sein 的自明性,实际上谈论的则是日常表达。现在我们看到,四个论题没有提到日常表达。但是,所谓"一切 Seiende",无论是不是可以从逻辑的角度来考虑,至少从日常表达的角度来考虑乃是没有什么问题的。认识到这一点,也就可以看出,这里的论述实际上可能会超出逻辑的范围,但是"最广义的"这一修饰则可以保证,即便如此,这里的论述也不会有什么问题。

除了以上区别之外,具体的论述中还有一个明显区别,这就是关于系词的论述。我们知道,逻辑的基本句式是"S 是 P",这里从句法的角度来谈论 Sein,因而说它的意义乃是系词,只不过是从语法的角度确定了它的意义。"S 是 P"中的"是"毫无疑问乃是系词。所以四个论题用系词来说明逻辑论题,意思应该是明确的。但是,系词也可以是语言学家看问题的角度,因而也可以是语言学家从语言的角度做出的说明。因此,系词的说法可以帮助我们理解逻辑论题,但是这种说法并不一定就是从逻辑出发的,因而并不一定就表明它所说的乃是与逻辑相关的。实际上,四个论题明确提到系词,固然可以使我们明白所说的 Sein 乃是"是",但是三类看法通过举例,比如"天是蓝的","我是快活的",也可以使我们明白所说的 Sein 乃是系词。因此,所谓系词,不仅可以从逻辑的角度来理解,当然也可以从其他角度来理解,比如从语法的角度,从语言的角度,从日常表达的角度等等。由此可见,四个论题中对逻辑的附加说明,即所谓"最广义的逻辑",并不是单纯指逻辑本身,而是有了超出逻辑范围的意义。

认识到以上区别并且基于这样的认识来理解三类看法与四个论题,我们就可以看出,表面上看,三类看法谈到了三类情况。一类是哲学史上的看法,另一类是逻辑的看法,还有一类是日常表达的看法。四个论题则谈到两类情况。一类是哲学史上的看法,另一类是最广义的逻辑的看法。因而它们的谈论乃是有区别的。但是实际上,三类看法把关于逻辑的看法与关于日常表达的看法分开来谈,而四个论题则把这两类看法合在一起谈论的。因此它们的论述实质上并没有什么太大的区别。或者我们也可以认为,它们实际上只谈到两类情况。一类是哲学史上的看法,另一类是最广义的逻辑的看法。后者可以概括为系词的看法,因为这一点从逻辑的角度、从语言的角度看,乃是一致的。谈论逻辑可能会涉及语言,但是这与谈论语言还是有根本的不同。谈论系词可能会牵涉到逻辑,但是这与谈论逻辑毕竟还是有区别的。因此,通过以明确谈论定义的方式和举例的方式把逻辑的考虑与语言的考虑区别开来,与通过"最广义的逻辑"这一表达而把语言的考虑容纳进来,实际上是殊途同归:它们以不同的方式考虑了相同的问题。因此,两处的谈论实质上没有什么太大的区别。

基于以上认识,则可以看出,三类看法与四个论题,虽有时间先后的差异,但是关于 Sein 的看法并没有什么太大的不同。在我看来,《是与时》尽管没有完成,却是为求职而提交发表的著作,因此在表达上应该是比较严谨的。《现象学的基本问题》是授课讲义,大概可以随意一些。所以,同样是谈论 Sein 的问题,有些差异,有些出入,完全是正常的;选择论题,多一个或少一个,侧重此一个或彼一个,也是可以理解的。认识到这一点,我们也就会更加清楚地看到,在关于 Sein 的看法上,它们的差异其实并不那么重要,相反,它们的相同之处才是最重要的。因此,谈论 Sein 的问题,进而理解 Sein 的意义,关于逻辑的考虑,关于系词的考虑,才是最重要的。

现在我们回到《是与时》讨论 Sein 这个问题的出发点。经过以上比较,我们显然可以看出,海德格尔关于逻辑的考虑似乎是必要的,即使这里没有使用"逻辑论题"这样的表达,即使我们前面问的那些问题尚未得到回答。我们显然还可以看出,海德格尔关于系词的考虑似乎也是必要的,即使这里尚未使用"系词"这个表达。而且,把这两点分开论述似乎也不是没有道理的。从日常表达来看,它显然与系词相关,而不仅仅局限于逻辑。此外还有更为重要的一点。直观上说,谈论西方哲学的时候说到逻辑在其中的作用总是不会错的。但是严格地说,这种说法只适用于亚里士多德之后,因为是亚里士多德创立了逻辑,自他以后逻辑才作为一门学科被人们认识和学习,逻辑方法才作为一种方法被人们使用。由于第一类看法谈到柏拉图,因此逻辑是不是与他相关,如何与他相关,至少是需要讨论的。但是,从系词的角度来考虑 Sein,毫无疑问是与他相关的。因此,哪怕只是一种直观的认识,海德格尔关于出发点的谈论也还是很有道理的,而且考虑还是比较全面的。

在我看来,在理解 Sein 的问题上,重要的其实不是逻辑,而是系词。人们在日常表达中使用系词。有了逻辑,人们固然可以通过这门学科的学习获得十分明确的关于 Sein 的认识,但是,即使没有逻辑,人们也依然可以通过对系词的分析来获得关于 Sein 的认识。这里的区别仅仅在于,西方的逻辑已经有了两千多年的历史,人们使用和谈论起来已经习以为常。但是,逻辑与语言的区别毕竟还是存在的。而且,这里还有一个更为重要的问题。传统逻辑的建立依赖于对系词的分析,因而能够体现系词的特征。但是从 Sein 的意义来看,系词的考虑则还有超出逻辑范围的意义。因此,在探讨 Sein 这个问题的时候,海德格尔考虑问题的出发点谈到了逻辑,也谈到了日常表达中的例子,由此使我们可以考虑逻辑,也可以考虑系词,并由此出发来获得对 Sein 的意义的认识。因此,从海德格尔讨论 Sein 这个问题的出发点,我们可以得到以下两点非常明确的结论。

第一,Sein 的意义乃是"是",而不是"存在",而且它只能是"是",而不能是"存在"。

第二,这样的看法,不是仅仅从逻辑出发得到的,也就是说,并非只有从逻辑出发才能得到这样的看法。相反,这样的看法不仅是从逻辑出发得到的,而且是从日常表达出发得到的,是从 Sein 这个词最通常的使用、从它最基本的使用方式、从它的基本意思得到的。我们甚至可以看到,即使不从逻辑出发,仅从 Sein 的日常表达出发,我们也可以得到这样的看法。

2. 关于语言的考虑

通过前两章的讨论可以看出,海德格尔关于 Sein 的讨论有一个非常明显的特征,这就是关于语言的考虑。在我看来,关于 Sein 的探讨,无论怎样,从语言的角度或层面的考虑都是至关重要的,甚至是首要的。因为 Sein 首先是一个词,因而在语言中被应用。考虑它的意义,当然不能脱离它在语言中的使用和表达。而且对于我们中国人来说,理解 Sein 的问题,本身还会牵涉到不同语言和文化的差异。因此,在海德格尔关于 Sein 的论述中,他从语言角度的考虑,或者更宽泛一些,与语言相关的考虑,对于我们理解 Sein 的意义乃是非常重要的。下面,让我们从这个角度出发来进一步理解,海德格尔所说的 Sein 究竟是什么。

从所引译文可以看出,一些论述显然直接与 Sein 这个词有关,因而关于语言的考虑比较明显;一些论述虽然涉及 Sein,似乎却不是在直接论述 Sein 这个词,而是论述其他一些东西,比如 Sein 所表达的东西,Sein 的意义等等,因而关于语言的考虑似乎不是那样明显。为了讨论的方便,探讨海德格尔在论述中与语言相关的考虑,让我们先看比较清楚的情况。在我看来,至少有三种这样的情况。

第一种,在论述定义的方式时,海德格尔明确地说,定义 Sein 的时候"必须说'这是',并且使用这个在其定义中被定义的词"(译文5*)。前面说过,理解与定义及其方法相关的论述,依赖于我们对定义的知识和了解,因此理解这里的论述需要我们联系关于定义的认识。但是,即使我们不知道定义是怎么一回事,仅从字面上也可以看出,这里所说的乃是"这是"中的"是"。原因很简单,"这是"乃是我们说出来的东西。说出的东西,当然与语言有关。如果细说,这里可以区别出两个层次。一个是语言层面的东西,即词,另一个是语言所表达的层面的东西,即概念、对象或意义之类的东西,因此语言与语言所表达的东西乃是两个不同层面的东西。这里提到"说",当然会涉及语言层面的东西,或者至少不能不涉及语言层面的东西。

若是认为虽然在引文中谈到"这是",但是海德格尔本人不一定会区别得那样清楚,因而这里的"说"并不能明确地表明是在谈论语言或与语言相关,那么随后所说的"使用这个……词"则毫无疑问的是关于语言的谈论,而不是关于语言所表达的东西的谈论,因为"词"显然是语言层面的东西。认识到这一点,也就可以看出,这里的"这是"中的"是"也是从语言的角度谈论的,因为"这个……词"这个明确的说明乃是指它的,而它本身以加着重号的方式给予强调,也表明了是被谈论的东西。二者联系起来,我们可以看得非常清楚,这里谈论的乃是"这是"中的"是"这个词,因而是在谈论语言。

从前面的探讨可以看出,关于"这是"的翻译和理解,修正的中译文与所引的中译文是一致的,因而没有对它进行修正。这就表明,在明确涉及与语言相关的论述时,有时候不会产生理解的问题。在我看来,这一点是十分有教益的。它告诉我们,从语言的角度出发,我们可以达到关于 Sein 的正确理解。但是,如果看到,这是关于 Sein 的一个具体说明,那么我们就会认识到,这个具体说明应该与所要说明的东西相一致。因此,这里明确谈到语言,我们也清楚地认识到这里谈论的乃是"是",那么以此所要说明的 Sein 当然也应该是"是",而不应该是"存在",而且也只能是"是",而不能是"存在"。退一步说,至少这里所说的 Sein 字面上应该是"是",而不能是"存在"。因为从语言的角度看,即从这里所说的"这个……词"的角度看,我们只能看到"是"。无论如何,我们是看不到"存在"这个词的。

若是结合定义的方式,则可以看得更加清楚,这里所说的乃是"是",而不是"存在",因为定义的方式是"S 是 P"。因此,说出"这是",使用"这是"这种方式,乃是必需的。这里,我们可以清楚地看到"是"这个词,但是我们看不到"存在"这个词,而且我们只能看到"是"这个词。

第二种,在谈论 Sein 的自明性时,海德格尔明确地说,"在一切认识中、一切命题中,……都用得着'是'"(译文6*)。我认为,这里说的"用",与前面所说的"(使)用",意思是一样的。认识到这一点,也就可以看出,这里所说的乃是用 Sein,实际上与前面所说的说 Sein 乃是一回事。也就是说,所谓用 Sein,其实就是说 Sein,在说话的过程中使用了 Sein 这个词。因此,根据前面的区别,我们可以看到,这里牵涉到两个层次,一个层次是使用了 Sein 这个词,另一个层次是用这个词来表达一些东西。Sein 所表达的东西一定要通过这个词本身来体现,因此,"用"Sein,乃是语言层面的说明,至少与语言层面相关。我们确实可以考虑,这里所说的这个 Sein 究竟是什么意思,但是我们首先应该看到,这里首先说的乃是 Sein 这个词本身。

与这个说明相关的还有这里提到的"一切认识"和"一切命题"。前面说过,"命题"在德文里字面意思是说出来的东西,因而也与"说"相关。字面上看,认识与说无关,但是,认识是需要通过语言来表达的,是需要被说出来的,换句话说,只有说出来的东西,才能被称之为认识,才会被人们认识。在这种意义上,我们也可以认为,认识也与"说"相关。因此,这里关于 Sein 的论述乃是从语言角度考虑的。

与前一种情况不同的是,"一切认识"和"一切命题"这种说明并没有给出"这是"这样具体的说话方式,也没有给出定义这样的参照因素,因此,即使看到这里的论述与语言相关,我们又如何能够确定这里所说的 Sein 乃是"是"而不是"存在"呢?

我认为，这里特别重要的是"一切"这个修饰语。它表明，这里所说的命题和认识不是任意的，不是个别的，而是具有普遍性的。在这种情况下，这里所说的这个 Sein 也必须具有普遍性。由于它是一个被使用的词，因此我们就要考虑一下这个被普遍使用的词究竟是什么。"存在"显然不具备这样的性质和特征。前面我们说过，"存在"的用法非常窄，因而使用范围非常小。比如，"某物存在"，或"存在某物"，这大概是我们仅有的使用它的方式。所以，它不可能被用于一切命题，也不可能表达我们的一切认识。相反，"是"这个词却具备这样的性质，它适用于非常广泛的命题，可以表达各种各样的认识，比如海德格尔举的例子。因此，这里所说的 Sein 乃是"是"，而不是"存在"，它也只能是"是"，而不能是"存在"。

这里实际上牵涉到中西语言的一个重大区别。在西方语言中，动词一般分为两类，一类是 to be，另一类是 to do。前者是主系表结构，表达的是关于事物的描述、说明，因而可以表达人的认识；后者是主动宾或主动结构，表达的是行为，因而可以表达人的活动。此外，在西方语言中一直有一种看法认为，后一种情况也可以化归为前一种情况，以此更加突出了前一种情况的重要性。① 基于这样的认识，人们一般认为，being(Sein) 乃是系词，它的意义乃是它在句子中的语法作用所体现的，随着表语的不同，它可以表示出不同的含义。汉语不是语法语言，过去没有关于系词的明确认识。即便今天知道了"是"这个词是系词，人们仍然认识到，这个词在古代最初并不是系词，直到汉代它才逐渐演变为系词，而且即使在今天，我们的许多表达仍然可以不使用它。比如海德格尔所说的"天是蓝的"，我们可以说"天蓝"。这里显然存在着汉语与西方语言的重大区别。

基于这一点，我们可以看出，认识到海德格尔关于语言的探讨乃是重要的。既然是在谈论语言，就必须在语言上把所谈论的东西显示出来，因此我们必须知道这里所谈的 Sein 在语言中是什么样子的。既然是从语言的角度在谈论 Sein，语言中的这个 Sein 与讨论中所说的这个 Sein 就必须一致，

---

① 这是一个很有意思也非常重要的问题。早在古希腊，亚里士多德就谈过这个问题。他在《形而上学》第五卷第七章中谈论"是"的含义，认为它与谓述表达方式乃是相同的。"因为在'一个人是一个保持健康者'和'人保持健康'之间没有区别，在'一个人是一个行走者或收割者'与'一个人行走或收割'之间也没有区别。"(1017a25 – 30) 今天仍然有人谈论这个问题。比如《经验与判断》中，胡塞尔一方面谈到"判断的基础图型是**系词判断**，它所获得的基本形式是'S 是 p'"，另一方面又认为，其他动词组合的判断都可以转换成这种判断，比如"人走"可以转换为"人是走着的"。(参见胡塞尔：《经验与判断》，邓晓芒、张廷国译，三联书店，1999 年，第 29 页) 我曾经讨论过这个问题，参见王路：《是与真——形而上学的基石》，第 168—169 页，第 411 页。

它必须能够说明所探讨的这个 Sein。因此,至关重要的有两点,一点是把这里所说的这种系词特征表达出来,满足这里所说的这种普遍性;另一点是这里所表达的这种系词特征还必须与这里所说的 Sein 相一致,从而达到这里所要达到的说明作用。正因为如此,在明确论述语言的地方,所说的 Sein 乃是"是",而不是"存在",而且,它也只能是"是",而不能是"存在"。

第三种,在论述与 Sein 相关的范畴性质和存在性的区别时,海德格尔明确地说,尽管有这样的区别,但是"我们表达这种 Sein 的关系的语言手段是相同的"(译文 28*)①。这里明确提到语言、语言的表达以及语言表达的方式,显然是从语言的角度在论述问题。这里的论述告诉我们,Sein 会有不同的含义,比如有时候会表达范畴性质,有时候会表达存在性质,但是无论什么意思,它们在语言中的表达方式乃是相同的。那么,语言表达方式相同,这是什么意思呢?对此海德格尔没有明确说明。这可能有两个原因。一个是他的论述不清楚,另一个是这个问题是自明的,用不着说,或者他认为是自明的,用不着说。按照我的理解,这里应该是后一种情况。我们知道,语言表达各种各样的思想,也会表达出各种不同的含义。但是,所有这些都要通过词来表达。一词多义与多词一义,乃是语言表达中常见的情况。一词多义,指的就是一个词可以表达出多种意思。在这样的情况下,我们也可以说,这些不同的意思乃是以相同的方式表达的,或者它们的表达方式乃是相同的,比如海德格尔讲定义时提到的要用"这是"的方式。因此,所谓以相同的手段或方式来表达 Sein 的关系,指的不过是以同一个词来表达,大概也只能是这种意思。否则,这会是什么意思呢?

认识到这一点,我们就会看到,所谓 Sein 的不同性质的关系,一定是通过 Sein 本身来表达的,或者,同样一个 Sein 可以表达出不同的关系,比如有时候它表示的是范畴性质,有时候表示的是存在性质。这样,我们可以得到两个区别。从语言形式上看,即从语言表达方式上看,出现的一定是 Sein 这个词(的各种变形)。而从语义上看,它有时候表示范畴性质,有时候表示存在性质。这里,我们大致会联想到海德格尔在引入这种区别时所谈论的"是什么"(Was-sein)和"是"(Sein),他明确地说,一事物的"是什么"也要从它的"是"来理解(译文 17*)。无论意思多么不同,这里的 Sein 乃是共同的,即这里的不同含义乃是通过相同的语言形式表达的。从表达含义的丰富性来看,这里所说的 Sein 只能是"是",而不能是"存在"。如前所述,

---

① 这句话的字面翻译应该如下:"我们在语言中以相同的方式表达这种 Sein 的关系。"(S.55)文中讨论仍然随译文 28*。

Sein 能够有普遍性、自明性等等,而在这些意义上,它是"是",而不是"存在",而且它也只能是"是",而不能是"存在"。

以上三种情况非常清楚地表明是在谈论语言,即在谈论 Sein 这个词,或者是从语言的角度,即从 Sein 这个词的角度来探讨问题。现在我们再来看一看与上述不太相同的情况,即一些似乎不是直接与语言相关的论述。在我看来,这至少也有三种情况。

一种情况是举例说明。比如"天是蓝的","我是快活的"(译文 6*)。这些例子是自明的,不会有任何理解的问题。但是,它们如何表达出它们是与语言相关的论述呢?总不能因为它们是用语言表达的,我们就认为它们是与语言相关的吧!我认为,这里有两点值得注意。一点是对这两个例子中的"是"一词本身的强调:译文中加着重号,德文原文中是斜体。这样一种字面上的强调向我们表明一种意思,它提醒我们注意和思考这里使用的这个词。因此这里的论述表面上是举了两个例子,实际上却是让我们思考这两个例子中所使用的"是"这个词,即让我们考虑这里的语言表达。因此这里的论述实际上是与语言相关的。

另一点是用这两个例子所做的说明。从上下文可以看出,这两个例子是为了说明我们会普遍地"用"这个"是"。前面已经说过,关于 Sein 的使用的说明乃是语言层面的说明。这里的举例与"用"相关,即旨在说明我们确实会用 Sein 这个词,因此归根结底,这样的举例也是与语言相关的论述。

因此,从海德格尔的举例可以非常清楚地看出,Sein 这个词肯定是"是",而不是"存在",而且,也只能是"是",而不能是"存在"。

我强调海德格尔的举例说明,因为在我看来,举例是为了说明所要讨论的东西,因而要与所要讨论的东西相匹配。讨论的 Sein 虽然是一个名词,或者说是一个抽象概念,但是它并不是没有来源的。日常语言中的例子不仅可以告诉我们这个词的日常用法,而且可以告诉我们这个词的来源,因此有助于我们理解这个词究竟是什么意思。特别是,海德格尔给出这些例子也是为了说明 Sein 这个词本身的自明性,它使用的普遍性。当然,他也想通过这些例子来说明,尽管它们似乎是自明的,但是这个词本身的意思却并不是那样清楚。因此,通过这些例子来理解 Sein 这个词的意义乃是非常重要的。

这里还有另一个原因:认识到举例的重要性,我们就会比较注意和在乎海德格尔所举的例子。如果有这方面的意识,我们其实可以看出,除了这里明确的举例外,还有一些不是那样明确的例子,它们对我们理解 Sein 这个概念同样是非常重要的,也是非常有帮助的。比如在论述"在—之中—是"时谈论 Sein 的方式,那里海德格尔说到"有如水是'在'杯子'之中',衣服是'在'柜子'之中'"(译文 26*)。这种谈论实际上也是举例说明。

为了更好地说明这个问题,我们仅看前面关于 Sein 的发问的论述:当我们问"'是'是什么?"的时候,我们已经栖身于对"是"的领会之中(译文 9*)。引号中的话是一个问句,是海德格尔思考 Sein 的时候的发问。但是它本身就是一个活生生的例子。其中的第一个"是"被引号括起来,因而成为谈论(发问)的对象,第二个"是"则以变体的方式(中译文加着重号,德文原文斜体)给予强调。这无疑是想说明它与第一个"是"之间的对应关系,即它们是同一个词;进而也就表明了这里的问题,即同一个词在被问的过程中既被问到又被使用,因而显示出对它的发问首先依赖于对它自身意义的理解。所以,在这个论述过程中,海德格尔实际上是举了一个例子,通过语言中关于 Sein 的具体表达来指出与 Sein 相关的问题。

另一种情况是在论述过程中对 Sein 这个词给予强调。我的意思不是指强调它的名词形式,比如"一切本体论当然都把'Sein''设为前提'"(译文 14*),这里用引号把 Sein 这个词括起来,显然是对它的强调。但是,Sein 在这里是名词,这样一种强调显然是把它当做一个对象来谈论,因此即使有强调的意思,也没有举例的意思。我所说的强调指的是另一种情况。比如,"是者的这个是本身不'是'一种是者"(译文 11*);就 Sein 对是者的重要性而言,"它'是'这样的"(译文 18*);"它们谁也不能'是''在'另一个那里"(译文 29*);"人不'是''世界'"(译文 32*)等等。这样的情况很多。从这些情况可以看出,其中的"是"被引号括起来,得到强调。但是在这些句子中,"是"不是名词,而是动词,即 Sein 这个词的动词形式。因此我们会问,在这些情况下,海德格尔为什么会强调 Sein 这个词的动词形式呢?

仔细分析一下,就可以看出,这些例子实际上都是论述中的一些具体陈述,它们的含义是通过"是"这个动词表达出来的。换句话说,对于它们的表达,"是"这个词起了至关重要的作用。海德格尔用引号把它们括起来,自然是要强调它们,那么他强调的是什么呢?在我看来,他实际上是在强调,我们要用"是"这个词。他以此也就表明,我们离不开这个词。由此也就更表明他所探讨的 Sein 非常重要。认识到这一点,也就可以看出,这些话不仅是与 Sein 相关的论述,而且是一些具体用到 Sein 的例子。其中对"是"(ist)的强调,实际上是对 Sein 本身的强调,以此使我们看到这里对这个词的使用,这个词所起的作用,由此获得对这个词的进一步理解。认识到这一点,也就可以看出,海德格尔所说的 Sein 乃是"是",而不是"存在",它也只能是"是",而不能是"存在"。

还有一种情况是谈论并强调我们生活在对 Sein 的领会之中。这一点不仅出现在开始对 Sein 的描述和说明中(译文 6*），而且在后面的论述中多次出现。

直观上看，谈论我们生活在对 Sein 的领会之中，似乎并不是在谈论语言，好像与语言也没有什么关系。但是如果我们仔细分析，却可以看出，这样的论述实际上是与语言相关的。这个论述的第一次出现似乎是在关于 Sein 的第三种传统看法的论证中。那里谈论的乃是 Sein 的自明性，被使用的普遍性，并且还给出了如何使用它的例子。正是在这种情况下，海德格尔提到"我们向来已经生活在一种对 Sein 的领会之中"。这就说明，这个论述不是随意的，而是基于关于 Sein 这个词的使用、基于这个词的意义的，因而是与 Sein 这个词相关的。

如果我们再仔细阅读，则还可以看出，关于 Sein 这个词的用法，这里有"谁都懂得"这样一个说明。此外，两个例子也是通过"谁都懂得"而引入的。按照这里的解释，所谓"谁都懂得"，意思是说"谁都理解"。因此，所谓"懂得"也会有领会的意思，至少不会排除领会的意思。看到这一点，也就可以认识到，所谓懂得乃是指对于在一切认识中、在一切命题中要用到的那个 Sein，人们是可以理解的，不会有任何理解的问题；具体地说，这是指人们理解像"天是蓝的"这样的句子，特别是，理解其中的那个"是"。这当然是关于语言的说明或者是与语言相关的说明。由此可见，关于 Sein 的"领会"实际上是通过"懂得"和"可理解"这样一些说明做基础和铺垫的，因此不会有任何理解的问题，但是由此也就看出，所谓"领会"乃是与语言相关的说明。

认识到这一点，我们还可以看出，与"领会"相关的论述实际上并不是在这里、即关于第三类看法的论述中才出现的，实际上在此前的论述中早就出现了。比如在译文 2* 谈到 Sein 乃是最普遍的概念，因而是不可定义的概念时就说过，"每个人都不断用到它，并且也已经懂得一向用它来指什么"，因此称它为"不言而喻的东西"。这里不仅谈到"懂得"，而且是与"用"一起谈论的。很明显，这里的"用"乃是关于语言的说明，是与语言相关的，这里的"懂得"自然也是关于语言的说明，是与语言相关的。当然，"不言而喻的东西"自然也就是可以懂得的东西、可理解的东西，因而也是可以领会的东西。这就表明，所谓对 Sein 的"领会"，乃是基于"懂得"这样的说明的，因而从一开始就是与语言相关的。

以上仅仅是从中译文出发来考虑的。如果结合德文，这个问题还可以看得更清楚一些。在译文 6* 中，"领会"这个词的德文是 Verständnis，与 Sein 结合而成为 Seinsverständnis（对 Sein 的领会）。"可理解"这个词的德文是 Verständlichkeit。"懂得"这个词的德文则是 verstehen。即使不懂德文,从字面上也可以看出,这三个词非常相像。实际上,它们是 verstehen 这个词的不同形式。verstehen 是动词,意思是"理解",翻译为"懂得"不会有什么问题。Verständnis 是名词,而且是从 verstehen 的名词形式 Verstand 加上抽象名词词尾 nis 而形成的名词,意思也是"理解",翻译为"领会"也不会有什么问题。Verständlichkeit 则是从这个词(加形容词词尾 lich 而形成)的形容词形式,再加上抽象名词词尾 keit 而形成的名词,意思是"可理解性"。因此,从德文可以看出,以上这些不同的词只是语法形式不同,实际上是同一个词的不同形式。再引申一步,"不言而喻的东西"的德文是 Selbstverständlichkeit,它不过是在 Verständlichkeit 这个名词前面加了一个词头 selbst 而已,因此它的意思即是这两个词的意思的组合。selbst 是一个指示代词,意思是"自身"。因此,Selbstverständlichkeit 的字面意思是"自身可理解性",翻译为"自身可理解的东西"大致也不会有什么问题。通过对德文的阅读理解可以看出,上述几个词乃是同一个词的不同形式或从同一个词根变化而来的词,因此意思应该是一样的,只是语言表达形式不同,或者基本意思应该是一样的。由此我们可以更加清楚地看出,人们之所以能够领会、懂得 Sein,乃是因为使用这个词。同样,Sein 之所以能够是可理解的,甚至是不言而喻的,也是因为人们能够使用它,并且由于它的那种使用方式而产生这样的结果。所以,谈论对 Sein 的领会,实际上也是从语言的角度出发的,也是与语言相关的。

综上所述,从语言出发,我们可以看出,这里所说的 Sein 乃是日常所用的语言,而且与前面所说的探讨的那些情况相关,包括与命题以及命题的普遍性、定义以及定义的方式等等相关。结合那些地方的相关论述则可以看出,这里所说的 Sein 乃是"是",而不是"存在",而且,它也只能是"是",而不能是"存在"。

以上我们从一些不同情况探讨了海德格尔与语言相关的考虑。我认为,与语言相关的考虑是非常重要的,因为它直接与 Sein 这个词相关。此外,对于我们的理解来说,这也是非常重要的。因为我们理解海德格尔的思想,首先而且直接遇到的就是语言,然后才是语言所表达的思想。我们知道,语言所表达的思想与语言从来是不分的,也是分不开的。但是,如果我们能够认识到语言与语言所表达的东西的区别,因而在分析和理解的过程中能够认识到什么是关于语言的论述,什么是关于语言所表达的东西的论述,难道对我们理解海德格尔的思想会没有帮助吗?退一步说,难道海德格尔在论述的过程中不会有关于语言的考虑吗?如果有,那又是为什么呢?还有,在关于 Sein 的论述中,他为什么要谈论语言呢?不谈论语言就不行吗?或者,谈论语言对他的论述又会有什么样的作用和帮助呢?所以,关于语言的考虑,并不是一个可有可无的问题,而是一个实实在在的问题,实际上也是一个非常具体的问题。

通过前面的讨论还可以看出,由于是对自己的语言和文化背景的论述,因此海德格尔的许多论述常常非常简单,也许他认为这是自明的,不需要多说,比如他关于 Sein 的三类传统看法的说明。但是对于我们中国人来说,情况是不是这样自明的就需要认真考虑。对于西方的文化背景,我们知道需要去认真学习和把握。对于相关问题,比如译文中提到的定义,提到的从柏拉图到黑格尔的论述等等,我们知道应该查阅相关文献,以便更好地理解那些基于它们所做的论述。但是对于西方的语言,尤其是关于语言的论述、基于语言的论述、与语言相关的论述,比如译文中关于 Sein 的论述,我们是不是也有非常明确的认识呢?比如,我们是不是知道应该从语言的角度来理解这里所论述的问题呢?我们是不是认识到语言这个角度对我们理解相关的问题乃是至关重要的呢?对于所有这些问题,以上讨论为我们提供了肯定的回答。在这里我想说明,认识到这一点是非常重要的,不仅如此,而且在理解 Sein 及其相关概念和问题的过程中,应该把这种认识放在首位,至少应该放在一个非常重要的地位。而一旦这样做,我们就会看到,Sein 乃是一个常用的词,所谓常用,就是像海德格尔所说的"在一切认识中","在一切命题中"都要用到它,因此我们就要想一想,这样一个词会是什么?它又应该是什么?若是没有例子,我们也许还需要借助西方语言的语法知识来认识这个词,因而需要更多一些东西。但是有了海德格尔提供的例子,"天是蓝的","我是快活的",即使没有进一步的语法分析,我们还是可以清晰地认识这个词的,因为其中加着重号的强调方式告诉了我们它是什么。所以在我看来,海德格尔说的 Sein 乃是"是",而不是"存在",而且它也只能是"是",而不能是"存在"。

3. 从结构的观点看

从所引译文可以看出,海德格尔首先论述了关于 Sein 的三类传统看法,由此得出一个结论:关于 Sein 的认识并不是没有问题的,因此要重提这个问题。

为了讨论关于 Sein 的问题,海德格尔探讨了发问的活动和一般的发问结构,由此得出三种结构要素:被问的东西、被问及的东西和被问出来的东西。依循这种结构要素来思考有关 Sein 的问题，海德格尔认为，被问的东西乃是 Sein，被问出来的东西乃是 Sein 的意义，被问及的东西乃是 Seiende。在海德格尔看来，一切发问活动都与发问者相关，他称这种发问者为一种特殊的 Seiende，并且认为一切发问活动都是发问者的 Sein 的方式，这样就把关于 Sein 的问题集中到发问者上来。他给这种发问者起了一个名字，称它们为 Dasein，并且认为后者在探讨 Sein 的问题中具有优先地位。

经过以上准备，在正文展开论述的时候，海德格尔就直接从 Dasein 出发，而且声称要把这样的问题通过一种结构的方式具体地展示出来，因而就有了"在—世界—之中—sein"这样一种结构性的描述以及基于这种结构的说明，比如"在—之中—sein"。由此我们可以看得非常清楚，在海德格尔关于 Sein 的论述中，结构是一个非常重要的视角，起了非常大的作用。我们既然认为海德格尔所说的 Sein 乃是"是"，而不是"存在"，就需要说明从这种结构的观点看也是如此。现在我们就来探讨这个问题。

与结构相关，大概可以讨论这样几个问题。一个是发问的一般结构，一个是对 Sein 的发问结构，一个是 Dasein，还有一个是"在—世界—之中—sein"。

首先我们看发问的一般结构。海德格尔在发问的结构区别出被问的东西、被问及的东西与被问出来的东西。字面上看，这些结构要素与 Sein 没有任何关系，而且似乎也不会有什么关系。但是如前所述，我们看到，在论述发问结构的时候，海德格尔说："发问是对是者'是怎么一回事和是如此这般'（Dass-und Sosein）的认识性寻求。"我们也许不能说这是海德格尔对发问的定义，但是这至少是他对发问的描述说明，因此这句话对于理解海德格尔所说的发问至关重要。正是在这里，我们看到了关于 Sein 和与 Sein 相关的论述："是者"（Seiende）、"是怎么一回事和是如此这般"（Dass-und Sosein）。关于这些内容，包括这两个表达式的构词法，前面已经做过详细讨论和说明，这里不用再多说。由此也就看出，海德格尔关于发问的结构的论述实际上是与 Sein 相关的。他所说的 Sein 乃是"是"，而不是"存在"，因此这里与发问结构相关的讨论也是与"是"相关的，而不是与"存在"相关的。

在前面的讨论中我们曾经说过，这里所说的"认识性寻求"，由此引出的"探索"，都成为讨论中引入新的要素和内容的概念。字面上可以看出，"认识性寻求"乃是与"是"相关的，因而由它引出的"探索"也会与"是"相关。这些在字面上似乎不会有什么理解的问题。一事物是怎么一回事，一事物是如此这般的，当然可以与认识有关，因而与人们的探索相关。所以，后来通过关于"在—世界—之中—是"的说明，最终得出我们关于世界的认识的论述,这一点其实也没有什么奇怪的。在某种程度上说,这个结论其实早已暗含在关于发问的结构的论述中了。当然,这样也就更加表明海德格尔的意思,他关于结构的探讨,不过是以那样一种方式把 Dasein 的问题具体化而已。

认识到这一点,有助于我们看出,海德格尔关于 Sein 这个问题的探讨的实质究竟是什么。他所说的发问,并不是随意的、任意的,而是与认识相关的。一方面,"一事物是怎么一回事",或者"一事物是如此这般",可以确实表达或反映出我们的认识,因而与认识相关。另一方面,从认识出发,"是什么?"、"是怎样的?"大概是基本的提问方式,"是如此这般"、"是这样的"则是对基本提问方式的回答,也是对基本认识的表达。因此,"一事物是怎么一回事"、"一事物是如此这般"确实是与认识相关的论述。但是如果深入思考一下,我们就可以看出,这里似乎还与语言相关。这是因为,无论我们如何认识,都是需要通过语言来表达的,或者,从语言的表达方面可以看出我们的认识是怎么一回事。因此我们可以看出,若是不结合语言来考虑,这里所说的 Sein 乃是"是",而不是"存在";若是结合语言来考虑,这里所说的 Sein 也是"是",而不是"存在"。或者换一种方式,从"是"的角度出发,我们不仅可以看出这里的考虑与认识相关,而且可以看出这里的考虑与语言相关。而从"存在"的角度出发,我们大概无法看出这里的考虑会与认识相关。或者,即使可以看出这里的考虑会与认识相关,我们大概也看不出这里的考虑会与语言相关。原因很简单,"是"这个词可以表达出认识和语言方面的考虑,但是"存在"这个词却无法表达出认识和语言方面的考虑。这是因为,它无法表达海德格尔所说的 Dasssein(是怎么一回事)和 Sosein(是如此这般)所要表达的意思。

这里我要强调指出,关于认识与语言的区别和关系,海德格尔是不是有这样清楚的认识姑且不论,但是他的论述至少给我们留下可以这样认识和思考的空间。因此,即使仅从翻译的角度来考虑,我们也应该保留这种理解的可能性,也就是说,我们应该至少在字面上保留这样理解的空间。

前面说过,关于发问的结构的探讨乃是关于一般发问的结构的探讨,这样的探讨乃是为说明关于是的发问做准备。相比之下,关于是的发问的结构的探讨乃是一种具体的发问探讨。我们看到,在关于 Sein 的问题的论述中(译文 9*),海德格尔再次提到"寻求的东西"和"事先引导",因而 Sein 的意义已经以某种方式可供我们利用。他对这一点的解释即是我们总是生活在对 Sein 的领会之中。正因为这样,当我们问"'是'是什么?"的时候,我们已经栖身在对是的领会之中了。他甚至把这样的对是的领会称为事实。前面我们已经对这些论述做过分析。现在有了关于语言方面的思考,我们则可以从语言的角度进一步探讨这个问题。

　　字面上看,海德格尔在谈论发问,并且从一般的发问过渡到对是的发问。但是,仔细分析则可以看出,这两种发问有一个共同点,这就是对是的领会。在关于发问结构的论述中,海德格尔谈到发问乃是试图认识一事物是怎么一回事,一事物是如此这般的,但是没有说发问依赖于对是的领会。而在论述从一般发问到对是的发问的过程中,他说这样的发问要有一种来自它所寻求的东西的事先引导。这样就有了是的意义可以利用。由此我们可以看出,他说的这种起事先引导作用的东西一定在"是怎么一回事"和"是如此这般"之中。由于他明确地说出这种东西为"是",这就使我们清楚地看出,这也就是"是怎么一回事"和"是如此这般"中的那个"是"。而在过渡到对是的发问,即"'是'是什么?"之后,我们看到的就不是关于一般发问的论述,因而不是关于一般的"是怎么一回事"或"是如此这般"的论述,而是一个具体的发问,就是说,我们看到了"是什么?"这样一个具体的发问。看到这一点,我们确实可以看出,这与此前所说的"是怎么一回事"或"是如此这般"乃是一致的,因为关于"是什么?"的回答一定会表明"是怎么一回事"或"是如此这般"的。但是,由于这个具体发问的对象乃是"是",因此关于是的发问这个问题的独特性就更加明显地突出出来,因为被问的东西与起事先引导作用的东西重合了。换句话说,对是的领会有助于我们认识一般事物,但是却不一定会有助于我们认识是本身,因此对是的领会会有助于我们关于一般发问的考虑,却不一定会有助于我们关于是的发问的思考。当然,由此也可以看出,关于是的问题乃是有独特性的,与其他任何问题都不相同。

　　从前面的论述可以看出,关于是的发问实际上是一个具体发问的例子,它使我们可以看出是这个词在语言中的使用方式以及海德格尔对它的考虑。因此我们说这是从语言的角度进行考虑,而且从语言的角度可以使我们更好地理解这个词的意思。现在需要说明的是,在有关一般发问的说明中,是不是也有与语言相关的考虑。字面上看,"寻求"、"事先引导",甚至"是的意义"这样的说明似乎无法与语言联系起来,但是,"是的意义已经以某种方式可供我们利用"这一句话该如何理解呢? 确切地说,"是的意义"如何能够被我们利用呢? 所谓"以某种方式"中的"方式"指的又是什么呢? 我的意思是说,具体哪一种方式并不重要,重要的是这里所说的方式怎样体现出来,我们能够把什么称之为方式,并且通过它来把握是的意义。联系到此前关于发问乃是对事物"是怎么一回事和是如此这般"的说明,我们大致可以看出,"是怎么一回事"(Dasssein)可以是一种是的方式,"是如此这般"(Sosein)也可以是一种是的方式。这些论述是不是直接关于语言的,因而是不是直接含有关于语言的考虑,姑且不论,但是这里的论述与语言相关,因而有关于语言的考虑却是毫无疑问的。最保守地说,海德格尔至少是通过与语言相关的区别,通过与"是"相关的不同表达方式来说明是的意义的。

我们也许可以换一种方式来说明海德格尔想说明的问题。无论是的意义是什么,语言中的是这个词却是具体的,可以使用的。在使用的过程中,人们可以看到它的不同方式。这些不同的方式可以表现出不同的含义。但是无论如何,人们在使用它的过程中似乎从来也没有怀疑过它的意义,因而人们似乎有一种对它的先天理解。但是,一旦对它的意义进行发问的时候,人们就会发现,这里其实是有问题的。比如,人们对一般事物问"是什么"的时候,无论问它们是怎么一回事,还是问它们是不是如此这般的,都不会有什么问题,但是当人们问"'是'是什么?"的时候,问题就来了。因为字面上就可以看出,这里被问的东西与询问所依据的东西是相同的。这样似乎也就说明,是的意义的问题不仅是独特的,而且是至关重要的。人们似乎理解它的含义,但是一旦追问它的含义,人们就会发现,这里其实是有问题的。由此还可以说明,在那些似乎没有问题的发问中,即我们似乎先天地理解了是的意义并且以某种方式使用它的时候,它的意义问题、与它的意义相关的问题,实际上也同样是存在的。

在关于是的发问的结构探讨中,海德格尔区别出被问的东西,被问出来的东西,还有被问及的东西。被问的东西乃是是,这一点最清楚,无论是从"'是'是什么?"这个问题,还是从海德格尔的论述,都不会有什么问题。被问出来的东西则是是的意义,这一点似乎也是可以理解的,因为不管有什么问题,这就是所要探讨的东西。被问及的东西是什么这一点似乎不是特别清楚,我们只知道它与是相关却又与它不同,此外我们还知道,它是一种特殊的是者。由此引出了用来称谓它的名字 Dasein,因此这种不太清楚的东西反而显得很重要。下面就让我们集中考虑海德格尔关于是者的讨论。

从前面的论述可以看出,在关于是者的说明中,除了是者本身就是被问及的东西之外,海德格尔着重区别了是者与是。比如,他说"要着眼于是者的是来询问是者",要"如是者本身所是的那样通达它",这样,是的问题就要求我们事先获得"通达是者的正确方式"等等(译文 12*)。在关于达到是者的正确方式的说明中,他明确地说:"我们用 seiend 一词可称谓很多东西,而且是在种种不同的意义上来称谓的。"(译文 12*)这些东西包括:我们所说的东西,我们所意指的东西,我们与之相联系的东西,我们自己所是的东西,我们自己是怎样的东西等等。理解这些论述,这里至少有两个问题需要考虑。一个是,这些被包括的东西是什么?另一个是,用来称谓这些东西的这个名称,即这里所说的 seiend 是什么?

理解这样的问题,可以直接从字面上考虑。但是由于这个问题与 Sein 相关,因此也可以结合语言来考虑。从语言的角度出发可以看出,海德格尔这里的论述确实也是与语言相关的。首先,"用……来称谓"某物,意思当然是指用语言来命名、表达某物。此外,在所谈论的这些东西之中,"我们所说的东西"显然也与语言相关。这样我们就可以看出,这种所说的东西与被用来称谓它的词似乎会有一种联系。认识到这些情况,显然有助于我们思考这里谈到的 seiend 是什么,或者这至少提供了一条理解它的思路或线索。若是从语言的角度出发,我们还可以看出,我们意指的东西、我们与之相关的东西、我们所是的东西和我们如何是的东西,实际上都是需要通过语言来表达的,因而都可以是我们说出的东西。这样我们同样会看到,它们与被用来称谓它们的这个词之间似乎也会有一种联系。这样,我们也就获得了理解这里所说的 seiend 的相同思路或线索。前面我们曾经说过,这些关于我们的说、意指、与自身相关等等的论述使我们联想到此前关于"一切认识"、"一切命题"等等的论述。在那些论述中,海德格尔谈论的乃是 Sein,而在这里,他谈论的乃是 seiend,二者字面上是不同的。但是由于谈论的方式相似,谈论的内容也相似,因此这样的谈论也会使我们把这里说的 seiend 与那里说的 Sein 联系起来。而一旦联系起来考虑,我们就会看到,那里所说的是用到 Sein,意思是说在那些认识和命题中用到 Sein 这个词。而这里说的则是用 seiend 来称谓认识和命题中所说的东西,也就是认识和命题中可以用 Sein 来表达的东西。认识到这一点,也就可以看出,海德格尔的意思不过是说,我们可以用 seiend 来称谓那些需要用 Sein 来表达的东西。

这一点,结合德文也许可以看得更加清楚。Sein 是不定式,而 seiend 是 Sein 的动词的分词形式。海德格尔在这里的表述中用的是小写,因而强调的也是这种分词形式,当然它的意思也就需要从这种分词形式来理解,因此从它的动词形式来理解。而当它被大写,即成为 Seiende 之后,我们实际上也就获得了通过这种分词形式的说明而形成的意义。确切地说,Seiende 说的不是 Sein,也不表示 Sein 的意思。它说的乃是可以用 Sein 来表示和说明的东西,因而它的意思指可以用 Sein 来表示和说明的东西。不管 seiend 这个词会有什么样的意思,可以有什么样的意思,它至少字面上保留了与 Sein 的联系,而且保留了来自 Sein 的动词的意义。

综上所述,海德格尔所说的 Sein 的意思乃是"是",而不是"存在"。因而这里所说的 seiend 的意思乃是"是(的)",而不是"存在者"。由此而形成的 Seiende 的字面意思乃是"可被说是的东西",因而可以简称为"是者"。

这样,无论"是者"的意思是不是非常合适,它至少保留了与 Sein 的字面联系。我认为,用"存在者"来翻译 Seiende 一词是不合适的。但是这个译名本身并不重要,因为这里的问题主要不在这个词本身,而在于不应该把 Sein 理解和翻译为"存在"。因此,有关"存在者"的问题实际上是从关于"存在"的问题衍生出来的。

下面我们探讨 Dasein 这个用语。字面上看,这个词与结构的问题没有什么关系。但是,它是在讨论 Sein 这个问题的形式结构时提出来并被认为具有优先地位的东西,正文讨论又是从它开始的,因此,它不仅与结构相关,而且对于讨论和理解海德格尔的思想也是不可或缺的。从它的提出来看,它似乎不过是一个名字,用来称谓一种特定的 Seiende,因此对它的理解和翻译似乎并不特别重要,重要的是明白用它来称谓什么东西。但是,为什么要用这样一个词来命名所要讨论的东西,海德格尔并没有详细说明,而且几乎没有任何说明。因此我们大概也只能做一些猜测。比如,康德在谈论 Sein 的问题时也谈到 Dasein,黑格尔在谈论 Sein 的问题时也是从 Dasein 出发来论述的①,海德格尔无疑非常熟悉康德和黑格尔,这里是不是有一种思想的延续和借鉴?若是不作深入研究,对这个问题我们也无法确定,但是直观上有一点还是比较清楚的:要讨论的乃是 Sein,而 Seiende 是与 Sein 相关的变形,因而字面上与 Sein 相关;Dasein 本身含有 sein,因而也与 Sein 相关;Dasein 与 Seiende 都与 Sein 相关,因而 Dasein 也与 Seiende 相关。所以,无论海德格尔是不是有专门的想法,有些什么样的专门想法,至少这些字面上的联系乃是需要的。看到这些情况,我们就会认识到,对于 Dasein 的理解和翻译需要保持这种与 Sein 的联系,即便仅仅是字面上的联系。

前面我们说过,海德格尔所说的 Sein 乃是"是",而不是"存在"。与此相应,Dasein 就应该是"此是",而不是"此在"。这样的理解在于,Dasein 这个词的意思是从 Sein 来的,它由 sein 和 da 组合而成。因此,Sein 本身是什么意思,Dasein 中的 Sein 也应该是什么意思。这样,无论"此"这个词是不是恰当地反映出 da 的意思,因而"此是"是不是 Dasein 的合适翻译,但是"此是"在字面上保留了 sein 这个词和它的意思,因而保留了与 Sein 的相应联系。也就是说,即使"此"不太合适,甚至有一些问题,但是在主要问题上,即在与 Sein 相关的问题上,"此是"这个译名没有什么问题。认识到这一点,也就可以看到,"此在"这个名字是有问题的。"在"与"存在"毕竟有

---

① 我曾讨论过这些问题。参见王路:《"是"与"真"——形而上学的基石》,第 265—271 页,292—293 页;《康德的"'是'不是谓词"之说》,载《外国哲学》第 22 辑。

别,因而字面上就不相符合。这样就值得思考,"此在"在字面上是不是保留了与"存在"的联系,而且是不是保留了像海德格尔所说的那样的联系。引申一步,我们可以问,Dasein 可以翻译为"此存在"吗?或者,既然把 Sein 翻译为"存在",为什么不把 Dasein 翻译为"此存在"呢?

我认为,如何翻译 Dasein 的问题并不在这个词的翻译本身。它的问题其实还是在 Sein 上。因为海德格尔所说的这个 Sein 是不能被翻译为"存在"的。如前所述,只要想到 Dasein 是 ist da 的名词形式,我们就可以看出,无论是"此存在",还是"此在",实际上都是有问题的,因为它们都没有反映出这个短语的本来意思。而如果认识到 Dasein 是 ist da 的名词形式,并且由此出发,我们就可以看出,这里的 sein 乃是"是",而不是"存在",而且它只能是"是",而不能是"存在"。因此 Dasein 应该是"此是",而不应该是"此在"。退一步说,即使人们认为"ist da"的意思是存在,因而 Dasein 有存在的意思,我们也应该看到,这种存在的意思乃是由 da 和 sein 二者相加而成的。而就其中的 Sein 本身而言,它的意思还是来自它在日常表达中那些最常见的用法。在这种意义上说,即使 Dasein 表示存在,那也是由于在 sein 加上 da 才形成的,而 Sein 本身的意思只是"是",而不是"存在"。

与这个问题相关,我想指出,海德格尔在谈论 seiend 与 Sein 的区别时曾经谈到"此是"(Dasein)和"有"(es gibt)(译文 12*),而且把它们与是怎么一回事、是如此这般、实在、现成性、持存、有效性等等许多情况并列在一起谈论。那里谈到的"此是"(Dasein)显然只是众多情况中的一种情况,因而不太可能是海德格尔用来命名一种特定的 Seiende 的这个"此是"(Dasein)。而且,海德格尔那里特意把它作为一种情况说出来,也许就是为了暗示,德文中是有 Dasein 这个用法的,但是他用来命名的这个"此是"并不是德文中人们使用的那个"此是",二者字面上一样,但是意思不同。当然,由于海德格尔在相关论述中没有任何说明和解释,因此我们也只能如此猜测。

需要指出的是,区别"是(的)"(seiend)与"是"(Sein),因而形成是者(Seiende)与是(Sein)的区别,对于引入此是(Dasein)这个名字是非常重要的。因为在这一区别过程中,海德格尔引入了"我们",比如我们所说的东西、我们所意指的东西、我们与之相关的东西、我们自身所是的东西等等,这样一来,就把关于是的讨论与我们联系起来。当他列举出众多是者(Seiende)的情况,然后问应该从哪一种是者(Seiende)的情况来获得是(Sein)的意义的时候,"我们"就进入了选择和考虑的视野,而且这样的选择和考虑似乎是很自然的。由于海德格尔把这种选择称为出发点,并说它具有优先地位,因而当他后来选择一种与"我们"相关的特殊的是者并用此是(Dasein)来命名它的时候,"此是"似乎也就顺顺当当地成为出发点,因而也就具有了优先地位。除此之外,由于被称为此是的这种是者与"我们"相关,因而在关于此是的讨论中,"我们"似乎也就成为首先而且必须要考虑的因素。除此之外,我们还看到,海德格尔还从关于"我们"的谈论引申出关于"我"的谈论,并由此引申出一系列与"我"相关的因素,比如"我是"(ich bin)。认识到这一点,也就可以看出,"此是"这个名字,即海德格尔用来称谓一种特定的是者时提出的这个"此是"(Dasein),与德语日常所说的那个"此是",即海德格尔在译文12*中列举的众多情况中的那个"此是"(Dasein),尽管字面相同,意思却是不同的。由此也就说明,海德格尔用来表示某一种特定是者的这个此是(Dasein),这个被他当做考虑是的问题的出发点、被他看做探讨是的问题时具有优先地位的此是(Dasein),与他要探讨的那个是 Sein 一定具有非常密切的联系。所以,我们必须看到二者之间的联系,而且不仅要看到它们字面上的联系,还要看到它们意义上的联系,包括海德格尔相关论述中运用的一些技巧和隐藏的一些想法。①

有了以上认识,我们可以发现,在关于是的论述过程中,海德格尔实际上是从普遍的情况过渡到了一种比较具体的情况。传统关于是的看法,即关于普遍性、不可定义性、自明性等等这些看法,都不是与"我们"相关的,因而不是与某一种具体情况相关的,但是海德格尔关于是的看法却是与"我们"相关的。这样他实际上是要从一种具体的情况出发,或者,从与我们相关的情况出发,来探讨是的意义。无论这种做法基于什么样的考虑,不管这种做法是不是有道理,我们至少应该看到他是这样做的。只有看到这一点,我们才能认识到他所说的此是(Dasein)是什么意思,也只有看到这一点,我们才能进一步思考和分析,他为什么这样做,他这样做是不是有道理。

与此是相关,还有一个非常重要的问题,这就是关于存在性与向来我属性的论述。字面上看,存在性与"存在"相关,向来我属性与"我"相关,与此是没有什么关系。但是,引入和谈论"存在"乃是从此是出发,而引入和谈论"我"也与此是相关,因此这两种性质实际上都与此是相关。如前所述,此是这个术语是在论述是这个问题的结构时引入的,它被用来称谓一种特定的是者,并被认为具有优先性,因此正文的分析乃是从它开始的。而在正

---

① 海德格尔选用 Dasein 的意思似乎不怎么清楚。在许多地方,他有关于 Da-sein 的讨论,这显然是利用了 Da 和 sein 的组合结构。由于我们的讨论仅限于所引 35 段译文,因此对这个问题不展开进一步的讨论。

文分析中,我们同样看到,一上来海德格尔就论述了此是的两种性质。一种是与存在相关的性质,另一种是与我相关的性质。这就表明,"此是"这个术语绝非仅仅起一个名词的作用。它不仅被用来指称一种专门的东西,而且要"引出"一些新的术语和概念,因而引出一些新的性质,从而增加讨论的内容,使讨论得到深化。因此,理解海德格尔所说的"此是",一定要联系由它引入的与它相关的这些性质和内容。或者换句话说,通过探讨由它引入的与它相关的这些内容,也会有助于我们更好地理解"此是"。

从前面的论述可以看出,存在的引入依赖于对"是什么"与"是"的区别;而具体的做法则是在这两个表达式的后面分别加上拉丁文 essentia 和 existentia;然后再从后者出发,说明它表示是现成的。基于这样的区别,海德格尔指出"存在"一词无法表示 existentia 的这种性质,即无法表示"是现成",因此用存在专门表示此是。

从前面的论述还可以看出,"我"的引入依赖于对此是的理解。由于此是乃是用来说明一种特定的是者的,因此对此是的理解实际上依赖于对它所说明的这种是者的理解。这种是者乃是我们自己所是的东西,因而包含着"我们",所以似乎也就包含着"我"。基于这样的理解,似乎顺理成章地得出"向来我属性",即与我相关的性质。

前面我们曾经指出,海德格尔在引出存在性和向来我属性的论述中乃是有问题的。这里我不想再重复这些问题,我想说的是,假如不考虑这些问题,即假定海德格尔的论述没有什么问题(我想,海德格尔大概会认为自己的论述没有什么问题),我们就可以看出,他是想通过关于此是的论述来引出两个问题,一个是 existentia 优先于 essentia,另一个是与我相关的性质。前者可以使他谈论存在的问题,甚至把存在看做此是的本质,后者可以使他谈论像"我是"这样的问题。但是,这些内容其实只是表面性的,它们只不过是字面上我们从海德格尔的讨论可以得到的东西。若是把海德格尔的论述放在哲学史的背景下,我们则可以看出一些更为深层次的问题。

关于存在的探讨乃是中世纪以来一个非常重要的问题。这个问题涉及"上帝是"(God is)以及从"上帝是"到"上帝存在"(God exists)的讨论,涉及"上帝是"(God is)和"上帝存在"(God exists)这样的句式和与之相关的探讨。直观上就可以看出,"上帝是"与"S 是 P"这样的句式及其相关探讨不同,因而在关于是的讨论中形成了关于存在意义的探讨,由于关于是的存在意义与关于是的本质意义的探讨完全不同,因而关于是的存在意义的探讨也就成为与自亚里士多德以来关于是的本质意义的探讨完全不同的探讨。看到这些情况,也就可以认识到,海德格尔关于是的存在意义的探讨,不过是哲学史中相关思想的延续,因而引入存在概念不过是为了使自己关于是的讨论站在哲学史的主线上,同时能够涵盖关于存在的讨论。至于说他认为是的存在性质先于是的本质性质,则是他自己的观点。即便他认为这是独到的看法,新颖的看法,也必须首先有"存在"这个概念,也就是说,必须在他的论述中能够引入这个概念,而且没有任何问题才行。在我看来,在海德格尔的论述中,存在这个概念确实是引入了,因而他确实可以探讨这个概念及其相关问题;存在这个概念确实是在探讨是的问题的过程中引入的,因而他的讨论也是站在哲学史的主线上的;然而,尽管海德格尔本人似乎认为这个概念的引入没有什么问题,他的做法也给人一种感觉,似乎存在这个概念是自然而然引入的,但是如上所述,他引入"存在"这个概念的过程实际上是有问题的。

"我是"属于笛卡儿的著名论题"我思故我是"(cogito ergo sum)的一部分,因而也是自那以来哲学中讨论的核心问题。笛卡儿的重要贡献在于他提出了"我思",因而引入认识的因素,从而形成认识论的研究。但是,我们应该看到,笛卡儿的重要贡献并不仅仅在于引入"我思",还在于他是在哲学史的主线上引入"我思"的,这样就使他的讨论站在哲学史的主线上,并且是在哲学主线上做出突破性的贡献。因此,在笛卡儿的著名论题中,不仅"我思"非常重要,"我是"也非常重要。认识到这一点,也就可以看出,海德格尔引入与"我"相关的性质,因而使关于是的探讨可以涵盖"我是"及其相关的探讨,这样也就可以使自己关于是的意义的讨论自然而然地涵盖笛卡儿的著名论题及其相关探讨。这样一来,海德格尔关于是的探讨,不仅可以涵盖哲学史上与是相关的本体论问题,而且可以进一步探讨与是相关的认识论问题。所以,引入"我"这个概念的意义是非同寻常的。如前所述,海德格尔在引入"我"这个概念的时候存在一些问题。我认为,这里至少有两种可能性。一种是他没有认识到这里的问题。另一种是他知道这里的问题,但是为了后面的讨论,他必须这样做。在我看来,一方面,不管有什么问题,海德格尔得到了他想要讨论的东西,而当他展开论述的时候,他把它们当做没有问题的出发点;另一方面,尽管他得到了他想要的东西,但是他的论述,即他得到这种东西的方式,确实是有问题的。

通过以上讨论可以看出,以此是做出发点,不仅引出了存在和与我相关的性质,实际上也相当于把与存在相关的性质和与我相关的性质放在了首位。这样一来,由于与存在相关的探讨体现了中世纪以来一些哲学讨论的主要问题和特征,与我相关的探讨体现了笛卡儿以来一些哲学讨论的主要问题和特征,因而海德格尔关于此是的探讨,以及由此出发关于是的探讨,也相应地把、或者至少可以把这样一些探讨放在首位。认识到这一点,也就可以看出,海德格尔关于是的探讨,确实是站在哲学史的主线上;由于他从此是出发,并且由于他这样的探讨方式,因而他考虑的问题和探讨的问题主要还是集中在中世纪以来以及笛卡儿以来的问题上。为了更好地说明这里的问题,我们只举一个例子。在关于此是的讨论中,海德格尔提到"人是什么"这个问题。字面上看,这个问题只与是相关,但是放在哲学史的背景中,我们就可以看出,这其实是康德提出的问题。康德的问题无疑是继笛卡儿问题之后的问题,因而是与它相关的问题。此是乃是一种特殊的是者,这种是者乃是我们自己所是的那种是者。我们与发问相关,人与发问相关。因而与这种特殊的是者相关,在探讨此是的过程中,或者从此是出发来探讨问题,提及和探讨"人是什么"似乎也就会是非常自然的事情。

综上所述,无论海德格尔在论述过程中有些什么问题,不管我们是不是获得了有关他的想法的清楚认识,我们至少可以从他讨论的问题和讨论问题的方式看出他的讨论所能够容纳的东西,由此我们还可以看出一些由此引申出来的东西。这样,我们至少可以客观地看到海德格尔的讨论所涉及的具体内容,并且能够认识到这些内容不仅是在哲学史的主线上,而且与近代哲学所讨论的一些主要内容相关。除此之外,我们还可以看到,这样一些内容还体现出讨论相应内容的方式。正是通过海德格尔讨论问题的方式,我们再次看到了哲学史上、特别是近代哲学中相应的讨论问题的方式。基于这样的认识,即使我们关于海德格尔的许多想法还不是那样清楚,我们至少可以找到一些线索,由此出发我们可以进一步去分析和认识他的这些想法。

最后我们探讨"在—世界—之中—是"。按照海德格尔的说法,这乃是是的建构,乃是领会此是的是之规定必须依据的东西。在他的说明中甚至使用了"先天"这样的词,因此在他看来,这样一种结构似乎是不言而喻的,人们依据它就是了。在我看来,这里至少有两个问题。其一,为什么会以这样一个论断做出发点? 其二,这个出发点是不是有道理? 如前所述,海德格尔在论述此是的存在性和向来我属性时曾经引入世界这个概念,因而谈到世界,并把此是这种是者的是之方式与世界联系起来(译文 19*)。到了该具体分析此是的时候,则把"世界"纳入进行分析的出发点,似乎是自然的。所以,我们可以暂且假定这个出发点是有道理的,而只考虑第一个问题。

从"在—世界—之中—是"这样一种结构出发,显然人们可以谈论世界,因为它字面上就含有"世界"这个概念,并且以连线的方式表明了其中的结构要素。这是海德格尔给出的第一点说明,他还告诉我们,要专门用一章来探讨与世界相关的问题。

根据海德格尔的说法,从这样一种结构出发,还可以谈论我们在问"谁"时所追问的东西。这给我们以提示:"在—世界—之中—是"乃是一种结构,会有以这种是的方式而是的东西。这是海德格尔给出的第二点说明,他还告诉我们,这个问题与现象学相关,要专门用一章来探讨这个问题。

从这样一种结构出发,海德格尔谈论了"在—之中—是"。他虽然告诉我们会有专章讨论这个问题,却没有简明地说明这是在讨论什么或由此可以讨论什么。我们看到的是他立即对这一结构要素进行了详细讨论。"藉以制订方向"这一扼要说明不仅表明了这样做的原因,也说明了讨论这一结构的重要。所以,让我们也集中考虑这一点。

直观上看,"在—之中—是"乃是从"在—世界—之中—是"中去掉"世界"而剩下的结构要素,因而也就表明,可以给它加上"世界"。海德格尔也正是这样讨论的。这样一来,所谓"在—之中—是"这种结构要素所表达的乃是"是在……之中"。换句话说,它可以表达这样的东西。这里,海德格尔给了许多例子来说明,比如椅子是在教室之中,教室是在学校之中等等。海德格尔把这样的"在—之中—是"称为一种是之方式,并称具有这种是之方式的东西为具有范畴性质。

直观上看,既然去掉了"世界","在—之中—是"似乎也就可以不含这种要素,因而它自身与那种可增加诸如"世界"要素的"在—之中—是"似乎是不同的。这样一种是之方式被称之为存在性质,因而与范畴性质不同。海德格尔不仅是这样认为的,而且也是这样讨论的,特别是,这正是他想通过讨论要说明的。

因此,从"在—之中—是"出发,既可以探讨被称之为范畴性质的是之方式,也可以探讨被称之为存在性质的是之方式。这样一来,探讨"在—之中—是"的优越性就凸显出来:似乎不仅可以探讨海德格尔所要强调的是的存在性质,而且也可以涵盖关于是的传统认识。

是的存在性质一定要谈,这一点是可以理解的。因为海德格尔通过关于是的发问结构的探讨,说明这样的问题与是者相关,因而提出要用此是来指称一种特殊的是者,并以它作为探讨的出发点。而在探讨此是的时候首先就区别出是什么与是,并且在是本身区别出一种本体论意义上的是之方式,即现成的是。与它相区别,海德格尔提出用"存在"专门表达此是。然后以此区别出范畴性质和存在性质。这就说明,在海德格尔关于是的讨论中,存在及其相关的存在性质乃是非常重要和必不可少的。因此,在进入用结构的方式来具体谈论和说明此是的时候,所采用的方式必须能够说明是的存在性质,或者至少有助于说明是的存在性质。

需要谈论是的范畴性质,这一点也是可以理解的。如前所述,海德格尔关于是的论述不是凭空产生的,而是基于传统的相关认识和论述。由于关于是的传统认识主要不在于它的存在性质,而是范畴性质的东西,因此基于传统认识来探讨问题就必须使自己的讨论方式能够涵盖传统认识。实际上,在关于此是的讨论中,海德格尔不仅区别出范畴性质和存在性质,而且他所说的范畴性质实际上就是关于是的传统认识。这样,在使用结构方式具体探讨此是的时候,他必须使自己的讨论方式不仅能够涵盖范畴性质,而且还能够区别出范畴性质与存在性质。

我们看到,"在—之中—是"恰恰起到这样两种作用。或者,海德格尔想利用它起到这样两种作用。一方面,可以把它看做"是在世界之中"的"在—之中—是",这样它可以表示范畴意义上的东西,因而可以涵盖关于是的传统认识。另一方面,可以把它看做它自身,这样它可以表示存在性质,因而表达了海德格尔想说和想强调的那种东西。

以上两点似乎是比较直观的情况,也比较容易想到和理解。但是在我看来,这里也许还有一个不是那么直观的情况。"在—之中—是"这个结构要素是由两部分组成,一部分是"在—之中",另一部分则是"是"。海德格尔要探讨是的意义,无论他想怎样探讨,比如,区别是的问题结构,提出此是来指称一种特定的是者,区别出范畴性质的是和存在性质的是等等,从结构上保留这个"是"大概是必不可少的。问题是,同样一个是,如何能够区别出不同的意义?考虑到这一点,"在—之中"这部分的重要性似乎就体现出来了。我们看到,范畴性质的是之方式乃是通过这个"在—之中"来说明的,即在它补充"世界",这样就得到了"是在世界之中"。后者是一个具体的说明,只不过没有表明什么东西或谁是在世界之中而已。我们还看到,存在性质的是之方式也是通过这个"在—之中"来说明的,即对它本身进行说明,把它解释为"'是在'世界这里"。由此可以看出,在关于是的不同意义的说明中,这个"在—之中"的作用可以说是非常大的。当然,从另一个角度也可以说,对它的解释是非常灵活的。

不仅如此,我们还应该看到,虽然区分出三种结构要素,但是正如海德格尔所说,它们并不是可以截然分开的,因此在关于"在—之中—是"的讨论中,"世界"这种结构要素也是必须要考虑的。比如在关于"'是在'世界这里"的讨论中,引号中说的乃是"是在",但是由于其中的"在"实际上表示"在……这里",因而引号内外的表达是结合在一起的,也就是说,这里的说明实际上是与"世界"结合在一起的。同样,在关于"在—之中—是"的说明中,作为特定是者的我们,也是要考虑的。这样,关于"在—之中—是"的讨论就会与人结合在一起,因而也就会引出一系列与人相关的东西,比如精神的东西,操劳、操心的东西等等。认识到这一点,也就可以明白,为什么海德格尔要强调"在—世界—之中—是"乃是一个整体,意指一个统一的现象。这是因为,把这样一个结构作为出发点,不仅可以体现出是的结构要素,而且可以体现出他所要表达的那些东西。我们看到,正是在关于"在—之中—是"的论述中,不仅区别出是的范畴性质和存在性质,而且总是与世界结合在一起,因而由此引出与人相关的讨论,引出与人的认识相关的东西,从而最终引出与关于世界的认识相关的讨论。

综上所述,认识到"在—世界—之中—是"具有如此重要的作用,我们也就可以明白,为什么海德格尔会从这样一种结构出发来探讨是的问题。从这样一种结构出发,由于它含有"是",因此海德格尔可以使自己的讨论延续哲学史的讨论,延续哲学史上关于最核心的概念和问题的讨论,亦即延续他自己开始时所总结归纳的那些传统看法的讨论。而且,由于这种结构还含有"世界"和"在—之中"这样的结构要素,为解释提供了巨大的空间,因而海德格尔可以在关于它的讨论中不断引入自己需要讨论的东西,从而涵盖哲学史上的重要问题,而且还使自己的讨论能够与哲学史主线上的问题结合在一起,从而使他的讨论看上去是体系化的,自然而然的。无论海德格尔这种出发点是不是有道理,我们至少可以看出,他想由此来探讨上述那些东西,而且认为"在—世界—之中—是"这种结构有助于探讨这样的问题。

为了明确,最后再重复一句。海德格尔想通过"在—世界—之中—sein"的方式来说明的 Sein 的意义,似乎由此也区别出 Sein 的不同含义,比如它的范畴性质和它的存在性质,由此他还区别出不同的 Sein 的方式,比如具有范畴性质的方式和具有存在性质的方式。通过这样的讨论我们可以看出,哪些东西是变化的,哪些东西是不变的,哪些东西是原初的,哪些东西是引出的。在海德格尔的论述中,尽管有不少不容易理解的地方,但是我们至少可以看得非常清楚,海德格尔所说的这个 Sein 始终不变,它的不同含义,包括不同的 Sein 的方式,则随着关于"在—之中"的解释,随着关于"我们"这种特定 Seiende 的解释而变的。而且我们还非常清楚地看出,在"在—世界—之中—sein"这种结构中,海德格尔所说的 sein 乃是"是",而不是"存在",它只能是"是",而不能是"存在"。

4. "是"的独特性

　　以上我们从海德格尔考虑问题的出发点、他关于语言的考虑和他关于结构,包括"在—世界—之中—是"这种结构的考虑这三个角度出发,探讨了海德格尔关于 Sein 的论述。进一步思考则可以看出,海德格尔关于出发点的考虑涵盖了关于是的传统认识,他关于结构的考虑则体现了他自己关于是的认识,也展现了他探讨这个问题的方式。传统的认识,无论是关于普遍性的看法、自明性的看法,还是关于定义的看法,与海德格尔的论述,特别是他这种以结构的方式进行的论述,似乎完全不同。但是,由于海德格尔的论述基于传统认识,是从传统看法出发的,因此,海德格尔的相关思想不是凭空产生的,而是继承了传统的看法。所以,海德格尔的思想与传统看法相结合,体现了在 Sein 这个问题上从传统到海德格尔的发展。

　　从以上讨论还可以看出,在以结构的方式的论述中,海德格尔从关于是的发问结构中得出被问及的东西,即与是相关的是者,并用此是指称一种特定的是者,即我们这种与发问相关的是者;然后从此是出发,以"在—世界—之中—是"这样一种明确的结构方式来探讨。尽管我们的讨论只是围绕着海德格尔相关讨论的开始几节,因而这些具体的思想和论述还有待进一步展开,但是我们大致可以看出海德格尔的讨论思路,包括他想如何进行讨论,以及他的讨论方式可能会涉及哪些问题,可以涵盖哪些问题,等等。相比之下,在关于传统认识的论述中,尽管海德格尔提到了亚里士多德等人的名字,也谈到了定义这样的方法,但是,由于他的论述仅仅是概括性和综述性的,因此我们并不清楚在关于是的问题上有些什么具体的传统认识和理论。我们可以看到的是,海德格尔探讨了此是,以及由此而来和与之相关的结构,而在传统认识中,似乎只有关于是的看法。是与此是无疑不同,那么它们的区别是什么呢?

　　理论上说,海德格尔在关于传统观点的论述中提到了从柏拉图、亚里士多德到黑格尔等许多哲学家的名字,并且把他们关于 being 的看法概括为三类,那么,为了理解海德格尔的论述,我们应该去阅读这些哲学家的著作,理解他们的相关思想,并且做出相应的讨论,这样才能够说明传统看法是什么,由此才能评价海德格尔关于传统看法的概括是否正确,是不是有道理。但是限于篇幅,这样做是不可能的。围绕本书的目的,也为了更好地理解海德格尔的思想,下面我想以亚里士多德在《形而上学》中的一段话为例,简要地比较在 being 这个问题上亚里士多德和海德格尔的同异,探讨在这个问题上从传统到海德格尔的发展。在有关 being 的问题上,亚里士多德是传统观点的典型代表,也是相关理论的最重要的代表人物,而且又是海德格尔提到的哲学家,因此我希望,围绕他的一些讨论可以说明相关的一些问题,从而有助于我们理解海德格尔的相关论述和思想。

亚里士多德在《形而上学》有如下一段论述:

【译文36*】

正如我们在本书前面论述词的各种意义时指出的那样,人们可以在好几种意义上说一事物是;因为在一种意义上,"是"表示的是一事物是什么或这个,而在另一种意义上,它意谓质或量或者其他一种像它们一样谓述的东西。由于"是"有所有这些含义,显然所是者最主要的乃是是什么,这表示事物的实体。因为当我们谈到一事物是什么质的时候,我们说它是好的或坏的,而不说它是三肘长或它是一个人;但是当我们说它是什么的时候,我们不说它是白的、热的或三肘长,而说它是一个人或一个神。所有其他东西被说是,乃是因为它们有些是这种第一意义上是者的量,有些是它的质,还有一些是它的属性,还有一些是它的其他属性。

因此人们可能确实会对"行走"、"是健康的"、"坐"这样的词产生疑问:它们是不是涉及是者,对其他类似的情况也是如此。因为它们各自是不能自身存在或与是其所是分离的,相反,在一般情况下,坐的东西、行走的东西和健康的东西属于是者。因为这些东西似乎更是是者,这是因为有一些确切的规定性构成它们的基础,而这种规定性是实体和个体的东西,它以这样一种表达方式表现出来。因为,没有这种规定性,是善的东西,坐的东西是不能被称谓的。因此可以看出,只有通过是其所是,有上述规定的东西才是。由此可以得出,那种是第一性的——不仅是特定意义上的,而且是绝对的——东西就是实体。

现在,"第一性"是在许多意义上使用的。然而,在各种意义上,实体都是第一性的,无论是根据定义,还是根据认识和时间。因为没有东西能够与其他种类的规定性分离;只有实体可以做到这一点。因此实体根据定义也是第一性的。因为在定义中必须包含着实体的定义。而且我们认为,当我们知道一事物是什么,比如人是什么,火是什么,而不是仅仅知道它的质,它的量,或它的地点的时候,我们才最完全地知道它。因为我们只有知道量或质是什么,才能知道这些性质。这个早就

> 提出并且仍在提出而且总是要提出的问题,这个总是充满疑问的问题,即"是乃是什么?",恰恰是这样一个问题:实体是什么? 因为恰恰是这个问题,有人说是一,又有人说是多,有人说是有限的,有人说的无限的。因此我们必须主要地、首要地、而且几乎专门地考虑:一种东西,它是这种意义上的是者,这种东西究竟是什么?(1028a10-1028b7)①

这是《形而上学》第七卷第一章。亚里士多德在该书第四卷提出,有一门科学研究"是本身",然后论述了探讨这个问题必须依据的矛盾律。第七卷是探讨"是本身"这个问题的核心部分,其中第一章使我们既可以看到与前面几卷论述的联系,又可以把握所谈论的问题,还可以领会以后的论述思路。因此让我们围绕这一章引文来讨论。

与前面的联系不用多说,因为"本书前面"这一句把这种联系表述得清清楚楚。需要说一说的乃是这种联系是什么。"人们可以在好几种意义上说一事物是",这句话表明,这种联系与"是"相关,而且还说明,"是"这个词乃是多义的,不仅这句话有这样的意思,"'是'有所有这些含义"也表明这种意思。因此,随后所说的那些,比如是什么或这个、质、量等等,都可以帮助我们理解是的不同含义。

"是"有多种意义,但是其中有一种乃是最主要的,这就是是什么,亚里士多德把这称之为实体。按照他的说法,实体乃是第一性的,是绝对的,这是第二小段告诉我们的东西。

而到了第三小段,亚里士多德明确地说,当我们知道一事物是什么的时候,我们才最完全地知道它。因此在他看来,"是乃是什么?"这个问题实际上也就是"实体是什么?"这样一个问题。因此他要探讨,这种实体意义上的是,究竟是什么。从这些论述可以看得非常清楚,亚里士多德把"是乃是什么?"这个问题转换为"实体是什么?",并且试图通过探讨实体来回答这个问题。也就是说,他要从实体出发来探讨是,通过与实体相关的探讨来说

---

① *The Works of Aristotle*, vol. 8, ed. By Ross, W. D., Oxford; *Aristotle' Metaphysics*, translated with notes by Kirwen, Ch., Oxford 1971; *Aristoteles' Metaphysik*, Buecher VII-XIV; griech.-dt., in d. Uebers. Von Bonitz, H.; Neu bearb., mit Einl. U. Kommentar hrsg. Von Seidl, H., Felix Meiner Verlag 1982; Frede, M./ Patzig, G., C. H., *Aristoteles' Metaphysik Z'*, Text, übers. u. Kommentar, Beck'sche Verlagsbuchhandlung, München 1988, Band I; *Aristotle's Metaphysics*, Books Z and H, translated and with a commentary by Bostock D., Oxford University Press, 1994.

明与是相关的问题。①

对照亚里士多德和海德格尔的相关论述,我们可以看得非常清楚,同样探讨是的意义,他们的做法却明显不同。亚里士多德从实体出发,而海德格尔从此是出发。根据亚里士多德的说法,是有多种含义,其中最主要的一种乃是"是什么",这种含义被他称为实体。由此可见,实体被用来表示是的诸种含义中的一种,而且是最主要的一种。此外,他还认为,当我们知道一事物是什么,我们才真正知道它。由此可见,在是的诸种含义中,实体并不是一种普通的含义,而是有特殊意义的:它最有助于人们认识它所表达的事物。从这两点可以看出,从实体出发来探讨是的意义,主要与人们的认识相关。

根据海德格尔的说法,是的意义乃是晦暗的,而询问它的意义本身就依赖于对它的理解,因而不能直接问它的意义。他从发问的结构出发得出被问的东西、被问出来的东西和被问及的东西。由此来看对是的发问,就可以得出,被问的东西乃是是,被问出来的东西乃是是的意义,而被问及的东西则与是者相关。由于是者很多,因此要选一种作为出发点,海德格尔的选择是我们,他称之为一种特殊的是者。在他看来,发问与我们相关,是我们的活动,因此他把我们这种是者称之为此是,并认为这种此是具有优先性,因此在以后的探讨中要从此是出发。从海德格尔的论述可以看出,从此是出发来探讨是的意义,主要与我们相关。

比较亚里士多德与海德格尔的论述则可以看出,与认识相关和与我们相关,表面上似乎不存在什么特别明显的实质性区别。认识一定是人的认识,因而似乎自然会与我们相关,而我们当然可以是人的代名词,而认识又是人的主要特征,因此与我们相关似乎自然会涉及与认识相关。这样,海德格尔与亚里士多德探讨是的出发点好像也就没有什么根本性的区别。但是实际上却不是这样。"是什么"乃是人们认识的直接表述,因而从实体出发,实际上乃是直接从人们认识的表述出发,因而可以说是直接从人们的认识出发。即便可以认为认识与人相关,这也仅仅是一种间接意义上的东西,因为"是什么"尽管是人的表述,但是它本身首先是一种表述,我们至少可以把它仅仅看做是一种表述。"我们"则不同,我们是人,与认识没有字面上的联系。说认识与我们相关,固然没有什么问题,但是这毕竟不是直接的

---

① 对照译文 1*,可以看出,海德格尔所引希腊文中所谈到的也是"实体"(ousia)。这表明,他知道古希腊关于实体的讨论;这似乎还表明,甚至他关于 Sein 的讨论也是从这个概念开始的。这个问题值得注意,但是我们不展开讨论。

联系,而且也不是唯一的一种联系,因为与我们相关的东西可以有许多。所以,"是什么"直接与是相关,而且乃是是的诸种意义中最主要的一种,而"我们"则不是直接与是相关,而只是可以与问"'是'是什么?"这样的问题相关。因此,从与是相关的角度来看,实体显然更直接,而此是并不是那样直接。

有人可能会认为,"此是"含有"是",因而在字面上与是直接相关,而实体似乎不具有这样的联系。如果我们可以看到"实体"的原文是 ousia,是由希腊文中 einai(是)这个词的现在分词阴性单数 ousa 而形成的,我们就会认识到,实体这个词即使字面上也与是相关。这里的区别在于,由于"实体"这个词字面上与是相关,因而亚里士多德用了一个与是相关的词来称谓一种与是相关的意义,并且由此来探讨和说明是的意义;尽管"此是"这个词字面上与是相关,但是海德格尔用了一个与是相关的词来指称一种与是无关的东西,并且由此来探讨和说明是的意义。由于"我们"这个词字面上与是无关,因而它需要海德格尔赋予它一种与是相关的意义,海德格尔也正是这样做的。它被称之为一种发问的是者。因此也就有了一种特殊的意义,即我们自身所是的那种是者。这样也就可以看出,亚里士多德始终围绕着是来讨论。由于实体与是相关,因而围绕着实体讨论也是围绕着是来讨论,他实际上是围绕着"是什么"在讨论。而海德格尔字面上是围绕着此是在讨论,但是实际上却是围绕着"我们"在讨论。由于"我们"并不与是相关,至少并不总与是相关,因而海德格尔的讨论并非始终围绕着是,它至少可以超出与是相关的范围,讨论更多的东西。

这里我们可以稍微引申一些。在接下来关于实体的探讨中,亚里士多德从本质、普遍的东西、属和基质这四个方面对实体进行了深入探讨。他的探讨不仅牵涉到与是相关的一些最基本的问题,比如关于定义的问题,还提出了一些重要的概念,比如形式和质料,他的这些讨论后来对哲学史产生了巨大而重要的影响。但是,即使提出这样四个方面进行探讨,他也指出,"实体一词即使没有更多的含义,至少也要有四种主要的用法"(1028b32)。这就表明,他提出讨论的四个方面实际上是实体的四种主要用法,亦即"是什么"的四种主要用法,四种主要表达方式。由此可见,亚里士多德的讨论始终是围绕着"是什么"进行的。

从前面的讨论可以看出,海德格尔从此是出发,提出了是的与存在相关的性质和与我相关的性质,并且以"在—世界—之中—是"这样一种结构方式来具体地探讨此是。与存在相关的性质固然是从对是的探讨中区分出来的,但是与我相关的性质却无疑与我们相关,因而是从与我们相关的探讨中得到,而不是从与是相关的探讨得到的,至少不是从直接与是相关的讨论得到的。而在"在—世界—之中—是"这样的结构讨论中,尽管与是相关,比如其中关于"在—之中—是"的讨论,但是其中的许多讨论,却不是与是相关,而且不是从与是相关的讨论中得出来的,比如前面提到的关于世界的讨论,关于谁的讨论,还有讨论中涉及的那些与人相关因而被引入的东西,比如关于自由、关于"操劳"和"操心"的讨论。

由此可以看出,亚里士多德始终探讨与是相关的问题,不仅字面上是这样,而且实际上也是这样。而海德格尔也在探讨与是相关的问题,但是,尽管他的探讨好像始终与是相关,甚至提出"在—世界—之中—是"这样的讨论结构中也包含着"是",但是他的讨论并非始终总是这样,既不是字面上总是这样,比如关于"我们"的考虑,而且实际上也并非总是这样,比如那些关于"操劳"和"操心"的探讨。

这种引申的讨论尽管可以说明亚里士多德的实体和海德格尔的此是之间的区别,但是这样的讨论与我们前面讨论海德格尔思想的方式不太一致。由于我们前面关于海德格尔思想的讨论一直是围绕着文本进行的,而我们这里所引亚里士多德的这段话不含关于实体的进一步探讨,因此我们不再深入这种引申的讨论,不再把亚里士多德关于实体的进一步论述与海德格尔关于"在—世界—之中—是"的讨论进行深入的比较。我们还是回过头来围绕引文探讨实体和此是之间的区别。

亚里士多德把关于是的问题转换为关于实体的问题,因而实体在讨论中的地位就突出了,这样,就必须对这种地位进行说明。按照亚里士多德的说明,实体是第一性的。既然是第一性的,它的优先地位就是不言而喻的。尽管如此,亚里士多德对实体的第一性还是做了一些说明。抽象地说,实体的第一性乃是绝对的,因为它在各种意义上都是第一性的。具体来说,它根据定义、认识和时间也是第一性的。由于有一些例子作为辅助说明,比如一事物是人,一事物是白的,一事物是三肘长等等,因此在亚里士多德看来,实体的优先性乃是自明的。在我看来,这样的说明比较容易理解。比如定义乃是属加种差。按照亚里士多德的说法,对一事物下定义就是先提出它的属,然后再提出它的种差。这种关于属的说明,就是关于实体的描述,这与例中的"是人"乃是一样的。更进一步,属加种差也是关于实体的说明。而且,定义也表明我们关于事物的认识。而从提出定义的过程可以看出,先提出属,然后再提出种差,所以属也是居先的。在亚里士多德的说明中,像定义这样的东西乃是最基本的,因而是自明的东西。所以,在他看来,基于这样的东西来说明实体的性质,即使是像第一性这样的性质,也不会有什么问题。

海德格尔认为,对是的发问与被问及的东西相关,而被问及的东西则是与是相关的是者。他说明有许多事物可以被说是,因此与是相关的是者很多。他认为必须从这些是者之中选出一种做出发点,此是乃是他选出来的出发点。这种此是的优先性乃是他看出来的或者是他告诉我们的,而不是我们自己看到的或直观上获得的。因此,此是究竟是不是具有优先性,实际上是有问题的,或者,并不是没有问题的。我们看到,在提出此是的优先性之后,海德格尔甚至自问自答地论证说,他的这种提法并不是循环论证。如果他的提法是自明的,如果他的提法不是推论出来的,如果他的提法没有任何问题,他为什么还要进行这样的说明和论证呢?而且,如前所述,他的说明和论证也不是没有问题的。此外,即使他进行了这样的说明和论证,也并不是完全能够令人信服。因此,海德格尔关于此是优先性的提法实际上是有问题的。

从与第一性和优先性相关的问题可以看出,实体始终与是相关,而且这种与是相关的优先性也是自然的、可以理解的,不会有什么问题。但是,此是只是自身字面上与是相关,而实际上却与我们相关,因而并不是与是相关的,至少不是直接相关的。正因为这样,它的优先性,尤其与是关联上的优先性,也就不是那样自然,那样可以理解,那样没有任何问题。我们看到的是,它的优先性乃是海德格尔赋予它的,是海德格尔说出来的,而且关于这种优先性的说明和论证并不是没有任何问题的。

尽管亚里士多德与海德格尔的论述有以上重大不同,但是直观上就可以看出,他们的论述也有许多相似之处。一个相似之处是,他们思考的问题乃是一样的,即他们都思考是,他们甚至都谈到"是乃是什么?"这个相同的问题。①

另一个相似之处是,他们都举了一些例子来说明所要探讨的问题。海德格尔的例子有两个:"天是蓝的"和"我是快活的"。亚里士多德的例子则比较多:一事物是一个人,一事物是白的,等等。

还有一个相似之处,如上所述,他们都思考是,但是他们都不是直接从是出发来论述是,而是从其他东西出发来论述是。亚里士多德从实体出发,而海德格尔从此是出发。这个事实说明,一方面他们探讨是,另一方面他们都不直接探讨是。那么为什么会这样呢,即为什么他们不直接从是出发来

---

① 若以加引号的方式,亚里士多德的这个问题也可以翻译为:"'是'是什么?",这样,即使在字面上,它与海德格尔的问题也是完全一样的。

探讨是呢?对于这个问题,人们可能会有不同看法。在我看来,这个问题需要我们认真思考。但是他们的做法似乎告诉我们,不能直接从是出发来进行探讨。这一点大概非常典型地说明了是这个问题的独特性。

除了以上明显的相似之处外,亚里士多德和海德格尔的论述还有一个不太明显的相似之处,这就是关于语言的考虑。前面我们在探讨海德格尔的思想时,曾经专门从语言的角度分析了他的思想和论述。我们曾经说过,他关于语言的考虑有比较清楚的情况,也有不太清楚的情况。比较清楚的情况是关于定义的讨论,关于"用"是这个词的讨论,还有明确地谈及表达的语言手段。不太清楚的情况包括举的例子,对是这个词的强调,还有强调对是的领会。实际上在亚里士多德的论述中,也有许多关于语言的考虑,而且有许多非常明确的、明显的关于语言的考虑。即使仅从译文36*也还是可以看出一些关于语言的考虑。下面让我们依循对海德格尔有关语言讨论的相关分析来考虑亚里士多德关于语言的思考,然后再将他们的相关论述进行比较。

依据前面的分析可以看出,就亚里士多德关于语言的考虑而言,同样既有比较明显的情况,也有不太明显的情况。比较明显的情况是关于词和关于"说"是的论述。译文36*一开始就谈及论述"词"的意义,由于这里说到可以在好几种意义上"说一事物是",因此这里说的这个词乃是"是",即说"一事物是"中的那个是。词乃是语言中的,谈论词显然是关于语言的考虑。所以这里所谈的"是"这个词乃是从语言的角度考虑的,或者从语言的角度在谈论"是"。与此相关,有两个问题需要说明。一个也是比较明显的情况,即随后谈到"说它是好的或坏的,而不说它是三肘长或它是一个人"等等。这里的"说"实际上也是关于语言的考虑,它指的是我们说话,随后的"它是好的"、"它是坏的"等等则是一句句具体的话,而且,它们是对此前所说的"在好几种意义上说一事物是"的解释——它们的意义明显不同,因而表明其中的"是"表示不同的东西。另一个问题则不是十分明显。这里谈论词的意义时提到"本书前面",指的是第七卷之前的内容。因此理解这里有关"是"这个词的讨论,就要参照前面的相关论述。实际上,这里牵涉到亚里士多德在第四卷、第五卷和第六卷,尤其是第五卷的相关论述,在那里亚里士多德以词典的方式专门论述了是这个词有些什么意思。因此,若是结合那些关于是这个词的论述来考虑这里的论述,我们就可以看出,这里关于语言的考虑尽管不十分明显,却是毫无疑问的。

前面我们还说过,在海德格尔有关定义的论述中可以看到非常清楚的关于语言的考虑,因为其中明确提到必须说"这是",即以这样的方式来表达。亚里士多德的这段话同样谈到定义,但是没有提及必须说"这是"。因此这里似乎有关于语言的考虑,却不太明显。在我看来,既然谈到定义,那么无论是从语言的角度考虑还是从逻辑的角度考虑,都会牵涉到定义方式。而只要涉及定义方式,就会与语言有关。而且,从亚里士多德这里的论述可以看出,他把定义当做自明的东西来谈,因而没有专门论述定义的方式。因此可以说,有关定义的论述隐含着关于语言的考虑。

前面我们说过,海德格尔的举例说明隐含着对语言的考虑。亚里士多德的这段话也有举例说明,因而可以认为,他的举例说明也含有关于语言的考虑。如果详细分析,我们还可以看出,海德格尔只举了两个例子,亚里士多德却举了许多例子。这里的区别在于,海德格尔举例是为了说明是的自明性(且不论他引入"我是快活的"是不是为以后谈论"我是"打下伏笔),因而他要强调是这个词在日常表达中必不可少,我们对它的意义有一种天然的理解。而亚里士多德则为了说明是这个词有多种含义,而且他还想通过举例说明这些不同含义之间的区别。比如,"一事物是人"与"一事物是白的"、"一事物是三肘长"等等的意思乃是不同的。这里隐含着他所说的实体与质、量等等的区别。因而这些例子不仅说明是这个词所表达的意思不同,而且还说明,它的不同含义表达出不同的认识。在这些不同的认识之间,亚里士多德强调的和要强调的乃是实体。在他看来,实体与我们真正认识一事物相关。对实体的认识与对其他情况的认识不同,相应地,这些认识在语言上的表达也不同。因此我们可以通过与语言相关的考虑来得到有关实体的认识,或者从语言的角度至少有助于我们来考虑实体。

在译文36*中我们看到,亚里士多德不仅提到定义,而且提到实体、质、量、地点等等这样一些术语。如前所述,定义是一种方法,而且是传统逻辑中的一种方法。在亚里士多德这里,定义同样是一种方法。不同的是,亚里士多德明确提出并详细论述了属加种差的定义方法,对传统逻辑定义方法的形成做出重要贡献。但是,实体、质、量等等却不是逻辑方法,而属于他的另一个理论,即范畴理论。由于这是哲学史的常识,因此对它本身我们不必多说什么。这里我想说明的是,从亚里士多德的论述可以看出,他这些与语言相关的考虑实际上是以他的定义理论和范畴理论为基础的,因此我们可以看出,他这些有关语言的考虑并不是随意的。

至此我们一直在谈论亚里士多德与海德格尔的同异。这是因为在本书中,我们先论述了海德格尔的思想,然后才谈到亚里士多德的思想。而且,我们谈论亚里士多德的思想是为了更好地说明海德格尔的思想。从哲学史的角度说,论述的方式似乎应该倒过来,也就是说,我们应该论述海德格尔与亚里士多德的同异。这样我们才可以看出,海德格尔的思想是不是有些新的东西,有些什么新的东西。

现在我们可以看出,海德格尔的论述与亚里士多德的论述有一些非常明显的相似之处。

第一,关于是这个问题的讨论,包括关于"'是'是什么?"这个问题的发问,并不是海德格尔首先提出来的。这个问题不仅在亚里士多德那里就已经提出来并进行讨论了,而且被亚里士多德称之为"早就提出并且仍在提出而且总是要提出的问题"。

第二,海德格尔探讨是的方式,即把关于是的问题转换为关于此是的问题,也不是什么新颖的方式。这种方式的特征在于不是直接探讨是,而是通过别的东西来探讨是。它在亚里士多德那里就已经出现了,不同的是亚里士多德把关于是的问题转换为关于实体的问题,这样就可以通过关于实体的探讨来说明是的意义。

第三,海德格尔探讨是的问题时对语言的思考也不具有独特的特征。通过这样的方式来考虑是的问题,在亚里士多德那里也是如此。这就说明,是的意义问题与语言相关,考虑它的意义必须结合语言,从语言的角度出发来考虑它。

以上三点是海德格尔与亚里士多德在探讨是的问题时的共同之处。在我看来,在这三点中,关于语言的考虑最重要。这为我们理解海德格尔所说的 Sein,以及西方哲学中的 being,提供了一条非常重要的线索和途径。认识到这一点,我们也就懂得,一定要结合 being 这个词在语言中的用法来理解这个词的意义。正是在这种意义上,我认为,海德格尔所说的 Sein 乃是"是",而不是"存在",它也只能是"是",而不能是"存在"。

上述第二点也非常重要。它可以使我们思考,既然问是的意义,为什么不直接询问和思考,并且直接回答它的意义呢?这里大概体现了是这个词以及它所表达的意义的独特之处,这大概也正是它与其他词和概念不同的地方。

除了这些相似之处外,我们还可以看出,海德格尔的论述与亚里士多德的论述也有一些不同之处,而最大的区别就在于他们用来说明是的概念不同。亚里士多德通过实体这个概念来说明是,海德格尔则通过此是来说明是。如前所述,实体这个概念表示是什么,因而它不仅字面上与是相关,而且本身表达一种是的含义,并且表达一种最主要的是的含义——因为这种含义与我们真正地认识事物相关。此是这个概念字面上就含有是,因而与是相关。但是这只是表面现象。由于它指称"我们",因而实际上与是无关,至少不会有直接的关系。这样,海德格尔其实是通过一个实际上与是无关的东西来说明是。我们看到,由于"此是"字面含有是,因而海德格尔可以由它来探讨是的方式,探讨是的意义,并且不仅提出以"存在"一词来表达它的某种含义,而且还得出与存在相关的性质。正由于"此是"指称我们,因而会具有"我们"这种特性,这样在相关讨论中就可以引入与我们相关的性质,因而引入与我相关的性质。不仅如此,海德格尔还把这两种性质作为非常主要的特征进行讨论。我们看到,即使通过被称之为先天结构的"在—世界—之中—是"这样的方式来讨论,实际上也是从与存在相关的性质和与我相关的性质出发的。因此,基于"此是"的讨论,不仅可以利用它的字面含义,而且可以利用它所指称的东西的含义,这样就可以在讨论中按照需要不断引入一些概念。我们看到,像人、操劳和操心等等这些概念,都是这样引入的。这样的做法可以随心所欲,不断满足讨论的需要。但是,与亚里士多德相比,我们可以看得非常清楚,海德格尔并非总是从是出发,也并非总是围绕着是来讨论的。或者,他表面上从是出发,围绕着是在进行讨论,但是实际上却不是这样。

  如果说运用此是这个概念反映出海德格尔与亚里士多德在讨论过程中使用概念的不同,那么从以上分析还可以看出一种讨论方式的不同。亚里士多德要讨论是这个概念,由于这个概念的特殊性,不能直接讨论它,因而借助其他概念,比如实体、质、量等等。在亚里士多德的讨论中固然有关于语言的考虑,但是这些讨论都是基于一些比较成熟的理论。比如关于定义的理论,关于范畴的理论。也就是说,亚里士多德是基于一些理论在探讨是的问题。海德格尔则不是这样。他同样是借助此是这个概念来探讨是,但是他关于这个概念的思考却不是基于什么理论,而是利用"此是"这个概念以及它所称谓的"我们"这种特殊的"是者"不断引入新的东西。如前所述,一些新概念的引入似乎是自明的,但是这些自明性其实却不是没有问题的。正由于可以这样不断引入新的概念,海德格尔可以不断扩展自己讨论的内容,从而使自己的讨论涵盖自己想要讨论的问题。由于本书只是有选择地探讨了一些章节,因而不可能全面地论述海德格尔的思想。但是关于海德格尔的论述方式,他的主要思路和主要做法,我们还是可以看得非常清楚的。这里,我仅想简要地指出,海德格尔批评传统只注重关于是者的考虑,而忽略了关于是的思考,他提出要思考是本身,但是他的论述并不是这样。在他的论述中,此是尽管字面上与是相关,但是实际上却与是无关,或者至少可以与是无关,因而在他的相关讨论中可以容纳许多与是无关的内容,并且实际上也是在不断引入无关的内容。实际情况如此,这使我们对他思考是的方式不得不提出质疑。我的问题是:尽管他的讨论方式可以使他尽可能地包罗万象,然而是不是可以帮助人们理解是的意义呢?尽管他说要探讨是的意义,但是以这样的方式是不是能够获得是的意义呢?

5. 系词的理解

从第一章的讨论可以看出,把 Sein 翻译为"存在",使我们字面上就无法读懂海德格尔的许多论述。从第二章的讨论可以看出,对现有译文做适当修正,把"存在"修正为"是",也就是说,把 Sein 及其相关概念翻译为"是",则可以消除第一章所指出的那些问题。从本章前面的讨论可以看出,海德格尔所谈论的 Sein 只能是"是",不能是"存在"。

以上讨论虽然仅仅基于《存》一书中的四节,却足以说明,在海德格尔的《存》中,由于把 Sein 翻译为"存在",给我们理解他的思想带来了问题,造成了困难,结果使我们读不懂他的思想。而且,由于我们的讨论不是断章取义,而是逐段逐行,因此以上所提出的问题,所得出的结论,是实在的,也是比较清楚的。

众所周知,*Sein und Zeit* 是海德格尔的代表作,只是他诸多著作中的一部,Sein 不仅是他在这部著作中的核心概念和讨论的主要问题,也是他在其他许多著作中的核心概念和讨论的主要问题。看到这一点,我们就应该认识到,以上问题不仅在《存》中存在,而且在海德格尔的许多中译著作中也一定会存在。因此 Sein 以及与 Sein 相关的问题在海德格尔的著作中乃是具有普遍性的问题,本书所讨论的读不懂的问题在阅读海德格尔著作中译本的过程中一定也会是普遍存在的。

毫无疑问,being 是西方哲学中最核心的概念之一,对它专门的讨论和与它相关的讨论乃是非常多的。海德格尔不是第一个提出 being(Sein)问题的哲学家,他也不是唯一一个讨论 being 及其相关问题的哲学家,他只是众多讨论 being 以及与 being 相关问题的西方哲学家之一。看到这一点,我们就应该认识到,与 Sein 相关的问题在西方哲学著作中也是有普遍性的,本书所讨论的问题在阅读西方哲学著作中译本的过程中一定也会是普遍存在的。

认识到以上两点,也就可以看到,把 being 翻译为"存在",不仅会造成我们读不懂海德格尔的相关著作,而且会给我们阅读西方哲学相关著作带来理解方面的问题和困难。

我一直认为,翻译的问题归根结底乃是理解的问题。因此,前面所谈的许多问题,表面上看似乎是翻译的问题,实际上却是理解的问题。有关 being 的问题,归根结底是如何理解西方哲学的问题。而且,在西方哲学研究中,这是一个具有普遍性的问题。

前面我们从出发点、语言和结构三个角度探讨了海德格尔的相关思想。基于以上探讨,我们也可以从这三个角度出发来探讨一下有关 being 的问题。

从有关出发点的探讨可以看出,海德格尔关于 being 的探讨不是孤立的、没有来源的,而是与其他哲学家的相关探讨和思想密切相关的。这一点给我们的启示是,阅读任何一位西方哲学家关于 being 的论述,我们都不应该孤立地看待他的思想,而应该与其他人的相关思想联系起来,应该与哲学史联系起来。

从有关结构的探讨可以看出,海德格尔试图通过"在—世界—之中—是"这样一种结构,尽可能地把他所要讨论的内容囊括进来,从而使自己的讨论能够涵盖哲学史上的重要问题,并且容纳他自己所要提出和谈论的问题。这一点给我们的启示是,即使一个哲学家的独到之处,包括思想和谈论思想的方式,也会以这样那样的方式与其他哲学家的思想内容联系在一起。

我认为以上两点十分重要。这也就是为什么我一直强调,有关 being 的探讨和理解,在西方哲学中是一个一脉相承的问题,我们应该以"是"来理解它,并且把这种理解贯彻始终。

从有关语言的探讨可以看出,在探讨 being 的过程中,海德格尔有许多关于语言的考虑,既有十分明显的,也有不太明显的。这一点给我们的启示是,在关于 being 的讨论中,这种关于语言的思考是非常重要的,因此对于理解和翻译 being 来说,关于语言的思考是非常重要的。

从海德格尔关于语言的考虑可以看出,他所谈论的 being 乃是"是",或者主要是"是",即一种系词意义上的东西。这也就是为什么我一直强调,应该在系词的意义上理解 being。由此出发,我们应该用"是"来理解它,并且把"是"看做是 being 最直接、最主要的意义。

表面上看,关于出发点和结构的探讨与其他哲学家的思想相关,而关于语言的探讨与其他哲学家的思想无关。因此直观上似乎就会有一个问题:以"是"来理解 being,在前者是贯彻始终的,也应该是贯彻始终的;但是在后者,即在考虑语言这一点上,以"是"来理解 being 也应该是贯彻始终的吗?或者说,从思考语言的角度出发,我们在海德格尔这里读不懂与 being 相应的"存在",难道在别人那里也读不懂吗?

第三章 为什么是"是",而不是"存在"？

前面我们曾经引用了一段亚里士多德的论述,以便更好地说明海德格尔的思想、他的论述方式及其特征。这里为了更好地说明问题,我们再次借用那段引文。

【译文36】
　　正如前面我们在区别多种意义时所说,存在有多种意义,它或者表示是什么和这个,或者表示质,或者表示量,或者表示这些范畴中的任何一个。尽管存在的意义有这样多,但"是什么"还是首要的,因为它表示实体。当我们说这个东西的性质是什么时,或者说是善,或者说是恶,而不说三肘长或是人;而我们说它是什么时,就不说是白净的、是热的、是三肘长,而说是人,是神。其他东西被称为存在,或由于它们是这种存在的质,或者由于是它的数量和性质,以及其他类似的东西。①

这段译文选自亚里士多德《形而上学》中译本,相应于译文36*中的第一小段。在译文36中,我们可以清楚地看出有一些读不懂的地方。

一个非常直观的问题是:这里所谈论的东西是"存在",说它有多种意义,但是这里关于它的说明却与存在没有任何关系。我们看到,理论层面的说明有:"是什么"、实体、质、量等等;举例的说明有:"是善"、"是恶"、"是三肘长"、"是人"、"是白净的"、"是热的"、"是神"等等。十分清楚,这些举例说明分别与理论说明相匹配,比如,与"是什么"的匹配是显然的;与实体的匹配("是人")、与质的匹配("是善")、与量的匹配("是三肘长"),虽然不是十分明显,但是稍加思索便可理解,因此也是清楚的。这种举例与理论说明的匹配明确地告诉我们,它们都含有"是",因而都是关于"是"或与"是"相关的说明。因此我们可以看得非常清楚,无论是理论层面的说明,还是具体的举例说明,说的都是"是",而与"存在"没有任何关系。那么,这样的说明如何能够说明"存在"呢？它们如何能够说明"存在"有多种意义呢？这样一种关于"存在"的说明又如何能够让人读得懂呢？

以上问题毋庸置疑,但是,它们并不是我们引用这段话所要讨论的。我

---

① 对这段译文需要做如下几点说明。第一,它出自苗力田主编:《亚里士多德全集》第VII卷,中国人民大学出版社,1993年,第152页。第二,加不加*号的使用方式随本书。第三,这段译文相应于译文36*中的第一小段。关于它以及另外两小段的读不懂之处,我曾详细讨论过,这里不再重复(参见王路:《读不懂的西方哲学》,北京大学出版社,2011年,第三章)。第四,引用这一段只是为了更好地讨论这里所要说明的问题。读者可以把这一段与译文36*中的第一小段进行对照,其间的差异是非常明显的。

们要讨论的问题是与语言的考虑相关的,因此这里我们就要考虑,在这段话中,亚里士多德有没有关于语言的考虑? 如果有,他是如何考虑的? 当然,若是再进一步,我们也可以探讨,从考虑语言的角度出发,亚里士多德说的究竟是"是",还是"存在",或者,为什么他说的应该是"是",而不是"存在"?

前面在探讨海德格尔的思想时我们做过论证,举例也含有关于语言的考虑,尽管这种考虑似乎不是直接的。基于前面的相关论述则可以看出,亚里士多德这里的举例主要是为了说明两点,一点是:人们的表达要用到"是"这个词;另一点是:同一个"是"可以表达出不同的意义,比如实体、质、量就是对"是人"、"是善"、"是三肘长"中"是"的不同意义的说明。因此,亚里士多德这些举例说明含有对语言的考虑。

前面在探讨海德格尔的思想时我们也说过,他在相关论述中谈到"说"、"用"、"这个……词"等等。这些论述表明是关于语言的考虑,而且是直接明显的。对照前面的相关论述,我们可以清楚地看到,亚里士多德这里也明确谈到"当我们说"和"不说",而且这样的"说"直接与"是什么"和"是人"等等相联系。由此可见,这里谈论的"是"乃是直接说出来的。被说出来的当然是词,是语言,因此这里的论述是直接与语言相关的。所以,亚里士多德这一小段的论述含有对语言的考虑,是与语言相关的。

这段话还谈到"其他东西被称为存在"。其中的"称"与"说"相似,因为这句话也可以表达为"其他东西被说为存在"。由此可见,这里所谈论的"称"也是关于语言的考虑,也与语言相关。认识到这一点,我们就会看到另一个问题。此前谈论的"说"与"是"相联系,因而"说"的乃是"是",而这里所说的"称"与"存在"相联系,因而"称"的乃是"存在"。这使我们不禁要问:这两种说法的意思是一样的吗?从语言的角度考虑,"是"与"存在"显然是两个不同的词,意思也不相同。而从理解亚里士多德的角度出发,亚里士多德所表达的究竟是一样的意思还是不一样的意思呢? 难道他会刚刚谈完"说""是",随即就谈论"称""存在"了吗?

搞清楚这里的问题其实并不复杂。从此后的解释可以看出,前后所说的质和量乃是一回事,因为它们字面上就是一样的;此后所说的"类似"的东西,显然也应该是与此前所说的那些东西相比较而言的,否则"类似"又会从何谈起呢? 而此前所说的无一例外都是"是",而不是"存在"。因此我们就要问,同样的情况,同样的说明,怎么刚刚说是"是",转眼就被说成了"存在"呢? (对照译文36*,则可以看出,这里的问题是由翻译造成的,本来是不存在的,因为这里谈论的乃是"是",而不是"存在"。)

除此之外,亚里士多德在这段话一开始还谈到"存在有多种意义"。

(这句话本身就是不好理解的。"存在"的意思是明确的,表示"有"。它怎么会是多义的呢?或者,除了表示"有",它还能表示什么意思呢?)从他的论述可以看出,这里所说的"意义"乃是指"存在"这个词的意义。而他此后关于多种意义的论述就是通过理论层面的分类和具体的举例。即使分类的说明不是特别明显,至少举例说明告诉我们,所说明的那个词在语言中是如何使用的。因此这种关于意义的思考实际上也是与语言相关的。认识到这里的考虑与语言相关,我们就可以看出,在所举的例子中,"存在"一词是不出现的,这就表明在说话和表达中是没有"存在"这个词的。因此我们也看不出,这些例子如何能够说明"存在"有多种意义。所以,从考虑语言的角度可以看出,"存在有多种意义"这一句中的"存在"乃是有问题的。(对照译文36*,则可以看出,这里的问题同样是由翻译造成的,本来也是不存在的,因为这里谈论的乃是"是",而不是"存在"。)

我们还可以看到,亚里士多德在这段话的第一句还提到以前谈过区别这个词的多种意义的问题。这就说明,这种谈论意义的方式在亚里士多德的著作中并非仅此一处。由此可见,关于语言的考虑,尤其是这种不太明显的关于语言的考虑,在亚里士多德著作中也一定有很多。这一点显然与海德格尔是一样的。对照亚里士多德和海德格尔,我们至少可以看出,理解他们关于 being 及其相关问题的探讨,考虑语言乃是必要的,不可或缺的。而从语言的角度出发,只能并且也只应该把 being 理解为"是",不能也不应该把它理解为"存在"。那么,这是为什么呢?

在我看来,考虑语言,一定会涉及两个方面。一个方面是语言本身,另一个方面是语言所表达的东西。语言本身是词(句子)。语言所表达的东西则是由词(句)的意义体现的。这两个方面,无论是从亚里士多德多次谈到的区分 being 的多种意义来看,还是从海德格尔反复强调的人们依赖于对 being 的理解来看,实际上都是清楚的,或者至少是很容易说清楚的。意义不是凭空产生的,对意义的解释一定要有一个出发点,要有一个对象。亚里士多德所谈的,显然是 being 这个词的多种意义,因此他的谈论会涉及词与词所表达的意义这样两个方面。理解也不是凭空进行的。它需要有进行理解的对象,也会有理解所产生的结果。海德格尔谈的则是依赖于对 being 的意义的理解。这实际上是把 being 这个词和它的意义混在一起说了。being 的意义固然可以有海德格尔所说的那些性质,比如普遍性、自明性、不可定义性等等,但是作为一个词,它本身还是清楚的,比如它是在一切认识、一切命题中被用到的。对于这两个方面的区别,举例大概是最好的办法。所以亚里士多德和海德格尔都举了不少例子。正是通过这些例子,我们可以看到他们所谈的being是什么,即语言表达最常用的那个"是"。也同样是通过例子,我们看到了同样一个"是",却可以表达出不同的意义。

"是"这个词的表现方式是简单的,一致的,但是它的意义却是多样的,甚至有时候可能会是复杂的。海德格尔用了多种方式来谈论它,比如"此是"、"在—世界—之中—是"、"在—之中—是"、"是在……"(这里)等等,但是如前所述,万变不离其宗,其中那个"是"始终是不变的。所谓不变,指的乃是"是"这个词不变,所谓变,指的则是"是"的意义会有很大变化,比如范畴性和存在性的区别等等,而且一如我们看到的那样,似乎正是随着意义的变化,海德格尔可以围绕着不变的"是"不断加入他所要讨论的东西。

在海德格尔的解释中,需要说一说的是关于存在性的说明。我们看得非常清楚,海德格尔引入"此是"来称谓一种特殊的是者,然后又用"存在"来称谓它。尽管 Dasein(此是)和 Existenz(存在)这两个词在德文字面上有相似的含义,但是它们毕竟是两个完全不同的词。也许"此是"可以是对"是"的一种解释,因而"存在"可以是对"是"的一种解释;或者说,也许可以通过"此是"来解释"是",因而也就可以用"存在"来解释"是",但是这里的区别还是明显的。这种区别显然涉及语言与语言所表达的东西之间的区别。我要指出的是,"存在"可以解释"是",并不意味着"是"本身就是"存在"。同样,"是"有存在的意思,并不意味着"是"本身就是"存在"。所有这些区别,在海德格尔的论述中也许表达得并不特别清楚,至少并非总是特别清楚,但是在他关于一般发问结构和关于"是"的发问结构的对照讨论中,尤其是在他关于"'是'是什么?"这种提问方式的思考中,展示得还是清楚的。询问的东西在引号之中,理解所依赖的东西在引号之外,即在所使用的这个动词上,而二者又是同一的。于是产生了他所提出的那些问题。这些问题说复杂也复杂,但是,从语言和语言所表达的东西这个区分出发,看清楚却也不难。

亚里士多德是海德格尔谈论出发点中涉及的主要哲学家之一,因此他的思想与海德格尔的思想有着密切的联系。亚里士多德主要谈论的乃是"是",并且说明了"是"的多种含义。在海德格尔的著作中我们也可以看到类似的讨论。因此可以说,从亚里士多德到海德格尔,关于being的讨论是有延续性的。亚里士多德没有用"此是"和"存在"这样的词来解释"是"的意义,而海德格尔却用这样的词来解释"是",因此也可以说,在海德格尔讨论"是"的过程中,关于"是"的含义的解释得到了发展。但是应该看到,这种发展是关于"是"这个词的意义的解释的发展。这样的发展也可以说是一种变化,但是它充其量也只是"是"这个词意义的解释的变化,而不是

"是"这个词本身的变化。换句话说,词还是那个词,但是关于它的意义的解释却发生了变化。

认识到以上问题,也就可以认识到,对于理解 being 而言,关于语言的考虑是非常重要的。众所周知,重视语言,思考语言,分析语言,从语言出发来探讨哲学问题,是20世纪哲学发展和变革告诉我们的事情,是分析哲学和语言哲学为我们展示的重要哲学方式。这样一种哲学研究的方式对其他领域的哲学研究是不是有影响,有什么样的影响姑且不论,它至少并不意味着关于语言的思考只是分析哲学和语言哲学的事情。也就是说,它并不意味着在其他领域不可以进行这样的研究,不可以使用这样的方法。且不论是否由于受到分析哲学和语言哲学的影响,我们才在研究海德格尔的著作中发现他关于语言的考虑,并由此思考他所讨论的 being(Sein)是什么,也不论我们是否由此也对亚里士多德做同样的考虑,我们至少看到,海德格尔和亚里士多德都有关于语言的思考,而且都从语言的角度探讨和论述了 being。正是通过这种关于语言的思考,我们清楚地认识到,海德格尔(以及亚里士多德)所说的 being 乃是"是",而不是"存在",他(们)所说的 being 可以有"存在"的意思,也许有存在的意思,但是他(们)所说的这个 being 本身却是"是",而不是"存在"。

在西方语言中,being 乃是系词,即"S 是 P"中的那个"是",或者,这是它最主要的用法,因此它的意义,至少它最主要的意义,来自于系词。这一点从语言出发可以看得非常清楚。国内学界许多人认为,系词的解释是从逻辑出发的,这是一种逻辑的解释,仅从这种解释出发来理解 being 乃是片面的。在我看来,这种看法至少牵涉到两个问题。一个与系词解释相关,另一个与逻辑解释相关。与此相联系,则还有进一步的问题,比如逻辑解释与系词解释有什么样的关系,仅从逻辑解释出发来理解 being 是不是片面的问题,等等。限于篇幅和本书的目的,针对这种看法,我仅想简单指出以下几点。

首先,系词的解释并不是逻辑的解释,而是从语言出发进行的解释。这在本书的讨论中可以看得非常清楚。

其次,(传统)逻辑的解释在某种程度上与语言的思考相一致,因为它关于句子结构的解释,包括关于量词的解释、关于肯定和否定的解释,都是围绕着"是"这个系词进行的。这种解释从句法的层面看,与系词的考虑有相似之处,但是二者并非一样。因而逻辑的解释并非就是语言的解释。

第三,逻辑是哲学讨论中不可或缺的东西,而逻辑与语言的思考在系词这一点上又有相似之处,因此哲学家们在谈论"是"的时候借助逻辑的理论和方法也就是自然而然的事情。比如海德格尔在谈论"是"的传统观念时多次谈到定义,这明显是借助逻辑提供的理论来说明自己所要探讨的问题。但是,哲学家们在谈论"是"时也有不借助逻辑来解释的情况,比如关于"是"这个"词"的谈论,关于这个"词"的"用法"和"意义",以及对它的"说"、"称"的讨论,还有随意的举例说明:"天是蓝的","我是快活的","是人","是三肘长"等等。因此,逻辑的考虑固然与系词相关,但是系词的考虑却不是逻辑的考虑,至少不一定就是逻辑的考虑。

第四,在关于"是"的语言考虑中,哲学家们常常会运用逻辑。这里的原因也许是多方面的,比如逻辑可以使人们对于系词有更加清楚的认识,运用逻辑理论可以使人们对系词做出更好的说明等等。但是必须看到,不是因为有了逻辑,人们才知道有系词,才有了对系词的考虑。人们之所以可以考虑系词,乃是因为语言中有这样一个词,人们常常使用它,而且形成了许多不同的用法,一如海德格尔所说,人们依赖于对它的理解。特别是,"是什么"不仅是人们提问的基本方式,而且也是人们回答问题的基本方式,即人们表达自己认识的基本方式。因此,对"是"进行思考,固然有语言层面的意义,也有一种超出语言层面的意义。所以,人们对"是"这个词进行语言方面的思想,也就有了超出语言层面的意义。在这样的思考过程中,借助逻辑的解释仅仅是它的一个方面。无论这个方面重要还是不重要,它至少不是首要的方面。

基于以上认识我想指出,系词的解释首先而且最主要的是语言方面的解释。由于 being 这个词首先是语言中的词,因此在探讨它的过程中,对它的语言方面的考虑就非常重要。能够认识到系词的解释有逻辑的思考其实是正确的,也是一件好事情。因为它使我们认识到,应该努力去理解,在有关 being 的讨论中,逻辑为我们提供了什么样的解释,这样的解释在哲学讨论中起着什么样的作用,如何可以有助于我们理解西方哲学。(这样人们也就认识到逻辑的重要性,从而重视逻辑在哲学研究中的作用。)但是,仅仅认识到这一点并不够。我们还要看到,逻辑并不等同于语言,逻辑的解释也不等同于语言的解释。如果我们能够看到语言的考虑和逻辑的考虑之间的区别,我们就会认识到,在探讨 being 这个概念以及与它相关的问题的过程中,缺乏逻辑方面的考虑一定是片面的,忽视语言方面的考虑则是根本错误的,而以逻辑的考虑为理由,甚至以逻辑的考虑为借口来排斥和拒绝关于系词的考虑,不仅是片面的,也是根本错误的。

第四章 翻译的问题,还是理解的问题?

前面的讨论涉及两个层次的问题。一个层次是翻译的问题。我们指出,译文中的许多问题并不是海德格尔本人的问题,而主要是翻译的问题。由于把 Sein 及其相关概念翻译为"存在",造成我们字面上有许多无法理解的问题。通过对这些译文做出修正,把 Sein 及其相关概念翻译为"是",可以解决原来翻译中字面上那些无法理解的问题。另一个层次是理解的问题。把 Sein 翻译为"是",我们依然看到海德格尔论述中有许多问题。但是,这些问题与原来那些问题不同,它们是通过"是"的翻译而表现出来的,是在原来的翻译中认识不到的。因而,不同的翻译使我们获得了对海德格尔思想的不同认识。

我一直强调,应该以"是"而不应该以"存在"来翻译 being(Sein),而且这主要不是翻译的问题,而是理解的问题,它的实质是如何理解西方哲学。以上两个层次说明,不同的翻译会导致不同的理解。而且,即使是翻译的问题,也依然主要是理解的问题。在翻译过程中起决定作用的还是理解。在我看来,在学习和研究西方哲学的过程中,理解始终是第一位的,理解也是翻译的基础。有了理解,才能有翻译,而且,正是不同的理解才导致了不同的翻译。

前面的讨论表明,把 Sein 翻译为"存在"乃是有问题的。这些问题不仅使我们无法理解海德格尔的思想,还给我们深入理解他的思想造成困难。此外,前面的讨论还表明,有些问题是非常明显的,比如海德格尔举的例子与他所要说明的东西明显不符合。那么,译者为什么要把 Sein 翻译为"存在"呢?难道在翻译过程中译者竟会丝毫也看不到"存在"所带来的问题吗?下面我想探讨一下这些问题。

1. 译者的理解

关于西方哲学中的 being 这个问题,关于海德格尔所说的 Sein 这个问题,国内学界一直存在着不同的理解。由于本书局限于谈论《存》,或者说,本书仅以该书为例来谈论与 being 相关的问题,因此为了一致性,最后的讨论也最好局限在这本书。可以看到,《存》一书的译者在书后附录有关于"重要译名的讨论",这些讨论提供了译者关于 Sein 这个词该如何理解和如何翻译的看法。下面我们就围绕它们进行讨论。首先让我们看该书第一版附录中的说明:

【论1】
"Sein"是德文中的系词。作为系词,它的用法极多,在中文里没有一个单独的词与西文的系词完全对应。例如:在"Socrates war ein Mensch"(苏格拉底是人),"Socrates war in Athens"(苏格拉底在雅典)和"Socrates ist"(苏格拉底存在)这样三个句子中,同一个"Sein"要分别用"是"、"在"、"存在"来翻译。这里,"是"为系词,"在"或为介词,或为动词(语法学家目前仍在为这些名目争执不休),而"存在"是动词。另外,在哲学讨论中,"Sein"还常常被名词化,作为专门的哲学范畴"das Sein"来使用。在本书翻译中,我们一般使用**存在**这个双声词来译"Sein"和"das Sein"(S1,此指德文原著页码,下同)。这一译名在义理上未见得比其他译名(例如"在"、"有"、"是")更精深,但是考虑到国内目前通用的译法及全篇译文的通畅,选用它似乎更合理一些。当然,"存在"一译一般只适用于作为名词的"das Sein"和上述第三种句子的情况,当遇到第一种和第二种句子中的"sein"时,仍旧分别译为"是"(S4)与"在"(S52)。①

这段关于 Sein 的翻译的说明涉及了两部分内容。一部分是与 Sein 本身相关的说明,另一部分是与翻译相关的说明。前者大致有三句话:Sein 是系词;它的用法多;它在哲学讨论中常常被名词化,是一个哲学范畴。其他说明都属于后者。众所周知,系词是一个语法概念,意思非常明确。以它来说明 Sein,意思也非常明确。由此则说明,Sein 本身的意思是非常明确的。而"用法极多"和"被名词化"是事实描述,而且都是常识,不会有什么理解的问题。因此,关于 Sein 本身的说明,我们不必多说什么。

在我看来,译者对于 Sein 的说明没有问题,这表明译者对 Sein 本身的理解是正确的。若是依据这样的理解,在中文翻译中也应该没有什么问题,

---

① 海德格尔:《存在与时间》,陈嘉映、王庆节译,熊伟校,北京:三联书店,1987年,第514—515页。

因而关于翻译的说明也应该没有什么问题。但是实际上却不是这样。下面我们就看一看在与翻译相关的说明中有些什么问题。

首先是关于两种文字的说明：中文没有一个词"与西文的系词完全对应"。字面上看，这个说明似乎没有什么问题。西文有系词，乃是清楚的。这里与西文相对照，说明中文的相应情况，因此意思似乎也是清楚的。但是我们看到此前还有一个说明："作为系词，它的用法极多。"由于这个说明与上述文字说明相联系，因此产生了问题。由于这里既说到系词，又说到用法，而一个词和它的用法又是不同的，因此我要问：这里所说的"完全对应"究竟是指"系词"的对应，还是指"用法"的对应呢？在我看来，系词与用法属于不同的方面，因而是不同的说明。因此，如果这里指的是系词的对应，那么这里说的则意味着中文中没有与西文中系词完全对应的词，即中文没有系词。在这种情况下，我们就要探讨，中文是不是没有系词？如果这里指的是用法的对应，则意味着中文没有一个词与西文中系词的用法完全对应。在这种情况下，我们所要探讨的则是一个词，它不一定是系词，看它的用法是不是与西文中系词的用法相对应。在我看来，认识到系词与用法的区别，不是无关紧要的。关于这一点的重要性，后面我们还会谈到。

其次是举例说明。这里有几个问题。一个问题是，直观上看，这三个德文句子的时态不同，前两个是过去时，最后一个是现在时。我不明白为什么译者不举三个时态一样的句子为例，比如"Socrates ist ein Mensch"、"Socrates ist in Athen"和"Socrates ist"。难道是想借助 war(过去时)与 ist(现在时)时态的不同来说明 Sein 作为系词的不同用法吗？此外，前两个句子倒是常见的句子，但是最后一个句子却有些奇怪。"Socrates ist"，在日常表达中，有谁会说这样的话呢？或者，有谁会这样使用 Sein 这个词呢？在我看来，这个句子大概是译者自己造的，似乎是模仿"Gott ist"而构造的句子。这个句子与前两个句子的句法形式确实不同。但是，如果与这个句子相比较，需要考虑的东西就太多了。比如，前两个句子既可以用 war，也可以用 ist 来表达，但是"Gott ist"大概只能用 ist 来表达，而不能用 war 来表达。关于"Gott ist"的问题，这里我只点到为止，不做深入论述。

另一个问题是这三个句子的翻译及其解释。"Socrates war ein Mensch"和"Socrates war in Athens"分别被翻译为"苏格拉底是人"和"苏格拉底在雅典"。这样的翻译不能说不对或不可以，但是，在这段话的语境下，却是有问题的。其一，这里的说明与系词相关，这两个德文句子中的 war 也都是系词，因而相应的中文翻译应该反映出这一特征。例子中的"是"和"在"被用着重号予以强调，大概也是想表明这一点。但是实际情况却并非如此，因为第二个句子中的"在"不是系词。其二,根据这里的说明(既然它不讨论语法学家的看法,我们也就不必考虑),"在"是介词或动词。但是,此二者都不是系词,因此"在"这个词显然没有反映出例子中的系词特征。在我看来,即使不考虑这个"在"是不是动词,它是介词应该不会有什么问题,德文短语 in Athen 中的这个"in"就是介词。在中文表达中,由于语言的特点,省略系词有时候大概不会有什么问题,但是省略介词可以吗?我想大概是不行的。试想一下,假如不用介词,in Athen 这个短语该如何翻译呢?与介词相关,前面在讨论"在—之中—是"的时候也谈过许多。这里的问题应该是不难理解的。其三,第二个句子的中文翻译中没有系词。那么,这是因为无法翻译出来吗?难道这个句子不能翻译为"苏格拉底是在雅典"吗?在这个翻译中,"是"与 war 相对应,因此显示出系词特征,意思也一致。我不明白为什么不这样翻译。

看到举例中的翻译问题,也就可以认识到,这样的翻译对于理解"作为系词,它的用法极多"这一说明是有问题的。这里的"用法"指的是 Sein 这个词表现为系词的用法,还是指它除了系词本身之外,还有其他用法呢?从这两个德文例句来看,似乎它们表明 Sein 是系词,所谓不同用法大概是指前者用它带一个名词,后者用它带一个介词短语,因而有所不同。也就是说,同样是系词,表达的东西却不同。但是译者给出的中译文却不是这样,它们似乎表明,前者有系词,后者没有系词。这样,它们同样显示出不同,然而直观上却是"是"和"在"这两个词的不同用法,即两个不同的词的不同用法。这样的举例说明与所要说明的东西显然是不一致的,因而是有问题的。值得注意的是,这里的德文和中译文,还有相关的说明,都是译者自己给出的,因此,我不明白为什么会做出这样的说明。

还有一个问题与"Socrates ist"这个例子相关。如前所述,论 1 给出的例子是为了说明 Sein "作为系词,它的用法极多"。如果说前两个例子符合这一说明,因为其中的 war 都是系词,那么最后这个例子是不是也符合这个说明呢?至少字面上看其中的 ist 不是系词。若是根据这里的说明,它是动词,因而似乎不是系词。在这种情况下,若是从德文的角度考虑,则可以问:这个 ist 是 Sein 这个词作为系词的一种不同用法吗?而从中译文及其解释的角度看,则可以问:这里所说的"存在"究竟是系词的不同用法呢,还是它本身就是与系词不同的词,因而形成与系词的不同用法呢?

论 1 的后半段说明了要用"存在"来翻译 Sein 的两个理由。一是考虑到国内通用的译法,二是考虑到译文的通畅。但是它承认,"存在"这个译名只适用于德文名词和第三个例子的情况。不能说这两个理由没有道理,但是我们可以看出,这两个理由都不是从如何理解 Sein 本身出发的。对于这两个理由,我认为至少字面上可以提出以下问题:国内通行的译法有没有问题呢?如果国内通行的译法是有问题的呢?译文的通畅固然重要,因为这样有助于中文读者的理解。但是,字面的通畅以及由此而来的无法理解的问题,是不是有助于人们理解原文所表达的思想呢?中译文字面的通畅是不是能够反映出两种不同语言文字的差异呢?这样的通畅是不是能够反映出两种不同语言文字所表达出来的思想文化的差异呢?

以上问题仅仅是字面上的,背后其实还隐含着一个问题。用"存在"来翻译 Sein 这个名词,非常直观。那么,Sein 这个名词是由什么而来的呢?它的含义是什么呢?既然它是系词,难道它与作系词的含义没有关系吗?确切地说,Sein 这个词的名词形式难道与系词没有关系吗?难道它的含义与系词的含义没有关系吗?为了避免重复,先提出这些问题,暂时不作探讨。

从以上讨论可以看出,论1中的问题非常多。而这些问题可以简单地归结为一点:一方面明确地说 Sein 是系词,另一方面又把它主要翻译为"存在"。这显然是有问题的,因为"存在"这个中译名根本无法反映出 Sein 这个词的系词特征。为了更好地说明这里的问题,我们再看一看修订版《存》中的相关讨论:

【论2】

sein 通常用作系词,和现代汉语的"是"相当。但在某些句型里另有译法,Sokrates ist in Athen,译作"苏格拉底在雅典"。西文还有一些不常见的用法,主要是哲学的用法:Sokrates ist,这时我们译作"苏格拉底存在"。这几种译法都随上下文自然而然,没有什么分歧,分歧在于名词化的 das Sein,有人译作"存在",有人译作"有"或"在",等等。按说,大写的 Sein 既然从小写的 sein 而来,通常应译作"是"。所谓本体论那些深不可测的问题,在很大程度上,就从西语系词的种种意味生出来,若不把 das Sein 译作"是",本体论讨论就会走样。然而,中文里没有手段把"是"这样的词变成一个抽象名词,硬用"是"来翻译 das Sein,字面上先堵住了。Das Ontologisch-sein des Da-seins ist ... 能译作"此是之是论是是……"之类吗?这不是我有意刁钻挑出来的例子,熟悉《存在与时间》的读者都知道这样的句子在在皆是。本来,像 sein 这样的词,不可能有唯一的译法,只能说译作什么比较好些。即使译作"是",义理也不能保全,因为"是"并非随处和 sein 对应,例如"意识是"就无法和 Bewusstsein 对应。现在,单说技术性的困难,就会迫使我们退而求其次,选用"存在"来翻译名词性的 Sein。即使退了这一大步,译文也不好读,但好歹能读。不过,我们须注意,比起"是"来,"在"和"存在"的范围要窄些(虽然比本义之"有"的范围要广)。不存在麒麟这种东西,但麒麟"是"一种动物,一种想象出来的动物,在神话里"是"一种动物。如果把 sein 既理解为是又理解为存在,似乎会发生一种逻辑上的悖论,即迈农悖论:明明没有麒麟,但既然麒麟是这是那,那在某种意义上就有麒麟了。说到这个悖论,来了一点安慰:西方人没有系词的翻译困难,也一样纠缠在这个悖论里,更何况我们要用汉语来应付西方语言生出来的疑难。(《存》,第 495—496 页)

这段话大致有三个意思。一是说明了 Sein 这个词的用法和意思,二是说明了不同翻译的区别,三是说明了采用"存在"这个译名的理由。与论 1 相比,第二个意思明显是多出来的。这个变化是否得益于国内学界近年来有关 being 问题的讨论,是不是受到这些讨论的启发和影响,译者没有说,我们也不必妄加猜测。① 但是如果我们仔细一些,其实可以看出,即使在其他两点,论 2 与论 1 也不是完全一样的。在下面的讨论中,我们重点探讨这段话与论 1 的不同,通过对这些差异的分析来看一看,译者为什么要采用"存在"这个译法,采用它的理由是不是有道理。

关于 Sein 这个词的用法和意思,论 2 说了三句话:sein 的意思是系词,与"是"相当;Sokrates ist in Athen 该如何翻译;哲学用法是什么,该如何翻译等等。字面上看,这些说明与论 1 有一些非常明显的差异。比如,它没有给出三个例子,而是只给出两个例子;这两个例子也不是一下子给出的,而是分别给出的;这两个例子统一用了 ist 这个词,而不是有的用 ist,有的用 war,等等,此外,也有一些不太明显的差异。

一个不太明显的差异与 Sein 本身相关。论 2 给出的 sein 这个词是小写,而不是大写。在德文中,一个词的大小写是有区别的。名词要大写,或者大写的是名词。与此相关,论 2 的说明是有用意的,至少从字面上可以看出,它似乎要强调这种大小写的区别。

另一个不太明显的差异是关于 Sein 的说明。与"是德文中的系词"相比,"通常作系词"这个说明显然弱了一些。它实际上告诉或暗示人们,Sein

---

① 初版 1987 年,修订版 2006 年,跨度将近 20 年。比如关于"in-Sein"的讨论,初版将它翻译为"在之中",而在修订版中,有一处将它修正为"在之中(in-Sein)"(第 62 页)。补充了德文,似乎表明多少还是意识到了中文翻译字面上是有问题的。

除了系词之外,还有其他用法。

还有一个不太明显的差异是说明的方式。论1是一下子并列给出三个例子。从前面的讨论可以看出,由于"作为系词,它的用法极多"这个说明有些含糊,因此这三个例子到底是作为系词的例子,还是作为系词的不同用法的例子,还是作为 Sein 这个词的不同用法的例子,乃是有歧义的。但是,由于系词的说明非常明确,因此这三个例子也可以被理解为是说明系词的。相比之下,论2只给出两个例子,而且是分别给出的。这样给出的方式似乎表明,系词的例子(论1中的例1)不用给出,因为一般来说是自明的。"某些句型"这个说法有些模糊,若是指系词表达的句子,似乎这里的第一个例子(相当于论1中的例2)说的就是系词的特殊情况;若是指系词之外的句子,似乎它说的就不是系词的情况。这里的第二个例子(相当于论1中的例3)则显然不是系词的情况,因为它是"不常见的用法"。由此可见,论2的意思比较明确:sein 的通常用法是系词,也有一些例外的用法。因此,论1那样的问题在论2是没有的。

我赞同论1和论2关于 Sein 这个词的系词解释,尽管前者强一些,后者弱一些。语言的表达总有特例。因此理解和说明一个词的用法和意思,最重要的就是要搞清楚它最主要的意思是什么。我认为,译者关于系词的说明是明确的,这其实是告诉读者,Sein(或 sein)这个词在通常情况下是什么意思。我也赞同这个说明。

对于译者在说明 Sein 这个词的用法时要考虑到"Sokrates ist"这样的句式,我也是赞同的。请注意,所谓"这样的句式"指的是,它与"Gott ist"的句式相同。如前所述,它似乎是模仿后者构造的例子。在我看来,在哲学讨论中,"Gott ist"确实被讨论过,现在也被讨论,以后大概也还会被讨论,但是"Sokrates ist"却不是这样。因此,在说明 Sein 的不同用法的时候,我认为最好还是以"Gott ist"为例。尽管如此,我还是赞同译者在解释 Sein 的用法时给出这样的句式。但是我赞同译者给出这样句式的做法,却不赞同译者的解释方式,因为在我看来,译者实际上对这种句式根本就没有做出任何解释,也就是说,他对这种句式中 Sein 的用法和意义没有做出任何解释。只要对照译者关于系词的说明,这一点就可以看得非常清楚:

	用法	例子	中文翻译
Sein	系词	Socrates ist ein Mensch	苏格拉底是人
Sein	某些句型	Socrates ist in Athen	苏格拉底在雅典
Sein	哲学用法	Socrates ist	苏格拉底存在

"例子"和"中文翻译"这两栏是清楚的:论1给出了三个例子和中文翻译(不考虑 war 和 ist 的区别),论2给出了后两个例子和中文翻译。问题在"用法"这一栏。论1和论2都谈到了系词。这无疑是对 Sein 的用法的解释。"某些句型"显然不是对 Sein 的用法的解释。它的意思大概只是相当于"某些用法"或"在某些情况下",这与语词解释没有什么关系,因而并不是关于 Sein 这个词的用法的解释。至于"哲学用法"(或"不常见的用法"),字面上就可以看出,这是对"用法"的重复,而不是对它的解释。因此,以"某些句型"和"哲学用法"并不能给出 Sein 这个词的解释。认识到这一点,也就可以看出,论1的说明尽管有些含糊之处,但是似乎给出了 Sein 这个词的解释,同时也指出了它可以有不同的翻译。论2区别出 Sein 有不同用法,也给出这些不同用法的例子和中文翻译,但是它只对 Sein 这个词的主要或通常用法,即系词做出解释,而没有对其他用法做出解释。因此,这样的语词解释和说明是有问题的,至少也是有缺欠的。

在我看来,Sein 的系词用法是清楚的,即使从"Socrates ist in Athen"这一句也可以看出来。其中的 ist 连接 Socrates 这个名字和 in Athen 这个介词短语。"苏格拉底在雅典"这个翻译固然意思不错,但是在这个上下文中,这句德文的中文翻译应该是"苏格拉底是在雅典",这样就把以它所讨论和强调的系词,即其中的那个"ist"翻译出来了。相比之下,"Socrates ist"这个句子确实不同,其中的 ist 不是系词,因为其后没有表语,因此它无法起到系词的连接主语和表语的作用。在我看来,认为这里的 ist 表示"存在"乃是可以的。若是以此来解释 Sein,则应该认为,在这种不常见的用法中,Sein 的意思是"存在"。也就是说,根据 Sein 的这种意思,可以把"Socrates ist"理解或翻译为"苏格拉底存在"。若是这样,也就可以说明,Sein 这个词有两种用法,因而有两种不同的意思。一种用法是系词,这是最主要和最通常的用法,另一种用法表示存在,这是不常见的用法。在相应的中文翻译中,根据前一种用法应该把 Sein 翻译为"是",而根据后一种用法可以把 Sein 翻译为"存在"。

基于以上认识,我非常赞同论2的一个观点:

> 按说,大写的 Sein 既然从小写的 sein 而来,通常应译作"是"。所谓本体论那些深不可测的问题,在很大程度上,就从西语系词的种种意味生出来,若不把 das Sein 译作"是",本体论讨论就会走样。

我再次完整地重复引用这几句话,是因为它们虽然简单,却蕴涵着一个深刻而重要的认识。

德文中的名词大写,动词小写,这是字面上的区别,也可以说是语法上的区别。而且,这样的区别并不局限于动词,也适用于其他词,比如形容词。名词的作用主要是称谓和表达事物和事情。这一点,名字的作用最明显,比如它可以被用来指称人物、地点、时间、事件等等。谈论事物和事情,确实需要用它们的名字来指称它们,但是这并不是我们谈论的唯一的东西,我们还会谈论许多东西。而无论谈论什么,都会使谈论的东西成为谈论的对象,这样就会有一种命名办法,因为我们是通过使用被谈论的东西的名字来谈论它们的。这个过程表现出人类认识能力和语言表达能力的发展。这里我不是要论述和深入探讨这个与认识和表达相关的过程。我想说的是,无论是相应于动词的名词还是相应于形容词的名词,还是相应于其他什么语言形式的名词,名词的意义主要来自于它所相应的那个词及语言形式的意义。对于 Sein 这个词也是同样。在日常生活中,它主要是作为系词或系动词使用的。但是在哲学讨论中,它成为一个谈论的对象。因此也就有了它的名词形式,也就有了它的名词和动词之间的区别。一方面,这一区别隐含着它的名词形式的意义来源,另一方面,这一区别可以展示它的名词形式的意义。这实际上也就是这个词的意义,这个词所表达的意义。正因为这样,论2才会说,本体论的问题是从系词的种种意味生出来的。这实际上是说,人们讨论的是 Sein(名词),而它的种种重要意义却是从它的系词(动词)的意义产生的。也正因为这样,论2才会认为,若是不把 Sein 译作"是",本体论讨论就会走样。我完全赞同这种说法。它实际上是说,如果不这样翻译,意思就错了,就会曲解西方哲学中关于本体论的讨论。我认为,论2的这个论断是非常正确的。

遗憾的是,有了这么明白而正确的认识,却没有把它贯彻到翻译之中!这也是我无法理解的地方。我们看到,译者没有采用"是"来翻译,而是采用了"存在"这个译名。这实际上相当于告诉我们:**在中译文中,本体论的讨论走样了**。我不知道译者是不是认识到这一结果。这里我只想问:既然如此,为什么要这样做呢?在我看来,若不是有什么特殊的理由,译者大概是不会这样做的。因此让我们一起来分析一下论2给出的理由。

一个最主要的理由是:"中文里没有手段把'是'这样的词变成一个抽象名词,硬用'是'来翻译 das Sein,字面上先堵住了。"

中文没有德文乃至西文那样的语法变形,因此仅从语言形式上看不出"是"这个词究竟是名词还是动词,我想,这大概就是译者所说的转变词性的"手段"。但是,没有这样一个手段,并不意味着也没有其他手段。我曾经说过,我们可以借助"乃"和"之"字来区别名词①。比如说"是乃是……",其中第一个"是"显然是名词,而第二个"是"则是动词,或者,前者是被谈论的,因而相当于名词,后者是用来表达的,因而相当于系动词。再比如"是之……",这里的"是"显然是名词。因此,区别"是"的名词形式并不是做不到的。而且,即使不能这样,也仍然还有一个办法来解决这个问题——加引号。论 1 和论 2 的讨论不就是这样处理的吗?本书的一些讨论不也是这样做的吗?所以,我认为论 2 关于手段的论述是有问题的。

基于以上认识,论 2 把使用"是"这个译名称之为"硬用",并认为这样做,"字面上先堵住了"。在我看来,"硬用"的说法含有贬义,含有"强行"、"一意孤行"的意思,暗示用"是"来翻译不讲道理②。"堵住"的说法则非常含混。我猜想它的意思是"不通"。至于说是语法不通,还是意思不通,则不太清楚。"硬用"和"堵住"相结合,意思大概是说,用"是"来翻译 Sein,既不对,也不行。为了说明这个论点,论 2 还举了一个例子:"Das Ontologischsein des Da-seins ist …",并认为,若是把它翻译为"此是之是论是是……",则根本无法理解。

在我看来,对于论 2 举的这个例子,可以有四种理解。一种理解是,按照"是"的翻译,论 2 给出的翻译是不是唯一的?我把它翻译如下:

> 此—是的这种本体论之是乃是……
> 此—是的本体论之是乃是……

前一句中的"这种"翻译出德文中的定冠词,后一句没有翻译出这个定冠词。我想问的是,这两个翻译难道真的就不能理解吗?在我看来,即使只从字面上看,这里也没有什么理解的问题。③ 我认为论 2 提供的翻译确实不能理解。但是难道能够依据自己做出或生造的一个翻译就否定对这个地方的所有翻译方式吗?

另一种理解是,即便认为以上翻译是"堵住"的,其原因是不是在于"是"无法转换为名词,因而无法区别句子中的"是"究竟是名词还是动

---

① 参见王路:《"是"与"真"——形而上学的基石》,第 28 页。
② 顺便说一下,国内持这种看法的人大概不少。我曾经对这种观点提出批评。参见王路:《逻辑与哲学》,人民出版社,2007 年,第 294—295 页。
③ 关于"本体论"(ontology)这个词,也有人认为应该把它翻译为"存在论"或"是论"。在我看来,这个词的翻译是不是合适,乃是可以讨论的。但是,"本体论"只是一个名称,在有它出现的文献中,大致不会影响我们的理解,因此我沿用传统的译名。

词呢?

在我看来,这样的问题是没有的。句中的"的"字结构显示出它前面的"是"乃是名词,句中的"乃"字显示出前面的"是"乃是名词,后面的"是"则是动词,而且这样的意思非常清楚,没有任何歧义。所以,即使"是"这个译名有理解的问题,也不是因为语法原因而无法形成词性转换造成的,因而不是论2所说明的那样的问题。

还有一种理解是,按照"存在"的方式就没有无法理解的问题吗? 或者,以"存在"来翻译就比按照"是"的方式来翻译更好理解吗? 译者没有给出这样的翻译,好像这是自明的。那么就让我们来比较一下。我尝试着模仿译者的方式把这个例子翻译如下:

此—在的本体论存在(乃)是……
此—在的本体论之存在(乃)是……

这里,我不想问这两个句子是不是容易理解,我只想问:难道它们真的比此前以"是"的方式翻译的两个句子更容易理解吗? 我不这样看,而且我也看不出来。

最后一种理解是,对照原文,这两种翻译哪一种才是"字面上堵住了"。原文有三个Sein。前两个是小写的sein,即它的动词不定式。最后一个是ist,即它的动词第三人称单数形式。这三个词虽然有一些句法的区别,但是它们实际上是同一个词,都与Sein有关。因此,在海德格尔那里,它们可以用来说明Sein。

以"是"来翻译,我们可以看到,句子中有三个"是",至少字面上保留了与"Sein"相关的联系,因此,这样的翻译不是"堵住了"我们理解这句话,而是为我们理解这句话——不仅在字面上理解它,而且从意思上理解它——保留了空间和可能性。

以"存在"来翻译,我们会发现,句子中有三个不同的词:"在"、"存在"和"是"。它们在字面上就是不同的,相互之间没有什么联系。因此我们无法理解它们都会与"Sein"相关。即便认为其中的"存在"可以改译为"在"或者"在"可以改译为"存在"(且不论语言上是否别扭),但是最后一个"是"却无法改译为"存在"或"在"。这样,即使可以看出"存在"和"在"这两个词乃是相同和相似的,因而是有联系的,我们也看不出它们与后面的"是"这个词有什么联系,我们更看不出它们本是同一个词,只不过句法形式不同。因此,即使我们认为"在"可以与"存在"相关,我们也看不出

"在"、"存在"和"是"这三个词都与"Sein"相关。这样的翻译难道没有"堵住"我们对这句话字面上的理解吗？这样的翻译难道没有"堵住"我们进一步理解这句话的空间和可能性吗？

综上所述，论2的理由以及举例说明乃是有很大问题的，在我看来，则是根本不能成立的。以上是论2最主要的理由，此外还有其他一些理由。尽管这些理由不是那样重要，但是为了更好地理解论2，我们再对其中三个理由做一些思考和分析。

一个理由是"选译什么更好"。论2的意思实际上是说，对于Sein的翻译，用"存在"比用"是"更好。它的说明是，用"是"来翻译，义理不能保全，因为"是"不能处处与sein对应。为了说明这一点，论2还举例说，"意识是"就无法与Bewusstsein相对应。我猜想，论者的意思大概是说，Bewusstsein这个词含有sein，但是它通常被翻译为"意识"，而不能翻译为"意识是"，因此可以说其中这个sein没有翻译出来。

我认为，这里举这个例子来说明问题乃是不合适的。一方面，直观上就可以看出，论2说的乃是用"是"来翻译Sein不合适，因此它的相关说明也应该适用于"存在"，即用"存在"来翻译Sein是不是合适。这样，我们就同样可以问：难道"意识存在"或"意识在"会与Bewusstsein是对应的吗？人们确实不把这个词翻译为"意识是"，但是难道会把它翻译为"意识存在"吗？另一方面，Bewusstsein这个词确实是由bewusst和sein这两个词组成的，它是ist bewusst这个表达式的名词形式。该表达式的意思是"意识到"。当人们谈论这样的意思时，就需要用名词来表达。因此，词还是同样的词，意思也是相同的，但是语法形式会发生变化。这样的词在西方语言中虽然不多，也还可以找到一些。比较典型的还有英文的human being。它通常被翻译为"人"或"人类"，其中那个being也没有被翻译出来。大家都知道，human being是is human的名词形式，后者的意思是"是人"。这里我们也可以看到意思大致相同而语法形式发生变化的情况。我不明白译者为什么要举这样的例子，因为非常明显，它说明不了译者这里所要说明的问题。

即使论2的上述说明是有道理的，充其量也只是对"是"的译法的说明。它并没有说明，选择"存在"的译法，义理是不是就保全了，因为它没有说，"存在"是不是处处与sein相对应。从本书的讨论可以看出，在《存》中，译者根据需要使用"存在"和"在"，对sein的翻译并不统一，即便如此，仍然有无法对应的问题。比如对"在—之中"、"依寓于"的翻译等等。但是，既然论2没有说这些情况，我们也就不用讨论它们，只要指出这种说明方式的问题就可以了。

另一个理由是由于技术性的困难而选用"存在"。在我看来,这里的"技术性"指的大概是前面所说的那些情况,包括语言形式转换问题,语词对应的问题。有了前面的讨论,也就可以看出,这个理由是不成立的。值得注意的是这里说的"退而求其次"。这显然是说,或者至少似乎是说,"存在"这个译法比"是"这个译法要差,选择这个比较差的翻译乃是没有办法的事情。这个说法与前面的说法精神上倒是一致的。明明知道不采用"是"的翻译,本体论讨论就会走样,可还是放弃了"是"的翻译。明明认识到"存在"这个译名比"是"这个译名要差,可还是要选择这个差的翻译。只不过越是这样,我越是无法理解,为什么要这样做呢?

还有一个理由是"好歹能读"。论2的意思大致是说,选用"存在"也不好读,但是凑合着还可以读。这里隐含的意思似乎是:若是选用"是",则根本就无法读了。有了前面的讨论同样可以看出,这样的说明是没有道理的。即使不考虑本书所做的那些讨论,仅以译者的举例为例,难道"此—是的这种本体论之是乃是……"(或"此—是的本体论之是乃是……")就不能读吗?它们一定就比"此—在的本体论存在(乃)是……"[或"此—在的本体论之存在(乃)是……"]难读吗?为什么前者就一定会比后者难读呢?

在我看来,对这个理由不用多讨论什么。值得注意的倒是论2关于它的补充说明。它告诫"我们须注意,比起'是'来,'在'和'存在'的范围要窄些"。在我看来,所谓"窄"大概不会是只就中文字面说的,而一定是基于对 Sein 的理解,基于对"是"和"存在"这两个词的比较和理解,并且还基于对用"是"和"存在"来翻译 sein 的比较。我无法理解,既然认识到"存在"的范围窄,难道会认识不到它不能与 sein 相对应吗?难道会认识不到至少"是"乃是更合适的翻译吗?对于论者的这些论述,我觉得非常奇怪。译者的意思似乎是说,就意思和翻译而言,无疑"是"更为合适,而"存在"不是那么合适;但是,无论如何,就是不能用"是"来翻译,而只能用"存在"来翻译。对于这一点,无论如何我也无法理解。

译者显然知道翻译和说明中的问题,最后做了一个自我安慰性的说明:"西方人没有系词的翻译困难",但是他们围绕 Sein 这个词也同样有问题,因此在汉语翻译中有些问题似乎也就不足为奇了。

西方人关于系词的讨论所反映出来的问题不是翻译的问题,而是理解的问题,这是毫无疑问的。从理解西方哲学的角度出发,我们也会有相应的问题,这也是毫不奇怪的。由于存在着语言翻译的问题,因此在与系词相关的问题中,我们还会多出一层翻译的问题,因而多了一层与翻译相关的问题,这也是十分正常的。因此表面上看,论2的上述说明大致不错。但是,由于它是在谈论与系词相关的翻译问题,因此结合它以上有关翻译的说明,问题就来了。既然是关于系词的问题,那么我们的翻译无论如何也要保留这种系词特征,这样通过翻译我们才会知道这是关于系词的讨论;这样,西方人关于系词讨论的那些问题才会进入我们的视野,从而成为我们的问题。在这种情况下,由于语言和文化的差异,西方人有无法理解的问题,我们大概也同样会有无法理解的问题,这确实也没有什么大不了的。获得一些心理上的安慰也不为过。但是,如果我们的翻译从字面上就消除了这种与系词的联系,那么我们还会通过翻译而看到西方人与系词相关的讨论以及由此而产生的那些问题吗?在这种情况下,也许我们确实会有许多无法理解的问题,但是它们与西方人那些与系词相关的无法理解的问题难道是一样的吗?它们会引导我们去认识(甚至去解决)西方人在这个问题上存在的问题吗?认识到这一点,难道我们还会觉得上述自我安慰是有道理的吗?难道我们还能从上述自我安慰中获得满足吗?

2. 难以理解的问题

从以上讨论可以看出,两个译本阐述了把 Sein 翻译为"存在"的看法。这些看法既有相同之处,也有不同之处。相同之处在于它们都认为 Sein 是系词。不同之处主要有两点。一是论 1 没有怎么讨论"是"与"存在"这两个译名的区别,论 2 则讨论了这种区别。二是论 1 和论 2 对于用"存在"作译名的解释有很大差异。

在我看来,以上差异是明显的。但是,这只是表面现象。仔细分析一下则可以看出,在这些差异的背后,仍然有一个共同之处,这就是,它们不是从 Sein 的本意出发,而主要是从中文出发。这样,尽管它们都认识到 Sein 的意思是系词,但是在翻译中,由于它们只从中文的角度出发,而不是从 Sein 这个词的角度出发,因而没有考虑如何可以、能够、应该乃至实际上保留 Sein 这个词的系词特征和含义。在我看来,认识到这一点是重要的。下面我就来具体地论述这个问题。

论 1 选择"存在"的理由有两个,一个是依据国内通行的译法,另一个是使译文通畅。前一个理由是从众,显然不能说是从 Sein 的本意出发。有人可能会认为,已有的翻译不会不考虑 Sein 这个词的系词意义,因此从众不是没有道理的。这样的说法不能说一点道理都没有,但是我想问的是,人们是不是能够肯定,已有的翻译一定就考虑了 Sein 这个词的系词意义?我不这样认为。论2本身为我们提供了最好的例证。它表明了对 Sein 这个词的系词意义的认识，但是在翻译中却不考虑这种意义。我特意提出从众的问题，目的并不是要探讨这个问题，而只是想顺便指出，在国内哲学翻译中，这是一种普遍现象。即使在今天，关于 Sein(being)究竟是"是"还是"存在"的讨论已有多年，但是在一些新的译本中，"根据某某译本的翻译"仍然是一种选取译名的理由。尽管有人认为，关于这个译名的问题乃是"牵一发而动全身的"①，但是在我看来，在翻译西方哲学的过程中，在关于 Sein(being)的问题上，这种从众的做法乃是不可取的；尤其是今天，在关于 being 的问题有了如此之多的讨论的情况下，这种从众的做法乃是懒惰的、不思进取的。

"译文通畅"指的是翻译之后的文字，与翻译过程无关，因而与体现和反映原初文字的情况无关。非常明显，这样的考虑不是从 Sein 的意思出发，而只是从中文出发的。单纯从这个理由看，它也是有问题的。因为把 Sein 翻译为"是"固然可以有译文是否通畅的考虑，但是把 Sein 翻译为"存在"同样也有译文是否通畅的问题。而且在我看来，这里其实还有更深一个层次的问题，即把 Sein 这个词究竟是翻译为"存在"更通畅，还是翻译为"是"更通畅？这里我只是想指出，这种理由不是从 Sein 这个词本身的意思出发的。我主要想探讨的是如何理解 Sein 的问题，因而是如何理解西方哲学的问题，因此我不想深入探讨译文通畅不通畅的问题。但是，本书前面以"是"来修正"存在"及其相关概念的翻译，并且围绕这些修正译文进行了讨论。在我看来，与原译文相比，修正的译文显然要通畅得多。

与论1相比，论2选择"存在"这一译名的理由要多些。一个是不能选用"是"，否则字面上就"堵住了"。另一个是"好歹能读"。这两个理由比论1的理由字面上要复杂得多，意思却是一样的。前一个理由实际上是说，选择"存在"字面上就不会"堵住了"。这样的考虑无疑与译文通畅有关。文字能不能读，肯定会涉及文字通畅的问题，至少不会与文字是不是通畅无关，因此后一个理由也与译文通畅相关。所以，论2的这两个理由与论1的理由实质上是一样的。

论2还有一个理由："是"并非随处与 sein 相对应。字面上看，这个理由牵涉到 sein 这个词，因而含有对 sein 的意义的考虑。因此，这个理由似乎考虑到了 Sein 这个词的意义。但是在我看来，这也仅仅是表面现象。我们看到，论2明确指出，Sein 通常作系词，与"是"相对应。基于这种认识，

---

① 梁志学：《逻辑学》"译后记"（黑格尔著，梁志学译，人民出版社，2002年），第407—408页。

若真是考虑 Sein 这个词的意义,考虑与 Sein 这个词相对应,那么显然应该首选"是"这个词才对!因为"是"才是系词,因而"是"才能与 Sein 这个词的通常用法和意义相对应。但是,论 2 并没有这样选择。它虽然谈到与 Sein 这个词相对应的问题,但是选择的依据却不是与 Sein 相对应,而是字面上是不是"堵住了",译文能不能读。所以,论 2 选择"存在"这个译名,归根结底,还是从中译文是不是通畅的角度来考虑的。

也许有人会认为我的论述不对。从这个理由出发,既然它在选择"存在"这个译名时考虑到与 Sein 这个词相对应的问题,也就不能认为这里没有考虑 Sein 这个词的意义,因而也就不能认为这是从中译文出发的。

我认为,即使从这种看法出发,依然可以看出,选择"存在"而不选"是"这个词,这至少表明,尽管译者考虑了与 Sein 相对应的情况和问题,但是它却没有考虑或者至少没有考虑与 Sein 这个词的通常用法和意思相对应的情况和问题,也就是说,它没有考虑 Sein 这个词最主要的用法和意思。谈论与 Sein 相对应,从而选择一个词来翻译它,或者,选择一个词来翻译 Sein,并且谈到与它相对应,结果在翻译中却不保留 Sein 这个词最主要的用法和意思,难道这是从 Sein 这个词的意思出发的吗?若是看到,这样选择理由的更深层的原因乃是翻译上的"技术性的困难",字面上是不是"堵住了",是不是"能读",难道我们不能认为这样的选择主要考虑的不是 Sein 这个词的意义,而主要是从中译文出发的吗?或者,难道我们不能认为这样的选择基本上脱离了 Sein 这个词的主要意义,所考虑的主要是中译文本身的情况吗?

也许仍然会有人认为我的论述不对。既然谈到与 Sein 这个词相对应,就一定考虑了 Sein 这个词的意义。"存在"确实没有反映出 Sein 这个词的系词用法和意义,但是系词只是 Sein 的一种翻译的选择,并不说明"存在"的译法忽略或没有考虑 Sein 这个词的意义。换句话说,在进行翻译的时候,忽略或不考虑 Sein 这个词的主要用法和意义并不意味着忽略或不考虑对 Sein 这个词的考虑。

我认为,这种看法并非一点道理都没有。但是在这种情况下,我们就要认真考虑,原则上说,翻译一个词,究竟是应该考虑它通常的用法和意义,因而至少字面上保留它这种通常的用法和意义,还是可以不考虑它的通常用法和意义,因而字面上就消除了它这种通常的用法和意义呢?具体地说,就 Sein 这个词的翻译而言,究竟是应该考虑它的系词用法和意义,因而字面上保留它的系词用法和意义,还是可以不考虑它的系词用法和意义,因而在字面上就消除了它的这种用法和意义呢?

综上所述，译者选用"存在"来翻译 Sein 这个词的理由大致有两类。一类是不考虑 Sein 这个词的意思，而从中译文出发。另一类是考虑到 Sein 这个词的意思，但是却忽略它通常的用法和意义，字面上不保留它这种通常的用法和意义。在我看来，前一类做法显然是有问题的。对于翻译来说，这显然是本末倒置，因此不用再多说什么。现在需要考虑的是后一类做法是不是有道理。

在翻译的过程中是不是考虑了 Sein 这个词的意思，是不是考虑了它的主要意思，这些问题多少带有对翻译背后东西的思考，因而似乎可以这么说，也可以那么解释。为了讨论的客观性和公正性，以便使我们的讨论可以集中在如何理解西方哲学这个问题本身，让我们换一种方式来思考这个问题。

我们看到，论 1 和论 2 都明确地说 Sein 的通常用法是系词。我们也知道，"存在"这个词不是系词，也不能作系词，因此它没有也不会体现 Sein 这个词的通常用法和意义。基于这两个明确的前提，我要问的是，用"存在"来翻译 Sein 这个词是不是有道理，对不对？也就是说，在中文翻译中，消除了 Sein 这个词的通常用法和意义，这样的翻译是不是有道理，对不对？这样，我们原来讨论的问题是：选择某一种译名，依据的是什么样的理由？这样的理由是不是有道理？现在我们把这些问题转换如下：把 Sein 翻译为"是"和"存在"，哪一种翻译是有道理的？或者至少哪一种翻译更有道理？这样，我们就把一个难免涉及主观要素的探讨转换为一个比较客观的探讨。

为了更好地探讨这个问题，我想再引用译者在讨论译名时说的另外两段话：

【论 3】
我们主张，一个译名原则上应该能够在翻译所有哲学著作乃至翻译所有原文的场合都通行。(《存》，第 501 页)

【论 4】
如果一个哲学家生造出一个词来，我们就只需考虑什么译名最适合传达这个哲学家的意思。但若他用的是传统术语，甚至就是日常用语，同时突出或挖掘出某种特别的意思，我们就不得不考虑这个用语在别的哲学家那里乃至在日常交往中是怎样用的。只要海德格尔用的是旧名，那么无论它的理解多新，甚至多么更加正确，我们仍然应该沿用旧名。(《存》，第 500 页)

论3是在讨论 Existenz 这个词的翻译时说的,论4是在讨论 Dasein 这个词的翻译时说的。但是,从它们的论述方式可以看出,它们显然不是只适用于所讨论的那个词,而是体现了译者的翻译原则,而且是如何选择译名的原则,因此这些论述在译者看来是应该具有普遍性的。我完全赞同译者的这两个原则。这也是我主张要以"是"来翻译 being(Sein),并且把这样的翻译贯彻始终的理由之一。但是在我看来,译者只是提出了两条很好的原则,译者本人既没有贯彻也没有遵守这两条原则。把 Sein 翻译为"存在"就是最好的例证。

既然 Sein 通常用作系词,而"存在"又不是系词,因此,即使仅仅在字面上就可以看出,用"存在"来翻译 Sein,绝不可能在海德格尔关于 Sein 的论述中通行。因此在我看来,若是从这两条原则出发,关于把 Sein 翻译为"存在"是不是有道理的问题乃是不必讨论的,因为它违反这两条原则乃是确切无疑的。

由于 Sein 通常用作系词,而"是"主要是"系词",译者甚至认为二者"相当"(论2)。因此,似乎用不着深入讨论,字面上就可以看出,把 Sein 翻译为"是"乃是可以通行的,也符合上述原则。

现在明显可以看出,用"存在"来翻译 Sein,不符合论3的翻译原则,而用"是"来翻译 Sein,似乎可以符合论3的翻译原则。因此,借助译者提出的翻译原则,我们可以看出,把 Sein 翻译为"存在"乃是不对的,而翻译为"是"才是对的。认识到这一点,我们自然会问:既然如此,译者为什么会违反自己的翻译原则呢?译者为什么要选择一种有问题的翻译呢?尽管这样问是非常自然的,但是它们又会把我们引向与主观因素相关的问题的讨论,而离开前面所说的具体问题的讨论,因此我们还是暂且把这些问题放下,回到前面提出的问题上来。

有人也许会问:把 Sein 翻译为"是",尽管字面上似乎有道理,因为它符合 Sein 的系词用法和特征,但是由于 Sein 这个词并非只有一种用法,那么这样的翻译就一定特别合适吗?它能够符合上述原则吗?就是说,"是"这个词能够符合 Sein 这个词出现的一切场合吗?这确实是值得我们认真思考的问题!我想,译者的一些疑虑大概也与这个问题相关。比如,译者认为,Sein 作为系词,用法极多,中文没有一个词与它完全对应(论1);"是"并非随处和 sein 对应(论2)。还有,译者给出的三个例子也表明了 Sein 的三种不同用法。也许,正因为"是"与 Sein 这些无法对应的特性,使得译者作出自己的翻译选择。这是不是译者选择"存在"作译名的原因可以暂不考虑,但是我们应该考虑,"是"这个词与 Sein 这个词是不是完全对应的,能不能完全对应？如果回答是肯定的，就说明这个选择是正确的。如果回答是否定的，则说明这个选择有问题。

讨论这个问题可以有两种方式，一种是比较随意的讨论，另一种是局限在本书的范围。前一种方式不是不可以①，但是由于本书局限在海德格尔的著作，因此我们采用后一种方式。下面的讨论基于本书所选的35段译文和4段译者的话，以此保证我们的讨论始终是具体而客观的。这里我们可以重点考虑两个问题。一个问题是，"是"这个词与 Sein 这个词是不是处处对应？另一个问题是，"是"这个词与"Socrates ist"中的 ist 是不是对应？

前一个"对应"问题可以通过两种方式来讨论。一种是抽象的方式，比如，"是"与 sein 这个动词是不是对应，与 Sein 这个名词是不是对应？另一种是具体的，即在海德格尔的论述中，"是"与 Sein 及其相关概念是不是对应？比如在本书所引用的35段译文中，"是"与 Sein 和 ist 是不是对应？"此是"与 Dasein 是不是对应？"在—世界—之中—是"与 In-der-Welt-sein 是不是对应？"在—之中—是"与 In-Sein 是不是对应？由于有前面的具体讨论，因此我们现在可以直接而肯定地回答这些问题。在本书所引的35段话中，"是"与 Sein 及其相关概念乃是对应的。前面我们还说过，名词的意思主要来自其词根的意思。我们知道，Sein 这个词乃是不定式 sein 的名词形式，因而是 ist 等动词的名词形式，因此它的意思主要来自它的动词形式。既然 sein 的通常用法是系词，那么它的名词形式，即 Sein，一定会体现这种意思，即使最保守地说，它也不能没有这种意思。因此，"是"不仅与 Sein 的动词形式是对应的，与它的名词形式也是对应的。

这里，我们还可以结合论4的原则来进一步回答这个问题。根据这条原则，在考虑海德格尔所说的 Sein 的时候，我们还要考虑他使用的这个词是不是传统术语，是不是日常语言，以及这个词在其他哲学家那里、在日常交往中是如何使用的。通过前面的讨论可以看出，海德格尔探讨 Sein 这个概念的时候，是从传统出发的。他总结了这个词的传统用法，人们对它的传统认识，比如关于普遍性、不可定义性和自明性，并且指出其中的问题。从

---

① 关于 being(Sein) 的讨论，我不主张用比较随意的方式来讨论。我在《"是"与"真"——形而上学的基石》中曾经就巴门尼德、亚里士多德、托马斯·阿奎那、康德、黑格尔、海德格尔等人的一些论述做过专门的分析和讨论。而在《读不懂的西方哲学》中，我就柏拉图、亚里士多德、胡塞尔和海德格尔等人的论述进行了讨论。在我看来，围绕 being 的讨论，必须从文本出发，必须围绕文本进行讨论。脱离文本，只是在那里"理论上"或"字面上"探讨这个词该如何翻译，它有没有存在的意思，中文"是"是不是能够做名词等等，对于理解这个词的意义，对于理解西方哲学，不会有什么实质性的帮助，因而没有什么实质性的意义。

他的相关讨论可以清楚地看出,"是"与传统术语中的 Sein 这个词、与其他哲学家使用的 Sein 这个词乃是对应的。在海德格尔的讨论中,他谈到日常使用,还举了一些例子来说明这个词的特性,比如"天是蓝的"和"我是快活的"。从这些例子同样可以清楚地看出,"是"与日常交往和使用的 Sein 及其相应概念乃是对应的。尤其是,在海德格尔对 Sein 的发问中,他谈到"当我们问道'"是"是什么?'时,我们已经栖身在对'是'的某种理解之中了"。这里我们可以看得非常清楚,"是"既是海德格尔发问的对象,也是他用来表示这种发问的东西,因此,"是"既与作名词的 Sein(发问的对象)相应,也与作动词的 ist(用来表示发问的东西)相应,从而与海德格尔所要说明的这种发问对象与表达方式的一致性也是相应的。

关于对应问题,最后我想谈一谈"是"与"Sokrates ist"中的 ist 是不是对应的问题。前面我们说过,"Sokrates ist in Athen"可以翻译为"苏格拉底是在雅典",由此可见,"是"和其中的 ist 乃是对应的,至少是可以对应的。现在我们要讨论的是,能不能把 Sokrates ist 翻译为"苏格拉底是",如果可以这样翻译,则"是"与其中的 ist 是对应的,否则就不是对应的。前面说过,我猜测这个例子是译者模仿"Gott ist"构造出来的句子,海德格尔似乎没有举过这个例子,似乎也没有什么人这样说,即使在哲学讨论中,大概也不会有什么人这样说。因此这里要讨论的问题其实是:"是"与"Gott ist"中的 ist 是不是对应,亦即能不能把"Gott ist"翻译为"上帝存在"。

我认为,"Gott ist"应该翻译为"上帝是"。这个表达来自《圣经》中上帝所说的一句话:"Ich bin der ich bin"(英文为"I am who I am"),这句话的意思是"我是我之所是"或"我是我所是"。特别是当上帝把其中的"Ich bin"当做一个名字说出来之后,不仅产生而且也形成了一个特殊的表达"Ich bin"。正是关于这个特殊表达的讨论,使得人们在这里的 ist 解读出"存在"(Existenz)的意思,因而认为这里的 ist 表示"存在"(existiert)。关于这个问题,包括这里 ist(英文 is)这个词的意义,从 ist 到 Existenz 这种含义的演变,以及宗教对哲学的影响从而形成的宗教与哲学的关系等等,我曾专门做过论述①,因此这里就不多说了。这里我只想提请人们注意一点:在这个问题上可以有两种做法。一种做法是,认为 Gott ist 中的 ist 与通常所说的 ist 乃是同一个词,但是在这里是一种特殊的用法,表示存在的意思。然后根据这种认识把这个表达翻译为"上帝是",并且把这里的"是"解释为表示存在,

---

① 参见王路:《"是"与"真"——形而上学的基石》,第五章;《上帝的名字及其翻译》,载《世界哲学》,2006 年第 6 期。

有"存在"的意思。另一种做法是,或者根据上述认识,或者根据不同的认识,把这个表达翻译为"上帝存在"。我认为,这两种做法是根本不同的。前一种做法可以保留 ist 这个词的字面特征,从而保留 ist(是)与 existiert(存在)这两个词的区别,因而保留对从前者向后者演变的解释空间和可能性。而一旦把 ist 翻译为"存在",这些字面的区别就不复存在,这些本来可能存在的解释空间和可能性也就不会存在了。所以,在我看来,即使是"Gott ist"这个表达,也应该翻译为"上帝是",而不应该翻译为"上帝存在"。

以上讨论了译者的看法,指出了其中的一些问题。在这些论述过程中,我也结合不同问题阐述了自己的一些看法。但是最后我想再专门谈一谈自己的一些看法。

说实在话,我对论 1 还是比较能够理解的。从众乃是一种比较自然的思维方式。从这样一种思维方式出发,用"存在"来翻译 Sein 及其相关概念,大体上也是可以理解的。这样的翻译和理解有问题,乃是因为以前的翻译有问题,影响到后来的翻译,这并不是什么奇怪的事情。如果说论 1 有什么问题,那么这主要是对 Sein 这个概念的理解有问题,而且译者似乎没有意识到这样的理解是有问题的。但是我对论 2 却有三点非常不能理解。

第一点不能理解的是,明明知道 Sein 通常作系词,为什么还要用"存在"来翻译它呢?

在我看来,翻译一个外文词,当然最好是找到一个与它完全对应的词。如果无法找到这样一个词,那么也应该找一个基本可以与它对应的词。若是这也无法做到,那么至少应该找一个能够表示出它(最)主要用法和意思的词。因此,用"存在"来翻译 Sein,无论如何是不合适的,因为它没有体现、也根本无法体现 Sein 这个词的系词用法和特征。

论 2 对论 1 做了修正,把大写的 Sein 改为小写,并且加了"通常"二字来修饰"系词",因而弱化了论 1 的系词解释,似乎这样一来就能够使小写的 sein 与大写的 Sein 形成区别,由此表明 Sein 除了系词用法还有其他意思,因而用"存在"来翻译 Sein 乃是有道理的。在我看来,这种大小写的变换以及"通常"一词所暗示的对系词解释的弱化,并不能解决问题。关键在于,大写的 Sein 是不是与小写的 sein 无关?它是不是小写的 sein 的名词形式?它是不是不体现小写的 sein 的系词特征?因而,它的主要意思是不是系词?"通常"一词是不是依然表示"在大多数情况下"?因而,它是不是表示 Sein 的主要意思是系词?只要大小写相关,系词的解释和说明就一定也适用于大写的 Sein。尽管弱化了系词的解释,"通常"一词仍然表明 Sein 的主要意思是系词。因此,论 2 的说明方式根本不能说明 Sein 的主要意思不是系词。

论2称Sokrates ist是不常见的用法,把它翻译为"苏格拉底存在"。因而这只是把这个句子中的ist翻译为"存在",并没有对这里的ist的语义做出解释,或者做出像系词那样的明确解释。也就是说,译者没有根据Sein这个词的通常用法和意义来翻译这个词,而只是根据对某一个句子中ist的一种翻译而选择了关于Sein这个词的翻译。这样做难道是有道理的吗?此外,论2明确地说,"存在"比"是"的"范围要窄些"。与"通常"相比,究竟窄多少姑且不论,这至少表明,译者特意选了一个表达意思"窄"的词,而不是选择一个表达意思宽一些的词。这种做法又如何能够让人理解呢?还有,论2谈到对sein的翻译要保全义理的问题,要与它对应的问题。这些无疑都是有道理的。但是,通常的用法和个别的用法,"通常"(宽)的用法和"窄"的用法,哪一个才能体现Sein这个词的义理呢?哪一个更能体现Sein的义理呢?不保留系词的用法和含义,难道还能够保全Sein的义理吗?不保留Sein这个词的通常用法和含义,难道还能够与它相对应吗?"存在"这一译名根本无法反映系词特征,它又怎么能够保全Sein这个词的义理呢?它又怎么能够与Sein这个词相对应呢?

论3说一个哲学译名原则上应该能够在所有哲学译著的相应场合都通行。既然"存在"不能反映Sein这个词的通常用法和意思,它又如何能够在所有相应的出处都行得通呢?论4说选择一个译名不仅要考虑使用该译名的哲学家,而且要考虑其他哲学家的用法,考虑传统用法和日常用法等等。既然"存在"不能反映Sein这个词的通常用法和意思,它又怎么能够体现出哲学家们对这个词的使用呢?所谓体现出传统用法和日常用法又是从何谈起的呢?

所以,我实在是不能理解,对于Sein这样一个重要概念,怎么能够在翻译过程中如此轻易地放弃其最主要的意思,而选择一个不是主要的意思呢?

第二点不能理解的是,明明看到选择"存在"这个译名是有问题的,为什么还要选择它呢?

在我看来,假如译者只是看到了Sein的主要意思是系词,但是在翻译中没有意识到保留这种意思的重要性,因而忽略了在翻译中应该如何保留这种意思的问题,那么即使我不赞同译者的做法,也多少还是可以理解的。比如,论1大体上还是可以理解的,因为它的做法是从众。但是,论2却不是这样。它明确指出,本体论的问题主要是从系词的种种意味产生的,"若不把das Sein翻译为'是',本体论讨论就会走样"。这就表明,至少本体论的问题是与Sein相关的,而且这主要是与Sein这个词的系词意义相关的。

在这种情况下,与 Sein 的系词意义相关的并不是一般的、无所谓的问题,而是重大问题。既然译者认识到 Sein 的系词意义如此重要,为什么在翻译中却不保留它的这种意义呢?难道译者不知道"存在"这个词字面上没有系词意义吗?难道译者会不知道选择"存在"这个译名会消除 Sein 的这个词的系词意义吗?难道译者会不知道,选择了"存在",也就从中文字面上消除了理解所有那些与本体论相关的深刻问题的可能性吗?所以,我实在是无法理解,明明看到了选择"存在"会带来的问题,而且看到了问题的严重性,即"本体论讨论就会走样",为什么还要选择"存在"这个译名呢?难道译者宁愿选择一种使本体论的讨论走样的翻译吗?难道这样的翻译造成的问题不严重吗?

还有一点不能理解的是,在翻译 Sein 这个词的时候,我们究竟应该采取一种什么样的态度?

在我看来,知道 Sein 这个词通常用作系词,但是它有多种用法和含义,这乃是正常的;看到中文"是"的一些特征,包括认为它似乎不能作名词,似乎也不能完全与 Sein 的用法相对应,这也是自然的;认识这两种情况,因而认识到用"是"来翻译 Sein 可能会遇到一些困难和问题,这也是可以理解的。但是,我们应该如何对待这些问题呢?是努力去解决这些问题,还是回避这些问题呢?具体地说,既然知道 Sein 这个词的通常用法是系词,也认识到这个词与本体论相关,本体论的重大问题又都是从它的系词意义产生出来的,而且还看到"sein 通常作系词,和现代汉语的'是'相当",既然同时也看到采用"存在"这个译名有很多问题,并且还认识到不把 Sein 翻译为"是"会有很大问题,那么我们为什么不能想办法去解决用"是"来翻译 Sein 可能会遇到的问题呢?难道这是在研究中面对问题和困难时所应该采取的正确态度和做法吗?

3. 语词与语词所表达的意义

本书以海德格尔的《存》为例,探讨了他说的 Sein 究竟是"是",还是"存在"的问题。本书指出,海德格尔所说的 Sein,乃是"是",而不是"存在"。因此应该把它翻译为"是",而不应该翻译为"存在"。本书还以译者有关 Sein 的翻译的讨论为例,探讨了中文翻译中对 Sein 的理解和翻译的问题。本书指出,对于 Sein 的翻译,首先应该考虑如何保留这个词最主要的意思,即这个词通常作系词的用法和意思。在中文翻译中,不保留这一点,从字面上消除这一点,乃是错误的。所谓以海德格尔的《存》为例,我的意思是指,这样的思考可以推广、也应该推广到其他哲学家的其他著作上。所谓以译者的相关讨论为例,我的意思是指,对译者相关的思考也可以做出一般性的推广。就是说,在我们理解西方哲学的过程中,当涉及有关 being 及其相关概念的问题时,我们应该思考本书提到的那些问题。

在我看来,应该用"是"来翻译 being(Sein),而不应该用"存在"来翻译它。首先,"是"这个词可以保留 being 这个词的系词意义,因而可以保留它的用法和意思,或者至少可以保留它的通常用法和意思。这样,我们就在字面上保留了这个词与本体论的联系,因而保留了理解和解释这个词以及它所表达的概念的空间和可能性,这样也就保留了理解和解释与这个词和概念相关的问题的空间和可能性。

其次,用"是"来翻译 being,有助于我们区别语言和语言所表达的东西,因而有助于我们理解西方哲学中的相关讨论,尤其是与本体论和认识论相关的讨论。在我看来,对于这个问题,相应于国内学界的讨论,可以有以下三种解释:

  第一种:being 这个词有两种含义,一种是系词,另一种表示存在①。
  第二种:"存在"这个词有两种含义,一种是系词,另一种表示存在。
  第三种:"是"这个词有两种含义,一种是系词,另一种表示存在。

表面上看,这三种解释差不多:都区别出两种含义,而且对这两种含义的看法也是一样的。但是它们之间却有重大区别,这就是:它们所解释的词本身乃是不同的。在第一种解释中,被解释的词是 being,因而系词与"存在"乃是 being 这同一个词的不同含义。由于字面上非常清楚,系词的意思乃是"是",或者,"是"乃是系词,因此这种解释实际上是说,being 这个词有两种含义,一种乃是"是",另一种是"存在"。由于 being 是外文,因此非常清楚,它是我们探讨的对象。这样,它和原来表达它的中文词区别得非常清楚。因此它和它所表达的意思之间的区别也是非常清楚的。所以我认为,这种解释区别了一个词与它所表达的意思,而且"是"和"存在"这两种含义

---

① 关于 being,与"是"不同的译法有三种,即"存在"、"在"、"有"。在这三种译法中,"存在"乃是最普遍的。因此这里我们只考虑"存在",不考虑"在"和"有"这两种译法。

解释和区别也是正确的。

在第二种解释中,被解释的词乃是"存在"。这是因为,经过翻译,我们在字面上已经看不到 being 这个词,它已经被翻译为"存在"。对"存在"的解释有两个,一个是系词,另一个是"存在"。后一个解释与它字面上相同,理解上没有问题,解释中却有些同语反复的味道。但是前一个解释却是有问题的。如上所述,系词的意思乃是"是",或者,"是"乃是系词,而"存在"根本不是系词,也无法表达系词的意思。因此我们无法理解"存在"这个词怎么会有系词的意思。即使挖空心思,我们大概也无法找到一个以"存在"作系词的句子。这就表明,"系词"这种解释与"存在"这个词本身的用法和意思乃是不一致的,因而是不合适的。

在我看来,采纳和坚持用"存在"来翻译 being 的人不是不知道 being 这个词的通常用法是系词,论1和论2非常清楚地说明了这一点。他们坚持认为西文中的 being 这个词有系词和存在两种意思,甚至强调其中的存在含义,也不是不可以。但是,一旦把 being 翻译为"存在",并从"存在"这个词出发来解释这个词的两种意思的时候,就会产生上述第二种解释中的问题。也许他们想的是 being,说的却是"存在"。即便是这样,至少在他们的论述中,被论述的东西("存在")与用来解释的说明("系词")乃是不匹配的,因而是有问题的。而且在具体的哲学解释中,一如本书所显示和指出的那样,问题是非常多的。这是因为,这种不匹配的说明,在原作者那里本来是不存在的。确切地说,在西方哲学家那里,关于 being 的说明过程如下:

> Being 这个词有两种含义,一种是 copula(系词),另一种表示 existence(存在)。

在这个说明中,被解释的词是 being,两种解释分别是 copula 和 existence。这样,字面上就可以看得非常清楚,被解释的东西与用来进行解释的东西乃是不同的。copula 乃是对一个词的语法说明,它表明,这个词在句子中起联系主语和谓语的作用,因而它的含义来自它的这种语法作用。所以,这个解释清清楚楚地表明,被解释的 being 乃是"S is P"(S 是 P)中的那个的 is(是)。existence 则是一种与 copula 完全不同的含义。它所解释的大致是"S is"这样的句子。在这样的句子中,is 显然不是 copula,因此它的意思被解释为 existence。所以我认为,在西方人关于 being 的讨论中,被解释的东西(being)与用来解释的东西(copula 和 existence)不仅区别得非常清楚,而且意思也是清楚的。在第二种解释中,"存在"这个词与对这个词的说明解释乃是不匹配的。认识到这一点,也就可以看出,第二种解释是有问题的,因为它的解释层次与西方人关于 being 的讨论乃是不一致的。所以我认为,主张和坚持采用"存在"这个译名的人,即使在讨论这个问题的时候想的是 being,他们的讨论也是有问题的。

在第三种解释中,被解释的词乃是"是"。经过翻译,我们在字面上同样看不到 being 这个词了,它已经被翻译为"是"。对它的解释有两个,一个是系词,另一个是"存在"。如上所述,系词乃是一种从语法的角度进行的解释,由此我们可以看出,"是"这个词在句子中的表现形式是什么,或者简单地说,它在句子中是什么样子或如何出现的。无论如何,我们可以看得非常清楚,它即是"S 是 P"中的那个"是"。"存在"的解释无疑与系词不同,它所说明的大致是"S 是"这样的情况。在这样的句子中,"是"显然不是系词。在这种情况下,它的意思被解释为"存在"。所以我认为,在这种解释中,被解释的东西("是")与用来解释的东西(系词和存在)乃是不同层次的东西,而且区别得非常清楚。特别是,这样的解释与上述我们所说明的西方人的解释过程是一致的。无论是解释的层次,还是具体的语词含义,它们都是一致的。而且,我们还可以看出,它与第一种解释实际上也是一致的。所以,我赞成第一种和第三种解释,反对第二种解释。

国内学界有一种观点认为,being 这个词不好翻译,最好不翻译,而保留这个词的原文。我可以赞同这种观点。在我看来,无论这种观点的出发点是什么,它所达到的结果一定是上述第一种解释。但是,这绝对不能成为反对把 being 翻译为"是"的理由,更不能成为把 being 翻译为"存在"的理由,无论是口头上,还是内心里。因此,若是持这样的观点,最好就不要谈论"存在"怎样怎样,而应该谈论 being 怎样怎样,并且把这样的谈论贯彻始终。

国内学界有一种观点认为,"God is"只能翻译为"上帝存在",而不能翻译为"上帝是"。因为前者可以理解,而后者根本就无法理解。与此相应的一种观点是,名词的"存在"容易理解,而名词的"是"则不容易理解。对于这个问题,我的看法是,在哲学讨论中,还是应该从如何理解西方哲学的角度去理解这个问题。中文的"是"与西文的 being 确实是有一些区别的,比如我们一般不用它做名词,确切地说,我们一般不把它的系词用法做名词。但是从理解西方哲学的角度看,西方人却是这样做的,而且"本体论那些深不可测的问题,在很大程度上,就从西语系词的种种意味生出来"的(论2)。这样,从理解西方哲学的角度出发,我们必须把 being 翻译为名词,而且是把作为系词的 being 翻译为名词。这样就要把 being 翻译为"是",而且必须翻译为"是",因为若不这样翻译,"本体论讨论就会走样"(论2)。这样的看法,实际上并不是我个人的,而是学界的共识,因为它也是主张采用"存在"这个译名的人的看法。有了以上认识,对于"上帝是"或"上帝存在"这样的译句就很容易理解了。因为它涉及宗教对哲学的影响,涉及一个词的不同用法以及由此而形成的不同含义,涉及某一种句式与普遍句式的关系,等等。从中文的角度说,这里有一个是不是"通畅"的问题,而从理解西方哲学的角度说,这里有一个是不是能够反映出所讨论的问题以及与这个问题相关的问题,包括它所隐含的一些问题。所以在我看来,与"是"相关的问题,不是单纯的语言翻译的问题,而是一个涉及不同语言、思想和文化的具有多层次、多纬度的问题。但是,所有这些层次的基础乃是对西方哲学的理解,即对西方哲学中关于 being 讨论的理解,对它那种系词意义的理解。

　　国内学界还有一种观点认为,being 这个词有系词的含义,也有存在的含义,但是归根结底,它的最终含义还是存在。有了以上三种解释的说明,我要问的是,这样的看法究竟是基于哪一种解释?若是基于第一种和第三种解释,我们就可以看出,这相当于认为 being 或"是"有两种含义,一种是系词,另一种是存在,此外还认为后一种含义更为重要。我不同意这种看法。在我看来,这种看法最主要的问题在于,它不是根据 being 的通常用法和意义来理解这个词,而是根据它的一种特殊用法和意义来理解这个词,因而背离了对这个词的理解,也背离了西方哲学中关于这个词的通常理解。若是基于第二种解释,这种观点则相当于认为"存在"的最终意义是存在。在我看来,这肯定是有问题的。因为它混淆了 being 这个词与它所表达的意思的不同层次,这样,所有通过这种层次区别而产生和形成的问题,在"存在"这里就都看不到了。在这种情况下,对于西方哲学中所有相关的讨论,是不可能得到正确认识的。因此我认为,我们首先要认识到,把 being 翻译为"存在"与把它的终极意思解释为存在乃是有根本区别的。其次我们要认识到,依据 being 的通常用法来理解它的意思与依据它的一种特殊用法来理解它的意思,也是有重大区别的。

　　中国人的语言中有"是"这个词,它也可以作系词。但是我们过去一般不把它名词化,也从来不探讨它的意思。在我们谈论西方哲学的时候,我们发现西方语言中有 being 这样一个词,它的通常用法是系词,而且西方人讨论它,并且以它作为哲学中的一个核心概念,从它的系词意义衍生出本体论的问题来,不仅如此,还衍生出许多认识论的问题来,包括像分析判断和综合判断的区别、事实判断和价值判断的区别等等。在这种情况下,除了是否应该用"是"去翻译这个 being,并且从"是"的角度来理解这个 being 以外,我们是不是还应该考虑其他一些问题呢？比如，为什么西方人会讨论这个being？就是说，为什么西方哲学会讨论这种具有系词意思的东西呢？我们过去从来不讨论这样的东西，表面上看，也许可以说这是两种语言之间的区别。但是，难道这不体现出两种不同的"哲学"之间的区别吗？这不体现出两种不同思想文化之间的区别吗？

再引申一步，过去我们不注重关于系词和具有系词意义或相应于系词的语言表达的探讨，而只注重关于存在的探讨，现在我们看到了西方哲学这种关于语言的考虑，这种从语言用法出发进行的讨论。在这种情况下，除了在探讨西方哲学的过程中有一个如何理解西方哲学的问题，我们是不是也应该考虑一下与系词相关或与具有系词意义的语言表达相关的问题呢？比如，西方哲学家谈论一事物的 being，难道他们是在谈论该事物是不是存在吗？难道他们不是在谈论该事物是什么，是怎样的，与其他事物是什么样的关系等等吗？西方哲学家谈论一事物的 being 与我们的认识，难道他们是在谈论我们关于一事物是不是存在的认识，而不是在谈论我们关于一事物是什么，是怎样的，与其他事物是什么样的关系等等的认识吗？西方哲学家谈论一事物的 being 与 truth（事实）的关系，难道他们是在谈论是否有一事物与真理之间的关系，而不是在谈论一事物是什么，是怎样的，与是不是真的之间的关系吗，或者，难道他们不是在谈论事物之间有什么样的关系与是不是真的之间的关系吗？难道他们不是在谈论我们关于一事物是什么、是怎样的认识与是不是真的之间的关系吗，或者，难道他们不是在谈论我们关于事物之间有什么样关系的看法与是不是真的之间的关系吗？就是说，过去我们在哲学研究中不注重这样的思考和讨论，那么现在和今后是不是应该注重这样的思考和讨论呢？以"是"为思考对象，难道永远不会进入我们的视野吗？难道对我们来说，这是永远做不到的事情吗？

基于这些思考，我觉得更应该问：我们该如何理解和翻译being？我们应该如何理解西方哲学？

第五章 "一'是'到底"论的意义

从前面的讨论可以看出，对于 Sein，海德格尔的《存》有时候翻译为"是"，有时候翻译为"存在"或"在"，而我认为都应该翻译为"是"。而且，我这种看法并不局限于海德格尔这一本著作。我一直主张，在西方哲学研究中，应该以"是"来理解和翻译 being(Sein)，并且把这种翻译和理解贯彻始终。这两种做法以及导致它们的看法显然是不同的。国内学界把前一种看法称之为"语境论"，即应该根据上下文采取不同的翻译，因而把 being 翻译为"是"、"存在"、"在"或"有"。我的观点则被称之为"一'是'到底论"。褒贬姑且不论，为了论述方便，下面我就借用这种说法表达我的观点。

字面上看，一"是"到底论非常极端，语境论比较中允。单纯从论战的角度看，后一种观点似乎立于不败之地，因为它本身可以允许一"是"到底：只要把语境与"是"的理解联系起来即可。而前一种观点很容易被驳斥，因为只要找到一处反例即可。事情如此简单，因此需要说明，为什么我一直非常明确地坚持一"是"到底论。

仅从论战的角度看，语境论固然可以包容一"是"到底，但是也可以轻易地排斥"是"的理解，因为"语境"随时可以为"存在"的理解提供庇护。一"是"到底论尽管时刻有被驳倒的风险，但是它与"存在"泾渭分明，因而不给"存在"留有余地。我一直认为，有关 being 的问题，并不是或者主要不是翻译的问题，而是理解的问题，即如何理解西方哲学。因此我们的讨论不是为了争胜负，而是为了更好的理解西方哲学。

下面我想结合前面的讨论，但是又不局限于前面的讨论，谈一谈一"是"到底论的意义。

1. 举例与一"是"到底论

在关于 being 的讨论中，我提出过一个观点，即应该重视举例。举例生动明了，目的是为了帮助说明所要说明的问题，因此会有助于我们的理解。

这里我想借助举例来说明为什么要一"是"到底。

前面我们看到了海德格尔的举例:"天是蓝的","我是快活的"。而且,从古至今,西方哲学家在讨论 being 的时候总会有一些举例说明,比如"风是冷的"(柏拉图),"他是人"(亚里士多德),"金子是黄色的","战士应当是勇敢的"(胡塞尔),"狗是在花园里"(海德格尔),等等。这些例子都含有"是",因而都可以说明"是"。从举例的角度看,关于 being 的翻译,可以"一'是'到底",而且不会有什么问题。(以下简称"'是'类翻译"。)

以上例子在现有中译著作中的表述如下:"风是冷的","他是人","金子是黄(色)的","战士应当勇敢"①,"天是蓝的","狗在花园里"②。其中四个例子完全一样,两个例子的翻译有所不同,即没有"是"。可见,在现有中译文中,有"是",但没有"一'是'到底"。(以下简称"'在'类翻译"。)

字面上看,这些例子是自明的,本身不会给我们的理解造成任何困难。因此,是不是一定要把 being 翻译为"是",似乎并不特别重要。由此出发,是不是一定要"一'是'到底",似乎也就不是特别重要。下面我要说明,事情并非如此。

在哲学讨论中,举例是为了说明一些概念、观点、问题、理论,因此,举例除了自身要明白易懂之外,还要能够说明被说明的东西。这样,举例就要与被说明的东西结合起来理解。与 being 相关,举例则要与 being 结合起来理解。基于这一前提,我们来看一看上述两类翻译。

如果把 being 翻译为"是","是"类翻译就很容易理解:哲学家们所要论述的乃是"是",所举的例子都含有"是",因而举例与被说明的东西相一致;由于例子是自明的,因而有助于说明所要探讨的东西。相比之下,"在"类翻译显然有不太容易理解的地方:其中含"是"的例子没有什么问题,但是含"在"或不含"是"的例子则不容易理解,因为它们无法说明"是"。

如果把 being 翻译为"存在",显然是有问题的,而且"是"类和"在"类翻译都有问题:它们不含"存在"。也就是说,无论是含有"是"或"在"的例子,还是不含"是"和"在"的例子,它们与所讨论的"存在"没有什么关系。因此,这样的例子无法说明"存在"。

可能有人会认为,"存在"与"在"的意思是一样的或者差不多,因此"在"类翻译可以说明"存在"。且不论"存在"与"在"的意思是否一样,即便一样或差不多,充其量也只能说"在"类翻译中那些含"在"的例子与被说

---

① 胡塞尔:《逻辑研究》,倪梁康译,上海译文出版社,1993年,第一卷第33页。
② 海德格尔:《形而上学导论》,熊伟/王庆节译,商务印书馆,1996年,第89页。

明的东西相一致,而那些含"是"或不含"在"的例子仍然是无法理解的。

也有人把 being 翻译为"在",把例子中的"是"也翻译为"在",比如"狗在花园里"。这样,"在"类翻译的问题似乎得到解决:所要说明的是"在",例子中也有"在",二者正好匹配。表面上这好像没有什么问题,其实不是这样。一个非常直观的问题是,"在"的翻译能够贯彻始终吗? 比如上述其他几个例子该如何翻译呢? 可以有"风在冷"、"天在蓝"这样的翻译吗? 它们与"风是冷的"、"天是蓝的"意思还是一样的吗? 即便马马虎虎可以认为它们的意思差不多,对"他是人"和"战士应当勇敢"又该如何翻译呢? 难道可以有"他在人"和"战士应当在勇敢"这样的翻译吗?

关于"战士应当勇敢"这个例子需要多说几句。在外文表达中,有单纯使用 being 的情况,比如上述其他几个例子,也有 being 与其他语词组合使用的情况,后者会稍微复杂一些。字面上说,当 being 与"应当"结合的时候,就有了"应当 being"这样的表达。如果把 being 翻译为"在",这里要讨论的就是"应当在"。问题在于,单看"战士应当勇敢"这个例子,没有任何理解的问题。但是,当以它来说明"应当在"时,问题就来了:它明明不含"在"! 一个与"在"没有任何关系的例子又如何能够说明"应当在"呢? 难道"在"的讨论固然重要,但是到了探讨"应当"的时候,这个"在"就变得可有可无了吗?

"战士应当勇敢"这个例子选自胡塞尔的中译文著作①。该译著表明,原本讨论的问题是"存在",到了与"应当"相关的时候就变成"在",即"应当在"。而到了举例说明中,不仅看不到"存在",甚至连"在"也无影无踪。我想问的是:"在"与"存在"是同一或相同的概念吗? 这里举的例子能够说明"应当在"吗? 关于"应当在"的举例说明若是出了问题,难道还能够说明原本讨论的"存在"吗?

在我看来,这里的问题看似由于有了关于"应当"的讨论而变得复杂了,其实根子还是在 being 的翻译和理解上。若是把它翻译为"是",以上问题就不会存在。所讨论的乃是"应当是",所举的例子则是"战士应当是勇敢的",二者正好匹配。清清楚楚,不会有任何理解的问题。

就中文而言,"存在"的意思是明确的,不像"在"那样有歧义。它的使用范围也很窄,大概除了说"某物存在"或"存在某物"外,几乎没有其他用

---

① 参见胡塞尔:《逻辑研究》,第一卷第 33 页。对照原著,则可以看出,胡塞尔讨论的是"Sein-sollen",他举的例子是"Ein Krieger soll tapfer sein",二者中的"Sein"显然是相应的。参见 Husserl, E., *Logische Untersuchungen*, Max Niemeyer Verlag Tübingen,1980, Band I, S.41。

法。因此,它不是与being对应的词。翻译与being相关的例子,"存在"一词是无法使用的。且不要说它对"他是人"、"天是蓝的"、"风是冷的"这样的例子束手无策,即便对"狗是在花园里"这样的句子,它大概也是无能为力的。"狗存在花园里"大概也是符合语法的中文表达。但是它与"狗是在花园里"的意思会是一样的吗?

综上所述,若把being翻译为"存在"或"在",那么采用"在"类翻译和"是"类翻译都是有问题的,因为它们会使同一个词变成不同的词,同一个概念变成不同的概念,或者使它在本该出现的地方甚至消失不见,结果使例子说明不了所要说明的问题。若是把being翻译为"是",那么"在"类翻译同样是有问题的;但是,"是"类翻译却不会有问题,因为举例与所要说明的东西相一致。因此我认为,我们应该把being翻译为"是",然后形成"是"类翻译,使例子与所要说明的东西对应起来,起到举例说明的作用。由此可见,"一'是'到底"乃是有道理的。

2. 系词含义的必要性

我一直主张,应该在系词的意义上理解being,应该把它翻译为"是"。十分明显,"是"乃是系词,而"存在"不是系词,二者泾渭分明。字面上看,主张"是"的人强调保留being的系词含义,而反对者担心"是"一词会消除being的存在含义,似乎不太在乎"存在"这个译法是不是消除了being的系词含义。当然,引申的一层意思在讨论中始终是存在的:"是"与"存在"哪一个是being的主要含义?

从系词的角度理解being,绝不是标新立异,也不是仅从自己个人的某个知识结构或背景出发,比如逻辑的理解,更不是刻意追求与传统认识相区别。这种理解其实是来自对西方哲学的理解。具体地说,人们可以看到,在讨论being及其相关概念的时候,西方哲学家自己往往会从系词的角度来讨论being。这些考虑有些是明确的,有些似乎不是那么明确。经过分析,许多不那么明确的考虑会变得明确起来。因此,既然他们有这样的考虑,那么我们在理解他们关于being的论述时,关于系词的考虑就一定是必要的。为了说明这个问题,我们首先看一看西方哲学家明确的关于系词的考虑。

所谓明确的关于系词的考虑,是指谈论中提到系词。在这样的语境下,我们会看到"系词"这个术语。由于与being相关,因此我们可以明白无误地知道这里谈论的being是从系词角度考虑的。哲学史上最早出现这样的讨论是在什么时候,我无法肯定,但是至少在中世纪的文献中是可以看到的。① 近代以后,这种情况则变得非常普遍。比如康德在谈到 being 不是谓词的时候说"它仅仅是一个判断的系词"②,黑格尔则描述"系词乃是作为一般的是的尚未规定的关系:A 是 B"③,胡塞尔谈到"系词意义上的"being④,而在海德格尔的著作中,系词的谈论就更多了,比如:

【译文 37*】
系词现象表明:本体论问题对 logos 的阐释产生了何等深入的影响,反过来,"判断"的概念又通过其引人注目的反冲对本体论问题产生了何等深入的影响。系词这一纽带摆明了:首先是综合结构被当作自明的,而且综合结构还担负了提供尺度的阐释职能。但若"关系"和"联系"的形式性质不能从现象上对包含事物的 logos 结构分析提供任何益处,那么,系词这个名称所指的现象归根到底就同纽带和联系毫不相干。只要陈述和是之领悟乃是此是本身的存在的是之可能性,那么,无论"是"乃是在语言上以其自身表达出来还是以动词词尾的形式表达出来,这个"是"及其阐释终归要同存在性分析的问题联系起来。⑤

以上论述中明确出现了"系词"这个词,关于系词的理解自然是不可或缺的。因此,系词理解在这些地方肯定是正确的,用不着多说什么。需要说明的是那些不太明确考虑系词的地方。

所谓不太明确,主要是因为没有出现"系词"这个词。既然说者没有提到系词,读者要获得有关 being 的系词理解似乎就不是那么容易,至少证据不是如上那样确凿。但是在这种语境下,通过一些分析,being 的系词含义还是可以显示出来的。

在我看来,在不出现"系词"的地方,也有相对比较容易理解和不太容易理解的情况。前一种情况是,虽然上下文没有出现"系词",但是明显与

---

① 我曾经比较详细地讨论过这个问题。参见王路:《是与真——形而上学的基石》,第五章。
② 康德:《纯粹理性批判》,李秋零译,中国人民大学出版社,2004 年,第 469 页。
③ 黑格尔:《逻辑学》,杨一之译,商务印书馆,1977 年,下卷,第 300 页;译文有修改,参见 Hegel, G. W. F., *Wissenschaft der Logik*, Suhrkamp Taschenbuch Verlag 1993, II. S. 309。
④ 胡塞尔:《逻辑研究》,第二卷第二部分第 142 页。参见 Husserl, E., *Logische Untersuchungen*, Max Niemeyer Verlag Tübingen, 1980, II/2, S. 141。
⑤ 海德格尔:《存在与时间》,第 160 页。译文有修改,参见 Heidegger, *Sein und Zeit*, S. 159-160。依然按照前引译文方式:中译文不加星号,修正译文加星号。

语法有关,因此借助关于语法的考虑,还是比较容易理解那是谈论系词,或从系词的角度谈论 being。仅以海德格尔的论述为例,比如:

【译文 38*】
　　我们在所用的"是"这个词中也找到同样的关系。这个名词(das Sein)追溯到这个不定式"sein(是)",而这个不定式有这些德文变形 du bist(你是),er ist(他是),wir waren(我们过去是),ihr seid gewesen(你们过去曾是)。这个"是"(das Sein)乃是从动词(sein)变成的名词。因此人们说:"是"这个词是一个动名词。定出这个语法形式之后,"是"这个词的语言标志就得出来了。①

这里谈到 being(Sein),谈到名词与动词的关系,特别是说明 being 这个名词来自于动词,这就要人们考虑这个词的动词形式,考虑动词的意义,或者说从动词出发或借助动词来考虑相应的名词。不仅如此,这里还给出动词的具体形式,即其中提到的种种德文变形。这里所说的"你是"、"他是"等等,按照语法形式和语言习惯,显然是不完整的,省略了跟在后面的东西,因此只显示出一种基本句式,以及该句式的不同情况,包括人称、时态的变化。由于这是一种通常的谈论方式,相关的语法形式又是常识性的,因此不会造成理解的问题。有了这样的理解我们就会看到,这种句式即是"S 是 P",其中的动词"是"乃是系词。所以,在这样的语境下,尽管没有说出"系词",关于系词的考虑或与系词相关的考虑仍然是比较明显的,理解起来也不会有什么问题。
　　在不出现系词的情况下,若是不涉及语法方面的论述,就不太容易看出关于系词的考虑。比如:

【译文 39*】
　　如果我们想从根本上由语言方面来吃透"是",我们就得一眼盯住:我是,你是,他,她,它是,我们是等等,我过去是,我们过去是,他们曾是等等。但即便如此,我们在此对"是"是什么及其本质何在的了解

---

① 海德格尔:《形而上学导论》,熊伟、王庆节译,商务印书馆,1996 年,第 55 页;译文有修正,参见 Heidegger, M., *Einführung in die Metaphysik*, Max Niemeyer Verlag Tübingen 1958, S.42。

亦丝毫未更加清楚。①

这里谈论 being，没有涉及名词、动词和语法变形等等，因此若是说这里谈论的 being 应该从系词的角度来理解，似乎就不是那样令人信服。在我看来，这依然是表面现象。如果多考虑一些东西，就会看到并非如此。比如，有了译文 38* 关于语法方面的认识，假如我们又看到，这里仍然是在谈论语言，即要求我们从语言方面来理解 being，那么译文 38* 关于语法方面的论述就是有帮助的，因为语法和语言融为一体。看到这一点，也就很容易看到，这里所说的"我是"、"你是"、"他是"等等，与译文 38* 所说的各种语法变形乃是相应的东西，二者实际上是一致的，区别仅仅在于这里强调语言，而那里强调语法。由此也就可以看出，这里所谈的其实是"我是……"、"你是……"等等情况，因此这里所说的 being 仍然是系词意义上的东西，关于它的理解仍然是与系词相关的。

与此相比，关于系词的考虑还有更不清楚的情况，比如前面的译文 6*。那里不仅没有关于语法方面的考虑，似乎也没有关于语言中句式的考虑，因此我们无法看到语言中与语法方面的对应情况，不太容易看到关于系词的考虑。但是如果仔细分析，其实还是可以看出那段话关于系词的考虑。一个相对明显的情况是那里的两个例子。它们的语言形式是"S 是 P"，其中的"是"无疑是系词。因此，虽然没有提到系词，也没有关于语言的明确说明，但是由于那里有举例，例子又是日常表达，因此以举例说明了与语言相关。由于在举例中"是"乃是系词，其中的"是"还得到了明显的强调，因此它的含义就非常重要。而且，它还是为了说明 being 这个概念的，那么那里的 being 当然是要在系词的意义上理解。

如果说因为有例子而使关于系词的理解而变得比较容易（这其实也是举例的目的和作用），那么我们可以问，假如没有例子，译文 6* 是不是依然可以看到系词的理解呢？我强调这一点，因为在西方哲学家关于 being 的讨论中，例子毕竟不是随处可见。在更多情况下，关于 being 的讨论是没有例子的。因此，在关于 being 的讨论中，除了要特别重视例子，因为它们会帮助我们理解所讨论的 being，我们还应该思考那些没有例子的情况，看一看它们是不是也有关于系词的考虑。

如前所述，译文 6* 关于 being 的自明性有如下说明："在一切认识中、

---

① 海德格尔：《形而上学导论》，第 55 页；译文有修正，参见 Heidegger, M., *Einführung in die Metaphysik*, S. 53。

一切命题中……都用得着'是'。"字面上看,命题是一个完整的表达,或者,它是以一个句子表达的。"用"则意味着与表达命题相关,比如通过一些词来组成句子,以此表达思想。因此,这里所说的"用"being 一定是指"being"在句子中出现,因而一定是一个词。若是再联系德文则可以看得更加清楚,这里的"命题"是 Aussagen,即"说出来的"。因此可以看出,所谓"命题"和"用"都表明这里谈论的 being 是与语言相关的,是与语言、与句子中的用语相关的。明确了这一点,现在需要说明的就是为什么这里所说的句子中的 being 乃是系词,而不是其他什么词。

关于命题的说明有一个修饰词"一切",这就表明,这里所说的命题不是某些特殊的命题,而是具有普遍性的。因此这里所说的"用得着"的这个 being 也一定是具有普遍性的。而一旦从这种普遍性出发,我们就会看到"S 是 P"这种句式。这是体现出西方语言特色的句式,也是它最基本的句式。大概正因为有这样一个句式,西方哲学家才能够谈论在一切命题中都用得着 being。从这个句式可以看出,变化的是其中的 S 和 P,即所要说的东西和对它的说明,而不变的乃是其中的"是",即系词。由此可见,这种关于命题的说明和考虑,其实是与系词相关的。因此可以说,"以一切命题"来说明 being,实际上是从系词出发的,或者肯定是含有关于系词的考虑的。

不太明确的关于系词的论述还有一些情况,就不一一列举了。以上几类情况具有典型意义,尤其是关于命题的论述。与命题(proposition)相似的术语有陈述(statement)、判断(judgment)、断定(assertion),以及句子(sentence)、肯定(affirmation)等等,还有与此相应的真(truth)、否定(negation)等等。再引申一步,与此相应的还有事实(fact)。因此以上关于含有"命题"这段话的分析讨论以及相关结果,也可以适用于含有其他这些术语的语境。在关于 being 的讨论中,涉及句子、陈述、命题、判断等等的讨论随处可见。在这些讨论中,即使不提系词,也可以看出关于系词的考虑。由此可见,关于系词的考虑其实是具有普遍性的。

以上关于系词含义、尤其是对不含"系词"一词的语境的分析和讨论,对于我们理解 being 的含义,乃是非常重要的。这是因为,在西方哲学史上,"系词"这一术语的出现乃是后来的事情,至少在古希腊相关讨论中,它还没有出现。因此,在理解古希腊哲学的相关讨论中,虽然没有"系词"这个术语,但是以上讨论为我们提供了分析的思路,可以使我们看到古希腊哲学家关于与系词相应的词的讨论,以及他们对与系词相应的表达式的讨论。

比如柏拉图明确谈到"使用'是'和'不是'这些术语时表示的意思"①,其中谈到了"使用",谈到了"术语"(词),并且举出肯定的"是"及其否定"不是"。再比如前面译文36*中亚里士多德的论述②,那段话谈论 being,也没有出现"系词"一语。但是我们关于系词所说的几种情况在那段话差不多都出现了。比如,与"用得着"相似,那里谈到"词"和"说";此外,那里不仅有举例,还要通过举例来说明实体、质、量等等。而且那些例子都具有"S 是 P"这种句式。基于前面的分析可以看出,那里谈论的 being 这个词乃是"是",而不会是别的什么。此外,在古希腊哲学家的著作中,特别是在柏拉图和亚里士多德的著作中,关于命题、判断、肯定、句子等等的谈论并围绕它们来谈论 being 的情况是非常多的。限于篇幅,这里就不展开讨论了。③

综上所述,在西方哲学关于 being 的讨论中,系词的考虑乃是一直存在的。这样的考虑,不仅在明确提到系词的地方存在,而且在没有明确提到系词的地方也是存在的,因此,理解 being 这个词,系词的含义乃是必要的,无论如何是离不开的。看到这一点很重要,因为它至少使人明白,不是我们要从系词的角度理解 being,而是西方哲学家们自己这样理解的,是他们在 being 的讨论中谈到系词或相应于系词的表达式,是他们围绕或从系词及其相应表达式出发来讨论 being。

3. 存在含义的必要性

主张存在含义的人可能会认为,以上讨论充其量只能说明 being 有系词含义,而不能说明它没有存在含义。他们可能还会认为,如果可以说 being 的系词含义是必要的,那么同样也可以说 being 的存在含义是必要的。

在我看来,being 有存在含义乃是一回事,being 的存在含义是必要的则是另一回事。从上述讨论直观上就可以看出,存在含义似乎不是必要的,因为那些引文讨论的是系词或与系词相关的东西。也就是说,它们与存在的

---

① 参见王路:《读不懂的西方哲学》,第36—37页。那里有关于柏拉图的论述的详细引文和讨论。
② 在亚里士多德的《论辩篇》、《解释篇》、《前分析篇》等著作中,可以比较清楚地看到关于与系词相应的表达式的讨论。有人可能会认为,这些著作属于亚里士多德的逻辑著作,那里的考虑是逻辑的考虑。尽管我不赞同这样的看法,但是迁就这种看法,我也暂且不讨论这些著作中的相关论述,而只讨论公认的亚里士多德哲学著作中的论述。
③ 关于亚里士多德相关论述的讨论,参见王路:《读不懂的西方哲学》,第111—114页。

考虑没有什么关系。那么,being 的存在含义是从哪里来的呢? being 的存在含义又是在什么情况下考虑的呢? 它的存在含义究竟是不是必要的呢?

being 的存在含义主要来自中世纪"上帝 is"这个命题及其相关讨论。由于这个命题与一般的表述形式不一样,即不是通常的"S is P"(S 是 P),因而在有关形而上学的讨论中,人们要讨论其中的 is,并且得出与通常的"S 是 P"中的"是"不同的含义。其结果是,人们认为"上帝 is"中的 is 不带表语,自身也要有含义,它的意思是 existence(存在)。与此相应,在中世纪的著作中可以看到明确的关于 being 含义的说明:一种是系词,一种是存在。①因此人们有了一种明确的认识:being 也有存在含义。

在哲学史的研究中,这样的认识也在人们的研究中起作用,因而也就有了一些关于 being 的存在解释。比如巴门尼德的著名论题:estin 和 ouk estin,人们发现,它的字面翻译是"is 和 is not",关于它的讨论,则可以有关于系词含义和存在含义的解释。② 相应的表述,人们在柏拉图和亚里士多德的著作中也可以发现。因此在柏拉图和亚里士多德著作的翻译中,being 和 existence 这两种翻译都是有的。作为史学研究,人们可以讨论许多可能性。比如,究竟是因为后来有了 existence 的认识,人们才赋予 being 这种含义,还是因为 being 自身就有 existence 的含义,人们是在研究中发现了它,或者人们一开始就知道它,只不过不是那样明确,是在研究中逐渐把它明确下来,或者人们一开始就知道它,只是没有一个词表述它而已,如此等等。而在理解西方哲学的过程中,即使以上问题不考虑,一个最直接的问题还是要问的:在古希腊哲学著作中,在讨论 being 及其问题的时候,它的意思究竟是系词还是存在。这里我想仅从后者出发来探讨这个问题。

我曾经说过,巴门尼德的著作是残篇,因此要真正说清楚他的思想及其问题,并非易事。柏拉图和亚里士多德不同,他们为我们留下了完整的著作,尽管也有理解的问题,但是相对会容易一些。我不认为柏拉图和亚里士多德谈论的 being 一定没有存在含义或不能在存在意义上来理解,我也不认为在关于他们思想的研究中,西方哲学家关于 being 的存在含义的解释都是没有道理的。但是在我看来,在与 being 相关的语境中,始终有关于系词或与系词相关的东西的考虑。比如译文 36*,这是《形而上学》第七卷的

---

① 这个问题比较复杂,涉及宗教对哲学的影响,因而涉及宗教与哲学的关系。我曾比较详细地讨论过这个问题,参见王路:《是与真——形而上学的基石》。
② 应该指出,这只是一个大致的表述。关于它的严格表述和讨论,参见王路:《是与真——形而上学的基石》,第三章。

开卷语,对于理解亚里士多德所说的 being 无疑是至关重要的。其中提到"人们可以在好几种意义上说一事物"的 being,如果说其中有存在含义,似乎也不能说完全没有道理,但是从亚里士多德给出的具体解释来看,无论是实体、质、量等的理论说明,还是"是人"、"是白的"等举例说明,其中所说的 being 显然不是存在含义,而是系词含义。即使有人认为其中有存在含义(且不论这种存在含义是什么),至少也不能说其中没有系词含义。

古人著作是如此,今人著作也是同样。比如译文 6*,这是海德格尔总结的关于 being 的传统认识之一,即 being 是自明的概念。若说这个 being 有存在含义,似乎也不一定丝毫没有道理,因为仅从"自明"这一说明尚看不出这里没有存在含义。但是从随后的说明中,包括在"一切认识"和"一切命题"中的"(使)用"这样的理论性说明,以及"天是蓝色的"这样的举例说明,无疑可以看出这里所说的 being 具有系词含义。有人可能会认为,随后所说的"关联行止"不是系词含义,而会有存在含义。且不说"关联行止"是不是有存在含义,它至少不是那样清楚。而且,即使有,我们还可以看出,就是在谈论 being 的存在含义时,关于系词的考虑和谈论也是不可或缺的。而且,关于系词的考虑始终是清楚的,而关于存在含义的考虑则不是那样清楚。

为了更好地说明这里的问题,我们还可以结合前面译文 17 来考虑。那段话是完整引自中译本的。除了"是什么"这个译语,其中的 being 基本上被翻译为"存在"。由于那段译文标注出 existence(拉丁文和德文),因此可以非常明显地看出,那是在谈论 being 的存在(existence)含义。只不过那里把 being 直接翻译为"存在",而保留 existence 这个注释,使之相对。这样一来,人们看不到那里是在谈论 being 的存在(existence)含义,而以为那里是在谈论"存在"的 existence 含义。

关于译文 17 前面已经做过详细讨论,这里我只简单指出两点。其一,那里确实是在谈论 being(Zu-sein),而且确实谈到了它的存在(existence)含义。其二,那里明确谈到"是什么"(Was-sein),相当于"是某物"(ist etwas)的名词形式。这就说明,那里同样明确谈到 being 的系词含义。这两点很明显,用不着多做解释。由此则可以看出,即使在明确谈论 being 的存在(existence)含义的时候,也离不开关于 being 的系词含义的考虑。这反而说明,在探讨 being 的时候,关于系词的考虑乃是不可或缺的。

有人可能会认为,这个结论并不能说明什么,因为考虑系词的时候同样也要考虑存在含义,比如译文 37*。那里固然明确地谈论系词,但是它不也同样谈到"存在"了吗?而且那里不是明确地说 being 及其解释"终归要同存在性分析的问题联系起来"吗？确实如此。但是如果我们仔细分析,还是可以看出,那里关于存在的论述,其实是有特殊性的,也就是说,它不具有普遍性。限于篇幅,我仅指出两点。其一,那里所说的"存在"是与 Dasein ("此是")相联系的①,而 Dasein 是海德格尔专门用来探讨 being 的一个术语,它是 ist da 的名词形式,句法上含有系词的形式,语义上(字面上)就有存在含义。其二,海德格尔讨论 being(Sein),他的方式是通过 Dasein(他的 Dasein 有特殊含义)来讨论 being,并且用 existence 来专门称谓他所说的 Dasein,因此他说 being 及其解释要与"存在性分析"联系起来。由此可以看出,being 与这种所谓存在含义的联系,并不是因为 being 这个词本身具有存在含义,而是海德格尔自己赋予它存在含义,是他要通过自己的讨论而得出来一种存在含义。在我看来,这样一种存在含义是不具有普遍性的。②

看一看译文 36*,我们则会发现,思考 being 及其相关问题,确实可以只考虑系词含义,而不考虑存在含义。把译文 36* 与其他几段引文加以比较,我们就可以认识到,在思考 being 的时候,它的系词含义乃是必要的,而它的存在含义却不是必要的。特别是,这是西方哲学家讨论 being 的方式,也是他们讨论 being 时的情况,而不是我们自己的讨论。因此,关于系词的考虑值得我们注意,也值得我们深思。

有人可能会认为,以上结论乃是来自本书所选引文,若是选择其他一些不同引文,则可能会得到不同的结果。不能说这样的看法没有道理,但是需要证实。我确实希望我国学者可以找到充分的文献支持,从中可以看到西

---

① Dasein 与 Sein 不同。前者含有后者,后者是前者的词根。康德和黑格尔在讨论 Sein 的时候都谈论过 Dasein。(参见 Kant, I., *Kritik der reinen Vernunft*, Suhrkamp Verlag 1974, Band 2, S. 532-534; Hegel, G. W. F., *Wissenschaft der Logik*, I., Suhrkamp Taschenbuch Verlag 1993, S.115)认为 Dasein 表示"存在"与认为 Sein 有存在含义,乃是两回事。康德和黑格尔为什么要通过 Dasein 来讨论 Sein 姑且不论,至少字面上可以看出,由于 Sein 是 Dasein 的词根,或者由于 Dasein 含有 Sein,因此从关于 Dasein 的探讨过渡到关于 Sein 的探讨,因而通过 Dasein 来探讨 Sein,乃是很容易的,至少是比较自然的。海德格尔可能赋以 Dasein 独特的含义,包括可以利用 Da 和 sein 之间的结构特征,但是他通过 Dasein 来讨论 Sein,并不是什么新鲜的事情,至少是继承了康德和黑格尔的传统,与他的前辈哲学家是一脉相承的。

② "ist da"的字面意思为"是在那里",可意译为"存在"。Dasein 是它的名词形式,用这个词来说明 Sein,有两个便利。其一是 Dasein 与 Sein 眼见着字面上有联系,其二是 Dasein 本身有存在的意思,因此由此引入 Existenz(存在)来称谓它似乎也就是自然的。通过这样一种传递说明,关于 Sein 的说明似乎也就与存在(existence)联系起来。真正说明海德格尔的思想,需要从文本出发进行详细分析和讨论。本书探讨 being 及其相关问题,而不是专门探讨海德格尔的思想,因此不对海德格尔使用的语言进行分析,也不对他的思想展开具体论述。

方哲学家说的 being 不是"是",而是"存在";他们是在说"存在"(being),而不是在探讨 being 的存在(existence)含义;他们是在探讨 being 的存在含义,而不是在探讨它的系词含义;而且,他们关于 being 探讨与系词的考虑没有什么关系。就我的阅读范围来说,这样的情况几乎是没有的。即使是"上帝是"(God is)这样的表达,如前所述,来源也是《圣经》中的"我是我之所是"(I am who I am),其中的 being 仍然是系词。而与之相关的讨论,也往往是与系词的考虑不可分割,即使是为了区别 being 的不同的含义。①

4. 两种必要性

以上讨论可能会得出两种结果:在与 being 相关的讨论中,其一,系词含义是必要的,而存在含义不是必要的。其二,系词含义是必要的,而存在含义也是必要的。对这两种结果人们可能会有不同看法。但是无论如何也不会得出如下结果:系词含义不是必要的。这是因为,系词看法总是要考虑的,而且,不论对 being 的存在含义有什么样的不同看法,有什么样的争论,关于它的系词含义,人们的看法还是比较一致的。由此可见,being 的系词含义是必要的;即使认为它的存在含义是必要的(姑且承认这种看法有道理),对它的理解也离不开关于系词含义的考虑。为了更好的说明这两种必要性的不同,让我们再引一段海德格尔的论述:

【译文40*】

如果我们现在来说是,因为我们总是而且从根本上说必然要以一定的方式说是,那么我们试图注意这种说中所说出的是本身。我们选择一种简单而通常的,几乎随意的说,在这样说时,是被以一种词的形式说出来,这种形式使用频繁,以致我们几乎不注意它了。

我们说:"上帝是。""地球是。""讲演是在大厅里。""这个男人是从斯瓦本区来的。""这个杯子是银做的。""农夫是在乡下的。""这本书是我的。""他是要死了。""左舷是红光。""俄国是在闹饥荒。""敌人

---

① 例如托马斯·阿奎那在 *On Being and Essence* 关于"上帝 is"的著名讨论。仅从其书名《论是与本质》就可以看出,它与系词相关。这种相关不是从其中的 being,而是从其中的"本质"体现的。本质意味着"是什么",自亚里士多德以来,它就是一种谓述形式,它的表述即是属加种差,因此是与系词相关的。我曾讨论过托马斯·阿奎那的相关论述,参见王路:《是与真——形而上学的基石》。

是在退却。""葡萄园里是葡萄根瘤蚜在作怪。""狗是在花园里。""群峰是/一派寂静。"

　　在每个例子中,这个"是"的意思都不一样。我们可以很容易地证明这一点,特别是如果我们照现实出现的情况来说这个"是",也就是说,随时从一定的境况,一定的作用,一定的情绪来说,而不是作为单纯句子与语法学中已成为陈词滥调的例句来说。①

这段译文分三小段,它们显然都是关于 being 的。第一小段是理论性说明,第二小段举例,第三小段结合举例来总结说明。前面说过,西方哲学家在探讨 being 及其相关问题的时候,并非总有举例说明。因此,这样一段既有理论说明又有举例说明的论述,对于我们理解他们所讨论的问题,无疑是非常有帮助的。

这段译文没有提到"系词",因此应该说,它关于系词含义的考虑乃是不太明确的。但是稍加分析就可以看出,前面所说到的那些与系词含义相关的特征,这段引文几乎都有。

最明显的是例子。这里不仅有,而且有十四个。其次明显的是关于语言的说明,这里谈到"说"和"说出的" being,谈到"being 被以一种词的形式说出来"。"词"与"说(出)"相结合,无疑是指语言中的东西。这里似乎没有、至少没有明显的关于 being 的语法形式的考虑。但是由于谈到了"语法学",因而需要人们从语法的角度去考虑所谈的问题,这样也就不能说这里没有关于语法的考虑。

这段引文里最不太明显的情况是关于 being 的普遍性的考虑,因为它没有使用译文 6*中"一切认识"和"一切命题"那样明确的表达。但是,如果我们仔细分析,还是可以看出相似的表达的。首先,这里提到"句子",前面说过,"句子"与"命题"乃是相应的东西。其次,这里提到的"说"具有一些明显的特征,比如它的方式是"简单"的、"通常"的、"几乎随意"的,而被说出的 being 则是"频繁的"、"几乎不(被)注意"的。那么,这些特征表明什么呢? 在我看来,它们的意思相当于表示,随便一说,就会把 being 说出来。也就是说,being 在表达中乃是必不可少的。这里的例子也很奇特,不是一个,两个,而是十四个。举这么多例子,大概也是为了说明,being 的使用不是有意而是"随意的",不是偶尔而是"频繁的",因此也是为了说明使

---

① 海德格尔:《形而上学导论》,第89页。译文有修正,参见 Heidegger, M., *Einführung in die Metaphysik*, S. 67-68。

用being的必要性。由此可见,所有这些说明不过是换了一种方式表达being的普遍性。

在这十四个例子中,有十二个例子,即绝大多数具有"S是P"的形式。这就表明,being最主要的用法是系词。这也正是引文中所谓"简单而通常的,几乎随意的说"出的"词的形式"。这种形式当然是一种具有普遍性的形式。谈论being,让人们考虑这种形式,being的这种含义就一定是必须要考虑的。因此,系词含义是必要的。

值得注意的是上述十四个例子中的前两个,它们与其他例子不同:其中的being不是系词,因为它后面没有表语。"上帝是"是一个受宗教影响的哲学命题,"地球是"则比较怪,既不是哲学命题,也不是日常语言的表达,亦即不是随意说出的。比较清楚的是,这两个例子与其他例子的形式不一样。其他例子中的being是系词,而这两个例子中的being不是系词。不太清楚的是,这两个例子中的being是什么含义。人们固然可以认为这两个例子中的being表示存在,究其原因,还在于它与其他的、通常的含义不一样,即与系词含义不一样。所以,相比之下,比较清楚的还是关于系词的考虑,还是那种通过围绕系词来说明being的意图。

有人可能会认为,既然这里没有出现"系词"这个词,那么这里就不能直接从系词含义去理解;尽管being在大多数例子中是系词,毕竟在两个例子中不是系词。因此,既然有这样两个例子,就要考虑其中being的含义;由于它们表示存在,因此,being的存在含义也是必要的。不能说这样的看法一点道理都没有,但是在我看来,即使可以因此说being的存在含义是必要的,它与系词含义的必要性也是有根本区别的。而且,假如我们深入思考,就可以比较清楚地看出,它们之间的区别是什么,它们为什么会有这样的区别。

比较译文40*、36*和6*,我们可以看出,它们都出现举例。译文40*的例子最多,十四个,译文6*最少,两个,译文36*则比后者多,比前者少。可见举例可以多少不一,关键在于它们能够说明问题。现在让我们从说明问题的角度出发,看一看可以得出一些什么样的结论。

先看译文40*。假如没有前两个例子,那么第一小段和第三小段的说明是不是依然有效呢?也就是说,凭借后十二个具有"S是P"这种句式的例子能不能说明这里提到的那些特征呢?比如,being被"简单"的、"通常的"、"几乎随意的""以一种词的形式说出来",它的使用"频繁","几乎不(被)注意",它是与"句子"以及"语法学"相关的,等等。我的回答是肯定的。因为这些例子完全可以说明这些特征,比如"这本书是我的",是一句大白话。谁在说(或听)这样的话时都会不假思索,也不会注意其中的那个being。

再让我们设想,假如只有前两个例子,而没有后十二个例子,上述特征还能够得到说明吗?在我看来不能。"上帝is"不是日常语言中的例子,因此它不是"简单"的、"通常的"和"随意的"表达方式。其次,"地球is"更不是"通常的"和"随意的"表达方式,因为如前所述,它不是日常表达,没有什么人会说它。这两点十分明显,由此也就可以看出,"上帝is"与后十二个例子形成鲜明对照。它是哲学中的一个表达,而不是日常的表达。除此之外,它们还有一个根本区别,"上帝is"不是主系表结构,其中的being不是系词,而其他日常表达都是主系表结构,其中的being是系词。理解这个问题其实不难。我们说"上帝is"不是日常表达,并不意味着在日常表达中不谈论上帝。在日常语言中,人们其实是会谈到上帝的,但是人们不会以这种方式来谈论,而是以其他方式,比如,"God be with us"(上帝是与我[们]在一起)。可以看到,在这样的谈论中,其中的being依然是系词,这样,它也同样具有以上提到的那些特征,比如"简单"的、"通常的"、"随意的"、被"以一种词的形式说出来"。

"上帝ist"这个例子尽管没有显示这些特征,但是至少符合译文40*中说到的一个特征,即其中的"being被以一个词形说出来"。在我看来,这只能表明这里的being与其他例子中的being是同一的,它们是同一个词。而从理解being的意义来说,特别是考虑这个词的那些主要特征,"上帝is"这个例子并不是必要的,因为它说明不了那些特征。

有人可能不同意这种看法,而会认为,既然海德格尔以"上帝is"为例来说明being,它的作用就是不可忽视的,因而它的存在含义就是必要的。那么让我们来比较一下译文40*和译文6*。后者同样是海德格尔的话,同样是为了说明being,同样有举例,却没有"上帝is"这个例子。而从"天是蓝色的"和"我是快活的"这两个例子所要说明的东西来看,却一点也不少,因为它们要说明"在一切认识中、一切命题中"使用being的情况。前面我们说过,所谓"一切命题"意味着不是某一个命题或某一类命题,因而所谈的东西应该具有普遍性,而译文40*所说的那些特征与这种普遍性是一致的,因此两处说的应该是一回事,只不过表达方式不同。举例是为了说明所要说明的东西。两处引文都是为了说明being,理论性说明又是一致的,又都有举例说明,因此例子所起的作用也应该是一致的。表面上看,两处引文举例的区别似乎很大,一处多,一处少。问题是它们是不是起到了所要起的作用?从海德格尔的论述来看,至少他认为是起到了。而读者也不会认为没有起到,没有什么人会去质疑译文6*中的举例。但是若从存在含义必要性的角度看,情况似乎就会有所不同。

译文6*举的例子是系词结构,因此其中的being乃是系词含义,而没有存在含义。如此看来,being的系词含义乃是必要的,而存在含义则是不必要的。假如认为being的存在含义是必要的,这里的举例不就出问题了吗?那么,究竟是海德格尔的论述有问题,还是存在含义必要性这种看法有问题呢?我不认为译文6*的举例有什么问题,也不认为它们没有起到举例的作用,更不认为它们说明不了海德格尔所要说明的being的那些性质和特征。在我看来,问题不是出在海德格尔的举例说明上,而是出在存在含义必要性这种看法上。也就是说,being的系词含义是必要的,而它的存在含义并不是必要的。在有关being的讨论中,系词含义是一定要说的,而存在含义是可以不说的,非常保守地说,说不说它至少可以视情况而定。就像在译文40*中,即使例子中有"上帝is",即使可以认为这里的being表示存在,关于being那些特征的说明却依然是关于系词的,道理实际上也是一样的。

为了更好地说明这个问题,我们再看一下译文36*。这段引文不是来自海德格尔,而是来自亚里士多德。因此考虑问题的角度、表达的方式可能都会有所不同。但是我们看到,它们仍然有许多共同之处。比如,都谈论being,都有理论说明,也都有举例说明。可以看到,译文36*举的例子比译文6*多,然而它们都是"S是P"这种句式。这从侧面表明,译文6*的举例说明没有什么问题:它不举"上帝is"这样的例子,不是因为举例少;即使多举一些例子,以便说明being的不同意义,也依然可以不用它。而从正面来看,译文36*显然是围绕着"S是P"来谈论的,这就说明being的系词含义是最重要的。只谈它的系词含义,而不谈它的存在含义,当然也就说明前者是必要的,而后者是不必要的。比较译文36*和译文6*,我们至少可以看出,在说明being的问题时,海德格尔的思路与亚里士多德乃是一致的,至少从有些引文来看是一致的。

综上所述,我们可以认为,being的系词含义是必要的,而它的存在含义乃是不必要的。或者,即使人们认为being的存在含义是必要的,与系词含义的必要性相比,它也是不那么重要的。因为在探讨being的意义的过程中,系词含义无论如何总是要考虑的,而存在含义乃是可以不考虑的,至少有时候是可以不考虑的。特别是,不考虑being的存在含义,并不影响关于being的讨论,至少从上述引文看来是如此。

5. 必要性比重要性更重要

中国人讨论西方哲学,与西方人有很大区别。由于讨论要使用中文,因此与 being 相关有两个层面的问题。一个层面是如何理解西方哲学的问题,另一个层面是如何进行语言转换的问题,即通常所说的翻译。翻译的基础是理解,翻译的目的则是为了帮助、促进理解,因此,这两个层面又是相互联系的。但是,仅从翻译的角度看,也有不同意义。在我看来,翻译既可以帮助那些不懂外文的人来理解西方人与 being 相关的讨论,也可以促进我们对西方哲学的理解,使我们的认识和讨论不断深入。因此,与 being 相关的翻译问题实际上是与如何理解西方哲学十分紧密地联系在一起的。

being 的翻译,最简单地说,就是把它转换为中文。这种转换有两个结果,一个是用一个中文词来代替它,表示它;另一个是这个中文词要表达它的含义。因此这里就有了一个要求:这个词与它所表达的意思是对应的。前面说过,being 有系词含义,也有存在含义,因此我们就要找一个中文词,它能够体现这两种含义。而在中文中,"是"是系词,当然表示系词含义,但它是不是也有存在含义呢?如果认为有,翻译问题就解决了。近年来也有人讨论这个问题,试图说明中文中的"是"有存在含义。但是即便如此,至少对于"上帝是"这样的表达,人们似乎是不太赞同的,甚至会认为没有这样的表达,或者至少会认为它别扭,不像中文句子。而"存在"不是系词,自然没有系词含义,也就是说,无论如何,它也反映不了 being 的系词含义。因此,似乎"是"与"存在"都不是翻译 being 的合适用语。

在翻译中若是找不到一个可以很好地表示系词和存在含义的中文词,那么我们就要找一个中文词,它能够体现 being 的最主要的含义。假如认同这一点,本书的分析和讨论就帮助提供一个结果:应该用"是"来翻译 being,因为它体现 being 的系词含义,而系词含义是 being 的必不可少的含义,因而是它最主要的含义;不能用"存在"来翻译 being,因为它不能体现系词含义,不能体现 being 的不可或缺的含义,因而不能体现 being 的最主要的含义。我认为这个结果是重要的。应该看到,它的重要性并非仅仅在于翻译方面,更主要的还是要有助于我们更好地理解西方哲学。

前面说过,西方哲学家谈论 being,有时候明确谈到系词。在这种情况下,若是把 being 翻译为"存在",肯定是不容易理解的,因为"存在"不是系词,没有系词含义。我们会感到困惑,"存在"与系词会有什么关系呢?但是,如果把 being 翻译为"是",就不会有什么理解的问题。至少从与系词的关系的角度来说,不会有什么理解的问题。这种情况比较简单,不用多说。

前面还说过,西方哲学家谈论 being,经常会从系词的角度来考虑,却没有提到系词。在这种情况下,如果把 being 翻译为"存在",肯定也是不容易理解的。"存在"体现不出他们所谈论的句式,无论是从语法的角度(译文38*),还是从语言的角度(译文39*),都是如此。特别是,从有关 being 的使用的普遍性来看,"存在"的翻译更是无法理解。比如,我们无法理解,它如何在一切命题、在一切认识中被使用。"存在"这个表达有明确的含义。在日常语言中,除了"某物存在"或"存在某物"外,几乎没有其他用法。因此,含有"存在"一词的表达只是很小的一类表达,不可能具有普遍性。若是结合例子(译文6*、36*、40*),我们就更不能理解,为什么在讨论"存在"的时候,给出的例子差不多总是"S 是 P"这种形式,其中的"是"还要加以重点强调。例子与"存在"没有什么关系,又如何能够被用来说明"存在"呢?即使偶尔出现一个"上帝存在"这样的例子,它也无法说明所要说明的那些特征,而且会与其他例子形成冲突,因为其他例子,即绝大多数例子都不含"存在",因而无法说明"存在"。

但是,如果把 being 翻译为"是",以上问题就不会存在。在许多情况下,经过关于语法、语言以及举例的考虑,我们可以比较清楚地看到"S 是 P"这种句式。从前面的引文以及我们的分析可以看出,西方哲学家在论述中往往表现出这样的考虑。在他们关于 being 的讨论中,"S 是 P"这种句式作为背景,一直支撑着他们的考虑,因此,他们关于系词的考虑总是会以这样那样的方式体现出来。所以一定要看到,并不是我们非要从系词的角度来考虑他们的论述,而是他们自己这样考虑,我们只有以同样的方式来考虑他们的论述,才能正确地理解他们的思想。

有人可能会认为,即使上述看法有道理,关于"上帝是"这个例子也依然是有问题的,因为其中的"是"不是系词,而且从中文字面上很难理解"上帝是"。我觉得这确实是一个问题。即便如此,我还是认为,在哲学讨论中,特别是在译文40*这样的上下文中,"God is"应该翻译为"上帝是",而不应该翻译为"上帝存在"。最简单地说,中文字面上的问题会引导人们进一步阅读文本,弄明白为什么会有这样的表达,为什么会讨论这样的东西。这样人们就会发现,即使在西文中,"God is"也不是一个非常自然的日常表达。相应的表达是"God exists"(上帝存在)。句法不同,但意思相同,可以说明"God is"。因此,"上帝是"(God is)中的"是"(is)与通常的"是"不同,这里的 is 表示存在(existence)。若是复杂一些,则需要更深入地阅读文献,以理解西方哲学家与此相关的论述。人们会看到,由于宗教对哲学的长期影响,"上帝是"已经成为一个哲学命题,因此在关于 being(是)的讨论中常常要涉及它。但是,"上帝是"这个表达是独特的,不具有普遍性,因而与通常的"S 是 P"形成鲜明对照。

在西方哲学著作中,有关 being 的谈论从古至今贯彻始终,具体情况却有不同。在我看来,大致可以区分出两种情况。一种是,一些文章和著作中有专门关于 being 的讨论。在这种情况下,由于可以看到本书谈到的那些现象,比如提到系词;或者,没有提到系词,却有关于系词的考虑,包括关于语法、语言、举例等等的考虑;或者,涉及与它们相似或相关情况,比如前面提到的命题、陈述、判断、肯定,以及真、事实等等,因此借助上下文可以理解所谈的 being 乃是"是",把它翻译为"是"也就顺理成章。另一种情况是,一些文献没有提到系词,也没有与系词相关的东西的讨论,而只是借用与 being 相关的结果,甚至只是简单提到 being 及其相关概念。在这种情况下,由于缺乏讨论的上下文,没有明显的依据表明所讨论的乃是系词,因此似乎没有什么理由把所说的 being 翻译为"是"。本书讨论了前一种情况,而没有讨论后一种情况。但是应该看到,本书的意义绝不仅仅限于前一种情况,而是也适用于后一种情况。

在我看来,如果赞同本书的观点,即在有上下文考虑的情况下,能够看到与系词相关的考虑,因而应该把 being 翻译为"是",那么在没有上下文考虑的情况下,也应该看到关于系词的考虑,同样应该把 being 翻译为"是"。这是因为,在西方哲学中,含有关于系词考虑的文本构成了那些不含系词考虑的文本的背景,因而前一种情况实际上也就是后一种情况的框架或上下文。西方哲学家谈论的 being,不可能有两种不同的含义,即一种是专门讨论它时的含义,另一种是不讨论它时的含义。因此,不可能在讨论 being 的时候它有系词含义,而在不讨论它的时候它就没有系词含义。换句话说,being 本身的含义不会改变。在谈论系词及其相关东西的语境下,being 有系词含义,脱离这样的语境,being 也同样有这种含义。①

比如,人们经常引用亚里士多德的一句名言:"有一门科学,它研究存在本身。"这句话字面上似乎是可以理解的:研究存在,意思似乎是说研究我们周围的一切。若是把这句话翻译为"有一门科学,它研究是本身",似乎反而不太容易理解。"是"是什么东西?怎么会研究"是"呢?但是,假如

---

① 康德关于"Being 不是实在的谓词"的论述可以非常好地说明这个问题。参见康德:《纯粹理性批判》,第 469—470 页。

把它与亚里士多德的相关讨论联系起来,比如把它与译文36*联系起来,我们就会明白,什么叫"是"本身,比如它与是人、是白的、是三肘长等等乃是相关的。这时我们就会发现,这个"是本身"乃是可以理解的,而"存在"则是不容易理解的。

再比如,无论是不是读过,许多人都知道本书所讨论的海德格尔的名著是《存在与时间》。从这个书名似乎可以看出,它从两个维度谈论问题,一个是存在,另一个是时间,似乎也没有什么理解的问题。若把它翻译为《是与时(间)》,好像反而不容易理解:"是"是什么东西? 怎么会从"是"的角度讨论呢? 假如把它与海德格尔的具体讨论结合起来,比如与上述引文联系起来,我们就会明白,他有明确的关于系词的考虑,有语言方面的考虑,因此他说的乃是"是",而不是"存在"。相比之下,不仅"是"不会有理解的问题,"存在"倒是成问题了。

在我看来,其实仅从字面上也看不出,亚里士多德说的就一定是"存在本身",海德格尔的书名说的就一定是"存在"。人们之所以这样理解和翻译,同样也是有背景的,这就是长期以来人们关于 being 这个词的翻译以及相关理解。人们以为这样的翻译是对的,问题在于它是不是正确? 我认为这种翻译是错的,因为它所基于的这个背景是错的,至少是有严重问题的。主要原因之一就在于它没有看到西方哲学家们关于系词的考虑,或者,它知道 being 有系词含义,却忽略甚至无视系词含义的重要性,或者,它也认识到系词含义的重要性,但是并没有把这种重要性放在首位。比如,在近来有关如何理解 being 的讨论中,我们常常会看到系词含义和存在含义哪一个更重要、哪一个更基本的讨论。一些人认为,being 的存在含义更重要,甚至认为这是它的哲学含义,而系词含义是它的逻辑含义或语言学含义,因而对于哲学来说不是那么重要。在我国学界,这样的认识乃是根深蒂固的,由此则产生许多问题。即使如前所述明确认识到"所谓本体论那些深不可测的问题,在很大程度上,就从西语系词的种种意味生出来,若不把 das Sein 译作'是',本体论讨论就会走样",在翻译中也不能坚持这种正确的观点,而是放弃了"是",采用"存在"来翻译。宁可使译文中本体论的讨论走样,也不选择"是"来翻译,而选择"存在"来翻译,足见译者还有更为重要的理由。在我看来,这种认识及其做法乃是错误的。它表明,仅仅认识到 being 的系词含义的重要性乃是不够的。

就重要性而言,在某种意义上似乎可以见仁见智。认识到 being 的系词含义的重要性,却不采纳"是"的翻译,不在翻译中保留这种含义,似乎并非一点道理都没有,因为还可以有"更"重要的理由。在我看来,最重要的乃是认识到being的系词含义的必要性。只有认识到这种必要性,才会在理解being的过程中时时考虑系词含义,也只有认识到这种必要性,才会在翻译being的过程中时时想到,要把这种系词特征翻译出来,要在其相应的中译名中保持这种系词含义,决不能从字面上阉割这种含义,使人们无法从字面上看到这个词的系词含义。这样才能在与being相关讨论中,保留正确理解的空间,至少不会偏离有关being的理解。

最后我想说,认识being的含义,不仅有助于理解西方哲学中关于being的探讨,而且有助于理解与它相关概念的探讨。仅以休谟关于事实判断与价值判断的区别为例。它的通常表述是"to be"和"ought to be"。若分别翻译为"存在"与"应该存在",真不知该如何理解?这里的"存在"与事实、与判断会有什么关系吗?又是如何有关的呢?而如果翻译为"是"与"应该是"则可以看出,这里的"是"乃是基本句式"S是P"的体现,后者是判断的基本句式,因而也会与事实的表述相关。相应的,"应该是"不过是在"S是P"的基础上加上"应该",因而形成表述层次的不同。"S是P"与事实相关,而"应该'S是P'"却不是与事实相关,因为其中的"应该"表达了关于事实的东西(比如称之为"价值")。这个例子既与being有关(to be),又超出being本身的范围,属于与being相关的概念(ought to be),因此超出本书的讨论范围。与being相关,类似或不同的讨论还有许多。举这个例子只是想提示,对于理解西方哲学中的being及其相关概念而言,本书的讨论及其结论其实具有更为普遍的意义。

主要参考文献

海德格尔:《存在与时间》,陈嘉映、王庆节译,熊伟校,三联书店,1987年。
海德格尔:《存在与时间》,陈嘉映、王庆节译,熊伟校,陈嘉映修订,三联书店,2006年。
海德格尔:《形而上学导论》,熊伟/王庆节译,商务印书馆,1996年。
里格尔:《逻辑学》,扬一之译,商务印书馆,1977年。
胡塞尔:《逻辑研究》,倪梁康译,上海译文出版社,1993年。
康德:《纯粹理性批判》,李秋零译,中国人民大学出版社,2004年。
梁志学:"译后记",黑格尔:《逻辑学》,梁志学译,人民出版社,2002年。
王路:《是与真——形而上学的基石》,人民出版社,2003年。
王路:《逻辑与哲学》,人民出版社,2007年。
王路:《康德的"'是'不是谓词"之说》,载《外国哲学》,第22辑,商务印书馆,2012年。
王路:《读不懂的西方哲学》,北京大学出版社,2011年。
王路:《逻辑与哲学》,人民出版社,2007年。
王路:《上帝的名字及其翻译》,载《世界哲学》,2006年第6期。
汪子嵩:《亚里士多德关于本体的学说》,北京三联书店,1982年。
亚里士多德:《亚里士多德全集》第Ⅶ卷,苗力田主编,中国人民大学出版社,1993年。
余纪元:"亚里士多德论 ON",《哲学研究》1995年第4期。
《现代汉语词典》,商务印书馆,1979年。

Aristotle, *The Works of Aristotle*, vol. 8, ed. By Ross, W. D., Oxford.
Bonitz, H., *Aristoteles' Metaphysik*, Bücher VII-XIV; griech.-dt., neu bearb., mit Einl. U. Kommentar, Felix Meiner Verlag, 1982.
Bostock, D., *Aristotle's Metaphysics*, Books Z and H, translated and with a commentary, Oxford University Press, 1994.
Frede, M./Patzig, G., C. H., *Aristoteles' Metaphysik Z'*, Text, übers. u. Kommentar, Band I, Beck'sche Verlagsbuchhandlung, München, 1988.
Hegel, G. W. F., *Wissenschaft der Logik*, Suhrkamp Taschenbuch Verlag, 1993.
Heidegger, *Sein und Zeit*, Max Niemeyer Verlag Tübingen, 1986.
Heidegger, M., *Die Grundprobleme der Phänomenologie*, Vittorio Klostermann, Frankfurt am

Main, 1975.

Heidegger, M., *Einführung indie Metaphysik*, Max Niemeyer Verlag Tübingen, 1958.

Heidegger, M., *Being and Time*, 中国社会科学出版社, 1999 年。

Kant, I., *Kritik der reinen Vernunft*, Suhrkamp Verlag, 1974.

Kirwen, Ch., *Aristotle' Metaphysics*, translated with notes by, Oxford, 1971.

Owens, J., *The Doctrine of Being in the Aristotelian Metaphysics*, University of Toronto Press, 1957.

附录:Sein 及其相关概念德文—中文对译表[①]

德文	原中译文	修订的中译文
Dasein	此在	此是
Dasssein	其存在	是怎么一回事
In-sein	在之中	在—之中—是
In-der-Welt-Sein	在世界之中;在世	在—世界—之中—是
Seiende	存在者	是者
Sein	存在	是
Seinbei	依寓(于)	是在(某处)
Seinsart	存在方式	是之方式
Seinsbestimmung	存在规定	是之规定
Seinsfrage	存在发问	是之发问
Seinsmodus	存在样式	是之样式
Seinsmoeglichkeit	存在的可能性	是之可能性
Seinsproblem	存在问题	是之问题
Seinsverfassung	存在建构	是之建构
Seinsverhaeltnis	存在关系	是的关系
Seinsverstaendnis	存在之领会	是之领会
Sosein	如是而存在	是如此这般
Wassein	是什么	是什么
Zu-sein	去存在	去是
Existenz	生存	存在

[①] 该表只给出 Sein 极其相关用语的名词形式及其翻译,而没有给出相应的动词形式及其翻译,因此也没有给出与动词搭配的表达式。原因在于,Sein 一词虽然是名词,但是它来源于动词,因此它的含义主要也是来源于其动词形式。Sein 一词是如此,与它相关的用语也是如此。